Fundamentos gnoseo-epistemológicos de la investigación en Ciencias Sociales

Transición hacia el paradigma emergente

Fundamentos gnoseo-epistemológicos de la investigación en Ciencias Sociales

Transición hacia el Paradigma Emergente

DOLORES VÉLEZ JIMÉNEZ

RUBÉN CALDERÓN GAYTÁN

Vélez Jiménez, Dolores
Calderón Gaytán, Rubén
Fundamentos gnoseo-epistemológicos de la investigación en Ciencias Sociales. Transición hacia el Paradigma Emergente

278 págs.

1ª edición
México, 2018

Impreso en México
ISBN: 978-607-8244-32-4

Edición:

laripse.editorial@gmail.com

Diseño de cubierta: Naibi Piña

Índice

Lista de Figuras

PRÓLOGO

A LA DRA. DOLORES VÉLEZ JIMÉNEZ

"El cosmos es todo lo que es, todo lo que fue,
y todo lo que alguna vez será"
Carl Sagan

Observar y ser parte de la transición hacia el Paradigma Emergente en la investigación en general y de las Ciencias Sociales en lo particular, además de innovador se convierte en un reto que la Dra. Dolores Vélez Jiménez, experta en el campo de la investigación de las Ciencias Sociales advierte y plasma elocuentemente en las siguientes páginas.

La obra se convierte en un excelente vehículo, que vincula al lector con teoría del conocimiento como la base de la observación de los fenómenos del mundo que investigamos, por medio de los paradigmas, enfoques, tipos y énfasis de investigación.

Asequible tanto para investigadores noveles, como interesante y retador para expertos en metodología, la doctora Vélez conduce un diálogo de autores e ideas mediante un hilo conductor en el tiempo, que va construyendo una historia de la observación científica que concluye enmarcando a una epistemología del sentido que abre la puerta al nuevo paradigma que en este momento de la historia está emergiendo y permite la observación de la realidad en un mundo complejo y con una visión cosmológica.

Importante decir que la doctora Dolores Vélez en otra de sus obras titulada "Perspectiva epistemológica para la investigación educativa" aborda aspectos fundamentales, teóricos y metodológicos de la investigación, su lectura también resultará complementaria para aquellos lectores que al terminar el libro quieran implementar y profundizar en lo expuesto en el capítulo segundo.

Actualmente, la autora, además de realizar la actividad docente de doctorado y posdoctorado en diversas instituciones de Educación Superior en Latinoamérica, es coordinadora de Posgrado e Investigación en la Universidad España, para mí es un honor prologar este libro.

Dr. Juan Manuel Rodríguez y Rodríguez
Rector Universidad España

PRÓLOGO

AL DR. RUBÉN CALDERÓN GAYTÁN

Respetable lector, trataré de dibujar la intencionalidad del autor. Quiero suponer que para producir la presente obra como filósofo y persona apasionada del estudio de la ciencia, se planteó una y otra vez cómo lograr que la Epistemología recupere su espacio en la investigación, para que los fundamentos de dicha disciplina tomen sentido y significado en el contexto de referencia.

Me atrevo a decir que lo primero que hizo fue reflexionar acerca del pensar que es anterior al creer, porque nadie puede creer algo sin siquiera haberlo pensado. Por tanto, creer y pensar es percibir con asentimiento la realidad. Tal parece que le escucho decir "si en mis escritos hay algo verdadero, en realidad esto no es mío; pero, si lo entiendes y lo amas, haces que sea tuyo y mío; por el contrario, si descubres algún error, este es mío, pero si tú lo evitas, haces que no sea ni tuyo ni mío", porque realmente la falsedad no existe en las cosas, sino en la percepción que se tenga de ello.

La obra "*Fundamentos gnoseo-epistemológicos de la investigación en ciencias sociales. Transición hacia el paradigma emergente*", del Dr. Rubén Calderón Gaytán nos invita a pensar que cuando pretendemos obtener grandes descubrimientos, grandes producciones, es preciso comenzar por lo más pequeño. Por eso, su obra nos abre posibilidades de cómo llegar al conocimiento de la ciencia, paradójicamente puede citarse como ejemplo, la construcción de un edificio; a mayor altura, los cimientos deben tener mayor profundidad y consistencia. Lo mismo sucede con la creación del conocimiento, a mayor amplitud y profundidad, obtenemos mayores y mejores conocimientos.

El Dr. Rubén Calderón Gaytán es un reconocido filósofo académico y un apasionado de la investigación. Busca para encontrar, y cuando encuentra, sigue buscando, y cuando parece haber terminado, es entonces cuando comienza.

En el año de 1992 la vida me dio la oportunidad de encontrarle, y puedo decir que es una persona llena de fe, porque en palabras más, palabras menos, para él, "la fe cierta, es siempre principio de conocimientos". Se le escucha decir que han llegado tiempos en los cuales "no es necesario ver para creer, sino hay que creer para poder ver".

Sostiene que se están consolidando condiciones gnoseo-epistemológicas para el advenimiento del anunciado Paradigma Emergente. Se atribuye a la Física Cuántica y a las disciplinas afines, el aprovisionamiento de los postulados necesarios para que dicho cambio se dé. Además, señala la posibilidad de que la Epistemología en investigación científica, asistirá al retorno de la Gnoseológica orientada a la construcción de la Teoría General Unificada del saber humano.

Agradezco al Dr. Rubén Calderón Gaytán la oportunidad de expresarle mi reconocimiento a su esfuerzo, seguramente, fue concretando paso a paso las construcciones e interpretaciones teórico-epistemológicas; posturas expuestas con el deseo de encontrar lectores, y a la vez, correctores imparciales. En lo personal, confío en que contará con tantos correctores como contradictores, porque sabe que eso lo impulsará a seguir buscando.

Finalmente, me sumo a los lectores con plena convicción, de que es preciso entender para creer y creer para entender.

Dra. Natalia Mendoza Flores

Directora General del Instituto Pedagógico
de Estudios de Posgrado
Celaya, Guanajuato. México.

PRÓLEGOMENO

Una de las características principales de la civilización actual, es la de reconocerse como la sociedad del conocimiento, donde éste se concibe, como satisfactor de primera necesidad, la llave maestra que abre todas las puertas, valor de intercambio y sobretodo propiedad que confiere poder. Así, la investigación en lo general y la investigación social en lo particular, como fuentes de conocimiento, son en la actualidad, actividades sumamente importantes. Conocer se ha convertido en una tarea primordial y acceder al conocimiento, en todo un logro.

Hay preguntas básicas para acceder a dicho conocimiento: ¿Qué es la realidad? ¿Qué facultades debe poner en juego el ser humano para conocer? ¿Qué método es el idóneo para alcanzar dicho conocimiento? ¿Qué tipo de conocimiento es el que se produce con cierto método de trabajo? ¿Qué criterios garantizan la validez de dicho conocimiento? ¿Cuál es el sentido profundo y ulterior del conocimiento en la evolución cósmica de cada ser humano y de la especie humana, en general? Todas estas preguntas generan diversas posibilidades indagatorias y los más variados resultados. Hay muchos tipos de conocimiento. Existen diversas formas de acceder a él. Se tienen diferentes criterios para valorarlo. Pero cuando se trata de conocimiento científico es necesario observar rigurosos preceptos tanto en la problematización de una realidad, como en la construcción de un objeto de estudio, en la asunción de teorías, en el ejercicio de facultades humanas, la aplicación de los métodos y procedimientos más idóneos según lo requiera el texto en cuestión y obviamente, en la interpretación de los resultados.

Estudiosos se refieren a la civilización del Siglo XXI, como la sociedad del conocimiento, por el extraordinario impacto que éste ha tenido como ciencia, como tecnología, como información, como cultura, como potencial de configuración de la realidad y como visión global que la especie humana tiene actualmente de su vida y del universo. Autores coinciden en afirmar que ha sido el conocimiento el factor primordial del acontecer humano, en cualquiera de sus manifestaciones. Por lo tanto, el conocimiento es: pensamiento, cambio, poder, riqueza, información, forma de vida, ideología, creencia, sabiduría, visión holística. El conocimiento, en cuanto a explicación, significado, transformación o captación profunda del sentido, parece ser la panacea del hombre de la era actual.

La ciencia es una forma de racionalidad humana, es una práctica caracterizada por el rigor teórico y metódico para la obtención de conocimiento. El progreso del conocimiento mediante la investigación, es función esencial de todos los sistemas de Educación Superior que tienen el deber de enriquecer los estudios de licenciatura y de posgrado. Desde una percepción socioeconómica, la generación de conocimiento es una parte importante para el desarrollo. La investigación es una de las funciones sustantivas, es un proceso que debe arraigarse y promoverse en las universidades, avanzar de la apropiación de la información hasta convertirla en conocimiento.

La obra de Chalmers está considerada como el mejor libro de introducción a la Filosofía de la Ciencia, aunque es importante precisar que la obra de Mardones y Ursúa, también representa una herramienta esencial para los investigadores sociales. Sin embargo, esta obra pretende hacer accesible el cúmulo de conocimiento filosófico en un recorrido diacrónico que permita el conocimiento y la apropiación de una postura clara frente a la investigación e higiénica en la selección de la metodología.

En una sociedad donde el conocimiento es la llave maestra que abre todas las puertas por las que tiene que pasar la vida humana y sus flujos de evolución, la Filosofía de la Ciencia (Epistemología) y la Teoría de Conocimiento (Gnoseología), tienen mucho qué decir. Y en todos los casos hay que asentar qué se entiende por conocimiento, cómo es posible acceder a él, qué realidad es la que se pretende conocer, qué facultades aplica el investigador para alcanzar el conocimiento de esa realidad y, cuales son los criterios de validez y confiabilidad de tal conocimiento.

Queda claro que fundamentar una investigación en el asunto que implica el producir conocimiento, requiere tanto de la Epistemología como de la Gnoseología. Pero también queda claro que en tanto que la Gnoseología se orienta a la reflexión filosófica del conocimiento en lo general, la Epistemología concreta dicha reflexión a un área o disciplina en lo particular.

La presente obra tiene como finalidad lograr un acercamiento a la gnoseo-epistemología de cualquier investigación en el ámbito de las ciencias sociales. El discurso está dado en términos intuitivos y metafóricos. No se trabaja un aparato crítico riguroso. Antes bien, las alusiones que se hacen acerca de autores clásicos, están en términos parafrásticos. Este discurso es el producto en origen del Dr. Rubén Calderón Gaytán, a través de toda una vida dedicada a la Filosofía y a la Educación, esto en conjunción de un trabajo compartido en los últimos diez años con su discípula, la Dra. Dolores Vélez Jiménez. Ambos, desde sus respectivos ámbitos de desarrollo, docencia e investigación en los niveles de maestría y doctorado, dan cuenta de la profundidad, necesidad y alcances del desarrollo científico.

Para garantizar el rigor que exige el conocimiento científico, es imprescindible establecer en los proyectos de investigación, sus reportes y las consabidas tesis, una sólida Fundamentación Epistemológica. De modo que este apartado se convierte en el cimiento de todo proceso investigativo. Si la Fundamentación Epistemológica es suficiente, clara, pertinente preponderante y congruente con todo el proceso indagatorio, también lo serán sus resultados. De no ser así, las investigaciones arribarán a resultados fragmentados, oscuros, extraños e insulsos.

Se tiene la tarea de construir cuatro grandes procesos necesarios en la indagación científica: la problematización de la realidad, la fundamentación teórico-epistemológica, la estructuración de un método para conocer la realidad y la postulación de los hallazgos en términos teórico-epistemológicos, para sustentar futuras investigaciones.

En primer lugar se aborda un apartado acerca de generalidades de la filosofía. Posteriormente la atención se centra en el surgimiento de la Gnoseología y la Epistemología, con el propósito de justificar el por qué es recomendable que haya un apartado de Fundamentación Epistemológica de los Paradigmas, de los Enfoques, y de los tipos de estudio en las investigaciones actuales que se orientan en el ámbito de las Ciencias Sociales. Después se abordan los principales paradigmas de Investigación social: el Positivista-Cuantitativo, el Cualitativo-Interpretativo y el Sociocrítico y, la investigación Hermenéutica.

Se advierte que los tres primeros paradigmas son los más empleados, y que la investigación Hermenéutica se realiza sólo en algunos círculos especializados. Además, se trabajan las categorías epistemológicas fundamentales, tales como: realidad, sujeto cognoscente, método de trabajo, tipo de conocimiento y concepto de ciencia. Se hace hincapié en la necesidad de asumir dichas categorías a lo largo de todo el proceso investigativo, a fin de evitar caer en contradicciones e inconsistencias teóricas, epistemológicas y/o metodológicas.

Al respecto de la metodología cualitativa, Habermas establece que la objetividad es solamente una pretensión, por lo que habrá que ampliar la visión de la ciencia. Específicamente, la objetividad emerge a través de los significados intersubjetivos de los hechos. Elementos como el objeto de estudio, la intencionalidad del estudio y del investigador, los actores educativos, los diversos procedimientos con evidencias y la sistematización por categorías implican otra forma de abordar la realidad.

Se considera importante revisar los principales postulados de los enfoques representativos, característicos de cada paradigma. Con base en los propósitos del investigador, se analizan los tipos de estudio que se pueden dar en cada enfoque, considerando las diferencias más significativas de cada tipo de investigación. Posteriormente, se aborda el énfasis metodológico que se pretende dar a cada tipo de investigación.

El énfasis metodológico es temporal, en lo empírico-analítico; es focal, en el cualitativo-etnográfico y es transformacional en la investigación-acción. Entender el énfasis es de fundamental importancia, porque determina los criterios que guiarán el proceso, las técnicas y la instrumentación en el trabajo de campo.

Un tema obligado, aún en términos de Generalidades de las Bases Epistemológicas de la Investigación, es el asunto de la complementariedad metodológica. Actualmente las posturas exclusivistas de los teóricos y epistemólogos en investigación social, que mantuvo alejados por mucho tiempo a unos investigadores de otros, sin posibilidad de intercambiar impresiones, se ha venido superando. Por fortuna, la globalización, la red y la explosión del conocimiento científico, han derribado fronteras y están haciendo posible el intercambio entre los investigadores. Esto ha dado lugar a que la complementariedad metodológica se haga presente y poco a poco se vaya consolidando.

Por otra parte, el Paradigma Emergente, también empieza a perfilarse. La Física Cuántica en lo general y la Educación Cuántica en lo particular, están aportando firmes postulados y valiosos elementos, que dan soporte teórico, para que dicho paradigma se vaya configurando. Al final de este documento se plantean algunos principios de la Física Cuántica y de la Fenomenología Hermenéutica, cuyos atributos tales como trascendencia, inclusividad, apertura y profundidad, permiten abrir horizontes para la conformación del nuevo paradigma.

Al final de este libro, el hipotético lector obtendrá una visión de que se está justamente al principio de uno de los debates más trascendentales de la evolución humana. Se podrá seguir hablando de avances intradisciplinarios, pero ya no de metodologías que se sustenten en técnicas y procedimientos excluyentes. Decididamente, la lógica analógica impulsará el conocimiento interdisciplinario, con criterios rigurosos, pero incluyentes. La metadisciplinariedad fortalecerá la visión holística de los procesos de producción del conocimiento e integrará postulados gnoseo-epistemológicos para apuntalar su certeza y su validez. La transdiciplinariedad seguirá dando luz acerca de cómo la cultura filtra dogmáticamente la percepción de la realidad, para empezar a incursionar decididamente en el estudio de la dialéctica de la transculturalidad, el inconsciente colectivo y el escrutinio del bagaje transgeneracional.

Habrá que volver a retomar los viejos y paradójicamente, siempre nuevos problemas filosóficos, para replantearlos y a la luz de los avances científicos, tecnológicos y humanísticos, integrar nuevas respuestas. Es tan innegable la importancia que cobrará la Epistemología, como el necesario retorno a la fundamentación de los procesos holísticos de la investigación científica desde la perspectiva gnoseológica. Las comunidades científicas, las comunidades de aprendizaje y los colegiados interdisciplinarios de producción científica son un claro presagio del advenimiento de la sociedad del conocimiento. Ésta será el capullo, donde se configure la Teoría General Unificada del conocimiento humano que aportará criterios y elementos para continuar con el desarrollo humano y desplegar el promisorio horizonte del desarrollo espiritual.

La investigación tradicional está sustentada en los postulados del paradigma empírico-racional. Esto es, sólo se puede conocer lo que es percibido por los sentidos y entendido por la razón. Para innovar incluso en la enseñanza de la investigación, se requiere incluir una metodología hermenéutica, misma que rebase su sentido clásico, analógico y crítico; hermenéutica que va en pos del *Verstehen*, una fenomenología hermenéutica, una hermenéutica fundamentalista; tal y como se describe en el Capítulo 3, y que tiene aportaciones en su proceso metodológico por parte de quienes esto escriben.

Esta obra incorpora en el Capítulo 4 el planteamiento de los nuevos conceptos de las categorías de realidad, sujeto cognoscente y método de trabajo. Pero no dejan de ser provisionales.

El Paradigma Emergente incorpora otros criterios como la intuición y sentidos no convencionales, como la percepción extrasensorial. Es la nueva cosmovisión que configura las transdisciplinas. La hermenéutica propuesta, es por lo pronto, la metodología de entrada que mejor empata con el nuevo paradigma. La inclusividad metodológica como principal atributo, o complementariedad metodológica que permite la hermenéutica son propuestas de transición. Responde a su horizonte de cuestiones gnoseológicas y epistemológicas, aun así quedará subsumida por la nueva metodología. El nuevo paradigma todavía no tiene nombre, se le ha llamado emergente porque va surgiendo, pero no es un alias; no es un nombre propio. El reto para quienes esto escriben consiste en poner el nombre del nuevo paradigma y configurar una propuesta de atributos para la nueva metodología.

CAPÍTULO I

Los orígenes

Existen varios tipos de conocimiento y diversas formas de acceder a él. Se cuenta con diferentes criterios para valorarlo. Pero cuando se trata de conocimiento científico, es necesario observar rigurosos preceptos tanto en la problematización de una realidad, como en la construcción de un objeto de estudio. En la asunción de teorías, en el ejercicio de facultades humanas, la aplicación de los métodos y procedimientos más idóneos y en la interpretación de resultados. El problema del conocimiento no inicia con Descartes o Kant, tiene referentes desde el Teeteto de Platón. Dilthey fue el pionero en abordar la gnoseología para las ciencias del espíritu.

Es preciso establecer, en este apartado, a la Filosofía no solamente como amor a la sabiduría, sino como el estudio de la realidad. La realidad per se es compleja, por lo que conviene estudiarla a través de parcelas, dando origen a las diversas ciencias. "*La Epistemología se ocupa de los fundamentos y procedimientos de todas las ciencias, es terreno para advertir la integración de la ciencia, de la filosofía y de las humanidades*" (Bunge, 1989:92). Llevar a cabo una investigación, requiere tanto de la Gnoseología como de la Epistemología, porque ambas son mecanismos para la producción científica. En tanto la Gnoseología se orienta a la reflexión filosófica del conocimiento en lo general, la Epistemología concreta dicha reflexión a un área o disciplina en lo particular. Desde el contexto inglés, Epistemología es la teoría del conocimiento y desde el contexto francés, Epistemología es la filosofía de la ciencia. Toda reflexión epistemológica responde a una crisis o vacío de la ciencia en cuanto a la disciplina en particular.

El presente Capítulo integra generalidades de la Filosofía con el objetivo de contextualizar al investigador y familiarizarlo con el tipo de discurso que enmarca los aspectos gnoseológicos y los epistemológicos, de acuerdo a la sintaxis de la Figura No. 1.

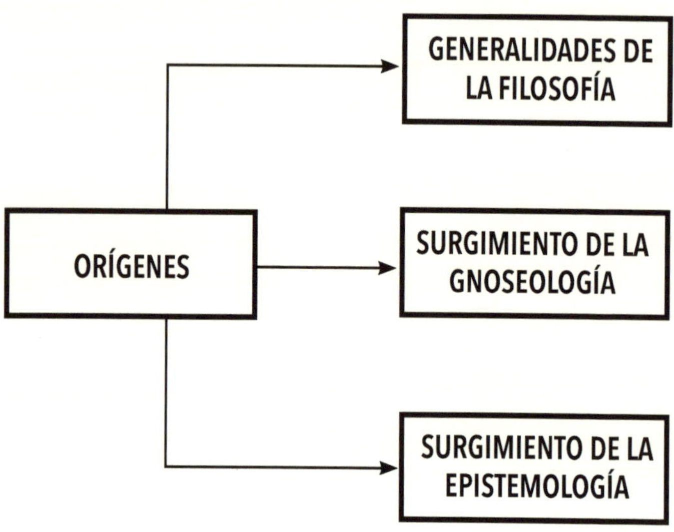

Figura 1. Sintaxis de los orígenes. Fuente: Elaboración propia

1.1 GENERALIDADES DE LA FILOSOFÍA

La Filosofía como disciplina que trata del estudio de las primeras causas y la últimas consecuencia de todo lo existente, se ha desarrollado a través de la experiencia, la reflexión y la discusión que tienen lugar en torno a siete grandes problemas: el ser, el conocimiento, el movimiento, el absoluto, lo ético, lo social y lo estético. Aunque el debate acerca de estos temas se ha tratado de realizar al interior de disciplinas excluyentes, ha sido inevitable que sus respuestas se desborden y se entrecrucen, creando amplias estructuras de pensamiento. Paralelamente, a ello los grandes filósofos y sus escuelas, han intentado dar respuestas congruentes a la mayor parte estos problemas. De dichos esfuerzos han surgido los grandes sistemas filosóficos de todos los tiempos y de alguna manera, las premisas de la Filosofía de cada persona.

No todos los científicos han sentido la necesidad de dar respuestas a los problemas de la Filosofía. Ésta en cambio sí ha sustentado el quehacer de los inventores, descubridores y creadores del conocimiento científico. Es decir, históricamente se ha dado respuesta a los problemas filosóficos. A la vez ha contribuido a que las disciplinas sustenten sus propias discusiones que en torno al conocimiento, se han dado entre filósofos, epistemólogos, científicos, maestros, alumnos y divulgadores de la ciencia, la tecnología y la cultura.

A continuación se hace un breve recorrido de los problemas que se han suscitado en el quehacer filosófico a lo largo de la historia y las diferentes respuestas a cada uno de ellos. Para facilitar su abordaje, tómese como guía la Figura No. 1.

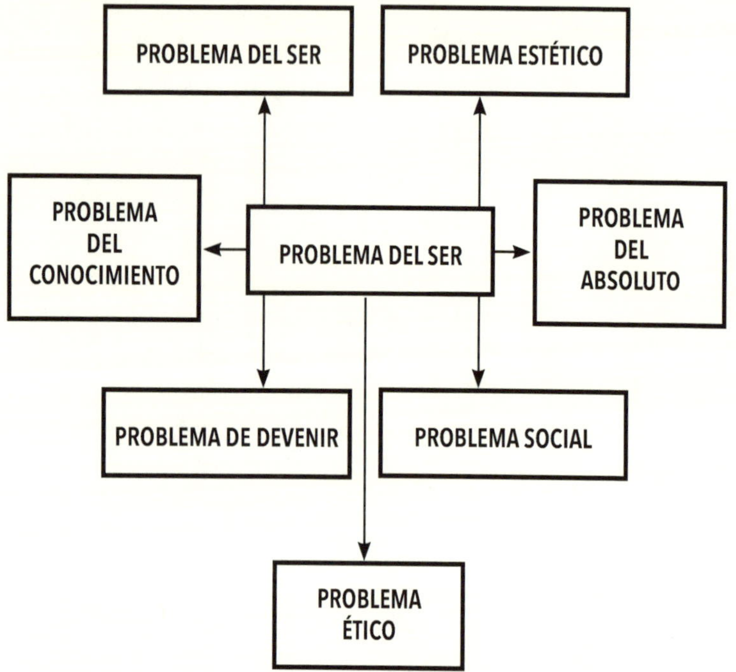

Figura 2. Bases filosóficas. Fuente: Elaboración propia

Del problema central de la Filosofía, o del ser, surgió la Ontología. Su pregunta medular es: ¿Cuál es el origen, la esencia o el constitutivo fundamental de todo lo existente? Según las respuestas que los filósofos dan, se pueden clasificar en materialistas, idealistas, dualistas, existencialistas e indeterministas. Los materialistas coinciden en afirmar que la esencia de todo es una o varias sustancias materiales: Tales de Mileto (624-546 a. C.) decía que era el agua. Anaxímenes (585-524 a. C.) afirmaba que el principio de todo tenía que ser algo sutil y amorfo como el aire. Heráclito sostenía que el origen de todo era el fuego. Empédocles (484-424 a. C.) propuso que el agua, el aire, el fuego y la tierra eran los cuatro elementos básicos de todo lo existente.

En el Siglo XVII, Descartes (1596-1650) agregó el éter como el quinto elemento, mismo que cubría todo el espacio que no ocupaban los otros cuatro. Demócrito (460-370 a. C.), filósofo y matemático presocrático, también postuló que todo debía estar constituido por partículas materiales invisibles e indivisibles llamadas átomos.

Los idealistas propusieron que el principio de todo era un elemento relacionado con la conciencia, más que con la materia. Así, Parménides (530-470 a. C.) afirmaba que el origen de todo debía ser algo único, eterno, inmutable y perfecto como la idea, a la cual equiparaba de alguna manera con el *esfero*. Éste era un cuerpo denso y geométricamente perfecto, que contenía los principios de todo lo existente, pero además, tenía algún tipo de conciencia. El esfero, por lo tanto, era ideal y perfecto como Dios.

Pitágoras (569-475 a. C.) proponía que ese algo perfecto y eterno, era el número, la categoría ontológica primigenia, de donde emergía todo lo existente, como una gama de vibraciones, de infinitas posibilidades a la que denominaba como la música de las esferas celestes. Con este postulado se dejaba entrever la naturaleza vibratoria de todo lo existente.

Anaxágoras (500-428 a. C.), por su parte, se posicionó de una propuesta binaria, afirmando que todo estaba hecho de *homeomerías* o gérmenes de carácter material y del *nous* u orden que provenía de la conciencia. Siguiendo este mismo razonamiento, muchos siglos más tarde, Descartes, inauguraría la corriente filosófica del Dualismo, según el cual, todo estaba constituido de materia e idea. Al igual que un par ordenado, sólo existe, si sus componentes en los ejes X y Y se cruzan, el ser existe si las dimensiones de la materia y la idea coinciden.

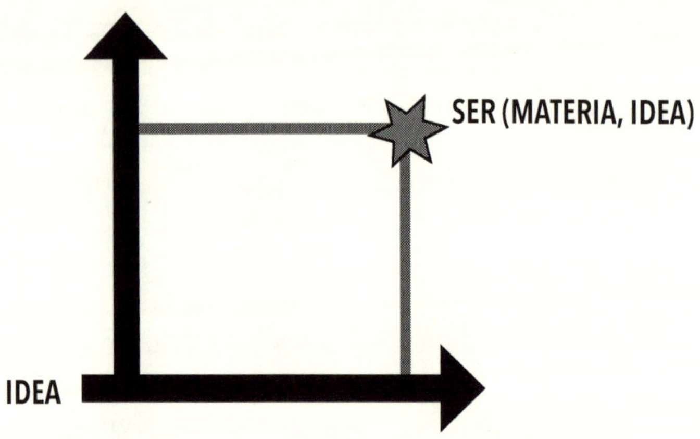

Figura 3. Dualismo. Fuente: Elaboración propia

Hubo además, dos respuestas poco ortodoxas, que con el paso de los años han llegado a ser muy importantes. La primera fue la de Heráclito (540-470 a. C.), quien postuló que la esencia de las cosas era el cambio o devenir. Con ello se apartaba de la intención de responder en términos de contenido a la pregunta fundamental del ser. De modo que la esencia de las cosas, más que ser una sustancia material, era un estado de cambio continuo. Anaximandro (610-545 a. C.), con una intuición todavía más sutil, postuló que el principio de todas las cosas debía ser algo diferente a ellas; debía ser algo indeterminado como el *ápeiron*.

El postulado del esfero de Parménides, por más anacrónico que parezca, hace alusión a la densa y primigenia mota que contenía toda la energía y la información con que se configuraría todo el universo, según la Teoría del Big Bang. Heráclito propuso además, la hipótesis del estallamiento ontológico, según el cual, al principio el ser, pensar, decir, sentir y hacer, eran una misma cosa. A partir de ese estallamiento irrumpiría el devenir, como un proceso prolífico de cambio que generaría todo lo existente. Dicho estallamiento parece aludir al propio Big Bang. Si a todo esto se agrega la propuesta de Anaximadro, de que todo procede del *ápeiron* o lo indeterminado, se tienen prodigiosos antecedentes de las modernas Teorías del Caos y del Big Bang.

La Discusión entre los filósofos presocráticos acerca del Problema Ontológico o del Ser, llegó a la Grecia Clásica y con ello, el debate fue protagonizado por Platón (427-347 a. C.) y Aristóteles (384-322 a. C.). El primero, después de viajar a Egipto, Medio y Lejano Oriente, propuso que había dos mundos: el de las ideas o Topus Uranus y el mundo material. El Topus Uranus estaba constituido por las cosas en su estado esencial y perfecto. El mundo material, en cambio, estaba constituido por imágenes imperfectas, mismas que sólo eran sombras de los arquetipos que había en el Topus Uranus. Similarmente, los seres humanos estaban constituidos por un componente arquetípico ideal y perfecto (alma) y un cuerpo material imperfecto. Actualmente, el físico inglés John Gribbin, sostiene que existen dos universos: el material y el de su sombra.

Aristóteles, discípulo de Platón, asumió una postura antitética al pensamiento de su maestro. Propuso que la esencia de las cosas y el mundo, era de carácter material. Retomó el postulado de los cuatro elementos esenciales: agua, aire, fuego y tierra. Como su filosofía era la más cercana al sentido común, tuvo enorme aceptación. Así pues, no había razón para buscar en otra parte la esencia de las cosas. Eran sustancias materiales y estaban ahí, en el contexto, al alcance de los sentidos. Estos argumentos, aunados a la enorme autoridad de Aristóteles, crearon una corriente filosófica avasalladora que ha marcado la percepción de la realidad y la vida en la civilización occidental por más de veinte siglos.

Debido a los conflictos bélicos del siglo pasado, (Primera y Segunda Guerra Mundial) el problema central de la Filosofía, pasó de preguntarse por la esencia de las cosas, a reflexionar acerca de las categorías de la existencia. Es decir, que es menos importante saber cuál es la esencia de las cosas, que identificar las razones, propósitos y categorías de la existencia, tales como: la muerte, el dolor, la soledad, el miedo, la náusea, la nada y el absurdo. Finalmente, el mundo y el ser humano ya existen y eso es lo que debe ocupar al pensamiento filosófico. Los amantes ortodoxos de la sabiduría, no queriendo abandonar su tarea inicial, propusieron que en todo caso, también se dilucidaran las relaciones entre esencia y existencial. Así nació la Filosofía Existencialista.

El segundo problema de la Filosofía es el del conocimiento. Esta temática fue desarrollada por la Gnoseología. Las preguntas fundamentales que se plantearon los amantes de la sabiduría, acerca del conocimiento fueron: ¿Es posible el conocimiento de todo lo existente? ¿Cómo es posible eso? ¿Por medio de qué se puede lograr su conocimiento?

Las respuestas fueron diversas. Respecto a la pregunta de si el conocimiento es posible, hubo tres grandes propuestas: Los gnósticos asumieron que el conocimiento sí es posible. Los agnósticos (nihilistas) afirmaban que nada se puede conocer, que si se conociera no lo podría expresar y que si se lograra expresar, no se podría comprender (Gorgias 487-380 a. C.). Hubo otro grupo de pensadores que desarrollaron el escepticismo, en cuanto postura que si bien no niega la posibilidad del conocimiento, mantiene la actitud de dudar continuamente de todo. Por más que el escepticismo pudiera parecer estéril, habrá que señalar que ha aportado una gama prolífica de cuestionamientos que han mantenido viva a la Filosofía. Pero además, ha marcado el desarrollo de la ciencia con la imperiosa necesidad de realizar toda investigación, partiendo de un problema o de un objeto de estudio, enunciado en forma de pregunta.

Una vez que los gnósticos respondieron afirmativamente a la primera pregunta, tuvieron que señalar los medios para llegar al conocimiento. Los empiristas sostenían que nada había en el entendimiento que antes no haya pasado por los sentidos (Aristóteles). Así que los sentidos y la experiencia aportaban los datos, como elementos fundamentales del conocimiento. Los racionalistas, en cambio, postularían que efectivamente, nada había en el entendimiento que antes no hubiera pasado por los sentidos, excepto el propio entendimiento y las leyes de su funcionamiento (Leibniz, 1646-1716) y que el conocimiento implicaba mucho más que datos empíricos; era un fino producto de la actividad racional.

Por su parte, los realistas decidieron que tanto los sentidos como la razón, eran indispensables en el proceso de conocer (Bacon R., 1214-1294), de la misma forma en que los dualistas afirmaban que el ser era el resultado de la co-incidencia entre materia e idea. La postura de Roger Bacon, sería refrendada recientemente por Karl Popper (1902-1994). Éste establece, a partir del Empirismo Lógico del Círculo de Viena y su propio Racionalismo Crítico, el Realismo Crítico.

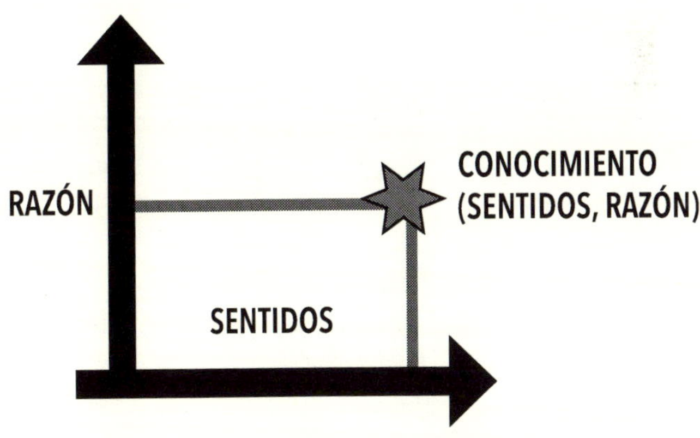

Figura 4. Realismo. Fuente: Elaboración propia

Si bien los sentidos y la razón habían sido considerados como factores básicos en el proceso de conocer, no tardaron en aparecer otras propuestas que iban más allá de la empiria y del raciocinio. Al momento de descubrir objetos de conocimiento altamente complejos, tanto por su composición, como por su continuo devenir, se propuso la intuición como facultad que permitía su comprensión, sin que mediaran necesariamente los sentidos y/o la razón (Bergson, 1903). Actualmente se sabe que las personas emiten biofotones (Popp, F.A., 1979), que conllevan la información del estado que guardan su campo de energía, en cada momento de su vida. Esta información es decodificada por el ADN de quienes les rodean. A este proceso de decodificación es a lo que, desde la más remota antigüedad, se le ha identificado con lo que ahora se le denomina intuición.

Para Marx (1958), la realidad es el resultado de un proceso dialéctico complejo (Tesis-antítesis-síntesis). Por tanto, su conocimiento es un proceso también muy complejo, que incluye empiria, toma de consciencia, reflexión, debate, decisión, compromiso, acción y transformación social. Un proceso se conoce hasta que todos los saberes que se tienen respecto a su devenir se convierten en una acción reflexionada de los grupos sociales, sobre su realidad, para transformarla y después transformarse a sí mismos (Praxis). Es muy importante hacer hincapié en que la praxis surge con la toma de consciencia de un grupo de personas que comparten un problema, una necesidad o un proyecto; que su solución y/o desarrollo dependen del compromiso de emprender acciones conscientes, reflexionadas críticamente, debatidas y claramente orientadas hacia la transformación de la realidad. Pero, aún más allá, lograr que esa transformación se traduzca también en transformación de todos y cada uno de los miembros del equipo.

Finalmente, los fideístas sostenían que el conocimiento del mundo se adquiere por un acto de expansión de la consciencia humana (Yoga), por un acto de revelación divina (San Agustín 354-430 d. C.) o por ambos (Mandala, 2010). La expansión de la consciencia humana se puede dar a partir del esfuerzo del ser humano, para ampliar los horizontes de sus facultades (sentidos, razón, intuición y percepción profunda). En tal caso, la ampliación de la consciencia consiste en un acto de iluminación que se logra con la confianza que tiene en sus propias potencialidades (Chopra, 2007). La revelación, en cambio, se da por la intervención divina, que da luz al entendimiento humano para que pueda inteligir y comprender la realidad compleja del cosmos. De hecho, la "mayéutica socrática", como una acción que pretende ayudar a que un discípulo dé a luz a un conocimiento, se inscribe en esta perspectiva. En ese mismo sentido, "*educere*", como raíz latina de educar, tiene la connotación de "ayudar a dar a luz al conocimiento", que en cada persona se implica (Sánchez, 1983). De ahí que Sócrates estableciera el principio de "Conócete a ti mismo", como el proceso que permitía dar a luz al conocimiento de todo lo existente.

Marillyin Mandala (2010), en sus investigaciones recientes acerca de la Ciencia Noética ha descubierto que también existe la posibilidad de que coincidan tanto el esfuerzo humano con la revelación divina. Existen además, dos posturas extremas en el problema del conocimiento: el dogmatismo y el relativismo subjetivista. El dogmatismo, muy cercano al fideísmo, plantea que el conocimiento de todo (omnisciencia), es un atributo de Dios y de las personas a quienes él se los revele. En este sentido, la verdad es una, eterna e inmutable, absoluta e incuestionable. Actualmente el dogmatismo ha asumido una versión llamada "Fundamentalismo", ya que se interpretan los libros sagrados, los mandamientos o la ley, literalmente. Por más que esta postura resulte extrema, tiene muchos seguidores, en los ámbitos de la religión y la política, impulsando el fanatismo. A pesar de que Francis Bacon (1561-1626 d. C.) arremetió contra el "argumento de autoridad", en el terreno de la ciencia; en la administración se sigue dando, so pretexto de que es normativo. Hay el principio discutible de que "el jefe siempre tiene la razón".

El relativismo subjetivista fue propuesto por otro sofista contemporáneo a Sócrates: Protágoras (485-411 a. C.). Su postura en aquellos años era francamente impopular. Pero en la posmodernidad se ha vuelto la más común. Sus principios de que el hombre es la medida de todas las cosas (Relativismo) y que cada persona tiene su verdad (Subjetivismo), actualmente son de lo más común. De hecho, el anarquismo epistemológico de Feyerabend (1924-1994 d. C.) sigue la misma línea de Protágoras, cuando afirma que todos los conocimientos tienen la misma jerarquía. Es decir, el conocimiento científico tiene la misma jerarquía que el técnico, los mitos y las prácticas culturales.

El problema del movimiento tiene diversas respuestas: Los estatistas asumen que el movimiento no existe. Es celebre la paradoja de "Aquiles y la Tortuga", atribuida a Zenón (490-430 a. C.), según la cual, Aquiles por más veloz que sea, no es capaz de alcanzar jamás a la tortuga en una carrera donde aquél le daba una ventaja a ésta. Cuando Aquiles ha recorrido la mitad del espacio que lo separa de la tortuga, ésta ha avanzado cierta distancia, aunque sea pequeña.

Cuando Aquiles ha recorrido nuevamente la mitad de la distancia que lo separa de la tortuga, ésta ha recorrido nuevamente otra distancia aún más pequeña. Y así, van recorriendo uno y otra, distancias cada vez más pequeñas, hasta el infinito. Este argumento más tarde sería aplicado por Newton (1642-1717 d. C.) y Leibniz, a la Teoría de Límites, en la creación del Calculo Diferencial, donde efectivamente este principio se cumple, aunque en la realidad material, cualquier persona normal, sí alcance y rebase a la tortuga. Esa paradoja es el argumento que sirve a los idealistas, para afirmar que el movimiento en realidad no existe.

Los mecanicistas afirman que el movimiento sólo es aparente, porque el tiempo y el espacio en que se da, también lo son. Los evolucionistas aceptan que el cambio existe, pero no se ponen de acuerdo en la forma que se da. Unos argumentaban que el cambio es cíclico (Hindúes y Mayas) y otros, que el movimiento es lineal y que a cada momento se asiste a la emergencia de lo nuevo (Evolucionistas). De la combinación de estas dos posibilidades surge el postulado de la espiral evolutiva, según la cual, si bien se acepta que el movimiento tiene patrones cíclicos, éstos son abiertos y por lo tanto, se da la emergencia de lo nuevo (Dialéctica Crítica).

En cuanto al Problema del Absoluto en su connotación de Dios, las respuestas que se dan son: Los ateos afirman que Dios no existe. Que la idea de Dios ha sido una creación de la mente humana. Los teístas sostienen que sí existe, pero difieren en la forma en que se relaciona con el cosmos y el hombre. Platón (427-347 a. C.) lo concebía como Demiurgo; esto es, una conciencia ordenadora del caos que posibilita la emergencia del cosmos y el hombre, pero una vez que las leyes del universo y la vida se establecen, deja que cada ente exista libremente y sólo sujeto a las leyes de la naturaleza. En cambio, la Teología Cristiana reconoce a Dios como creador, impulsor y providente de todo universo como enunció San Agustín (354-430 d. C.). Es común que se refieran a Él, incluso, como Dios Padre Todopoderoso.

El problema social del hombre, ha tenido también diversas respuestas. Los socialistas afirman que la esencia y plenitud de la naturaleza humana, se encuentra en la vida social. De hecho sostienen que la individualidad es una abstracción. Los comunistas llevaron al extremo esta postura, al afirmar que ese supremo estado de igualdad y armonía social, debía alcanzarse por la lucha armada, si era necesario. Desde esta perspectiva los individuos son importantes sólo en la medida en que contribuyen a la integración, armonía y plenitud de la vida social.

El individualismo, en cambio, propone que la esencia y plenitud de la naturaleza humana radicaba en la superación, competitividad y logros de cada ser humano. Su extremo es el Fascismo y sus élites, en primera instancia y el racismo una de sus últimas consecuencias. El humanismo es más conciliador y abre un enorme horizonte a los individuos y las sociedades para que no tengan que hacer sacrificios de parte alguna, señalando que ambos son igual y dialécticamente importantes.

En el problema ético del hombre los filósofos se preguntan si el ser humano es bueno, malo o neutro. Los optimistas piensan que el mundo es el mejor que de todos los que pudieron haber existido y que el hombre nace bueno, que es la sociedad la que lo pervierte, menciona Rousseau (1712-1778 d. C.). Los pesimistas advierten que el mundo es el peor que pudo haber existido (Shopenhauer, 1788-1860 d. C.) y que el hombre nace malo y que requiere ser redimido (Cristianismo). Los realistas piensan que el mundo y el hombre simplemente surgen, que no son ni buenos ni malos. La maldad y la bondad son categorías culturales del comportamiento humano.

Finalmente, en lo que respecta al problema estético, hay quienes proponen que la belleza está en el equilibrio y armonía del mundo, las cosas y las personas (Proporción Áurea). Por otra parte, están quienes sugieren que la belleza es una percepción subjetiva, que no viene de la armonía del mundo exterior, sino de los gustos y las preferencias que se enmarcan en las estructuras mentales de los seres humanos. En el terreno de lo cultural, también los hay quienes afirman que la belleza es un valor que emerge de la interacción armónica de la subjetividad de las personas y el equilibrio y simetría de los sonidos, colores y formas que se perciben a través de los sentidos. Por lo tanto, la belleza es la concordancia del equilibrio de las cosas del mundo exterior, con los patrones culturales que cada persona asume.

1.2 SURGIMIENTO DE LA GNOSEOLOGÍA

A la Filosofía se le reconoce como la madre de todas las ciencias, porque cada una fue emergiendo de las reflexiones y respuestas que los "amantes de la sabiduría", dieron a los problemas de cada disciplina. El nacimiento de las ciencias del seno de la Filosofía, provocó que se usaran indistintamente los mismos términos para diferentes propósitos. Tal fue el caso de Gnoseología y Epistemología. Para que se tenga claridad, cuando se realiza una investigación social, se debe sustentar gnoseológica, epistemológica o gnoseo-epistemológicamente; y es necesario que se demarquen sus campos de estudio y/o los espacios que comparten.

El término "Gnoseología" viene del griego "gnosis" que significa conocimiento y del vocablo "logos" que se traduce como tratado o teoría. Así, etimológicamente quiere decir, "Teoría del Conocimiento". Como tal, se ocupa de las categorías del conocimiento en lo general (Meneses en Hoyos, 2001). La Teoría del Conocimiento o Gnoseología trata de los problemas del conocimiento, de las relaciones entre el sujeto y el objeto, en el plano más general y abstracto. Por lo tanto, su ámbito de estudio, está circunscrito a los grandes temas filosóficos, más allá de las parcelas de las ciencias particulares y de sus campos interdisciplinarios. Las preguntas básicas que se hacen acerca del ser, el conocimiento, el movimiento, los valores, las virtudes, la bondad y la belleza, corresponden a la Gnoseología.

En este nivel está el problema de los Universales. Estos, son categorías que según los empiristas, existen en el mundo y que los racionalistas (Ockham, 1288-1349 d. C.) asumen como modelos que el sujeto impone a la realidad. Luego entonces, el debate está en si la realidad impone sus patrones al sujeto y en tal caso tiene sentido la objetividad o si es el sujeto es el que impone sus modelos mentales a la realidad y entonces la subjetividad es la única que tiene sentido (Kant, 1724-1804 d. C.). De modo que esta discusión es gnoseológica en tanto que se mantenga en una perspectiva general y abstracta.

De acuerdo a esa visión, los estudiosos de la Gnoseología se preguntan: "¿Qué es el conocimiento? ¿Es posible conocer? ¿Qué se conoce? ¿Cómo conocemos? ¿Podemos conocer la verdad?". Reflexionar acerca de qué elementos de representación mental, memorización de datos, explicación causal, congruencia racional, comprensión empática y toma de sentido, debe contener el proceso general de conocer, es un problema gnoseológico. Definir en qué momento la decodificación de información pasa a ser conocimiento, o en qué situaciones el conocimiento está reducido a información, es un problema de la Teoría del Conocimiento.

Deslindar qué es lo que sí se puede conocer (Fenómeno) de lo que no se puede conocer (Neómeno) según Kant, es un problema de la Gnoseología. Integrar las diferentes facultades cognoscitivas del ser humano en un gran modelo de conocimiento general y abstracto, es un problema de la Gnoseología. Encontrar un vínculo entre el conocimiento general y abstracto con la verdad, también es una cuestión que compete a la Gnoseología.

Para responder a estas preguntas se abordan los temas de la posibilidad, los medios, la naturaleza y alcances del conocimiento. Respecto a la posibilidad, se reconocen dos soluciones opuestas: escepticismo y dogmatismo. El primero dudando sistemáticamente de todo proceso y avance del conocimiento, tal como lo plantea el "Dilema del Dialelo" donde a cada afirmación de los gnósticos, los escépticos contestaban con una nueva duda acerca de los antecedentes de dicho avance. Y así sucesivamente, hasta la primera causa. Este debate controlado por la lógica del escepticismo se solía prolongar estéril e indefinidamente. Por otra parte, el dogmatismo se daba tanto en los agnósticos que negaban toda posibilidad de conocimiento, como en los gnósticos que sostenían que la verdad es única, eterna e inmutable. Pero además sostenían que el hombre estaba condenado a conocer, con, sin o a pesar de su voluntad.

En cuanto a los medios para llegar al conocimiento, existen dos posiciones extremas: empirismo y racionalismo. Ambas proceden del gnosticismo. La diferencia radica en la prioridad que se da a las diversas facultades del ser humano. Los empirista sostienen que se conoce fundamentalmente por medio de los sentidos. La razón por sí misma carece de datos reales para poder construir el conocimiento. Los racionalistas por su parte, postulan que si bien los sentidos aportan datos de la realidad, éstos no constituyen conocimiento en sí mismos, porque quedan aislados unos de otros. En cambio, la actividad racional es capaz de construir conocimiento con pocos datos empíricos o sin ellos, como es el caso de las matemáticas y la lógica formal.

En la naturaleza y alcances del conocimiento se dan dos posiciones opuestas: idealismo y realismo. Es clásica la discusión entre Platón y Aristóteles respecto a este punto. El primero, afirmando que el Topus Uranus, o mundo de las ideas, es donde se da el auténtico conocimiento. Es ahí donde se tiene acceso directo a los arquetipos o esencias de las cosas. El mundo material es un reflejo del Topus Uranus y por lo tanto, es imperfecto, como imperfecto es el conocimiento que se adquiere de él.

En cambio, Aristóteles sostenía que el mundo que nos rodea cotidianamente y al cual podemos acceder por medio de los sentidos, es el único que existe. No hay que buscar en dimensiones abstractas la verdadera esencia de las cosas. La realidad material que está al alcance de los sentidos, es la única que podemos conocer. Todo aquello que está fuera del alcance de los sentidos y cuyo conocimiento no se puede verificar con la realidad material, es incognoscible.

Por lo anteriormente expuesto, en este documento se asume que la Gnoseología es "La teoría del conocimiento" (Meneses, en Hoyos Medina, 2001), en sus categorías más generales. Por lo cual, al margen de cualquier discusión propia de los especialistas, es inadecuado hablar de Fundamentación Gnoseológica de la investigación social, cuando las variables y categorías centrales del problema de investigación o del objeto de estudio, se encuentran claramente ubicadas en los campos específicos de alguna de dichas ciencias. A continuación, se hace énfasis en la necesaria consideración de la Teoría del Conocimiento a través de cada una de las posturas filosóficas relevantes surgidas a través del tiempo con el propósito de dar a conocer una síntesis que reduzca la complejidad en su entendimiento.

El aspecto gnoseológico ha sido descuidado en los procesos investigativos y es un asunto poco cultivado por los propios investigadores considerándolo como innecesario. Es importante para todo investigador social, la consideración gnoseológica en el diseño de sus investigaciones por ser indispensable el planteamiento del modelo de relación sujeto-objeto y las implicaciones teóricas. Haciendo justicia a los siglos que pasaron entre Arquímedes y Galileo, en el presente discurso se omite el dogmatismo. Toda teoría del conocimiento tendrá aceptación como forma de acceder al conocimiento rebasando la intuición, la heurística y el escepticismo, por lo que a continuación se exponen sintéticamente en el marco general de acuerdo a la siguiente figura.

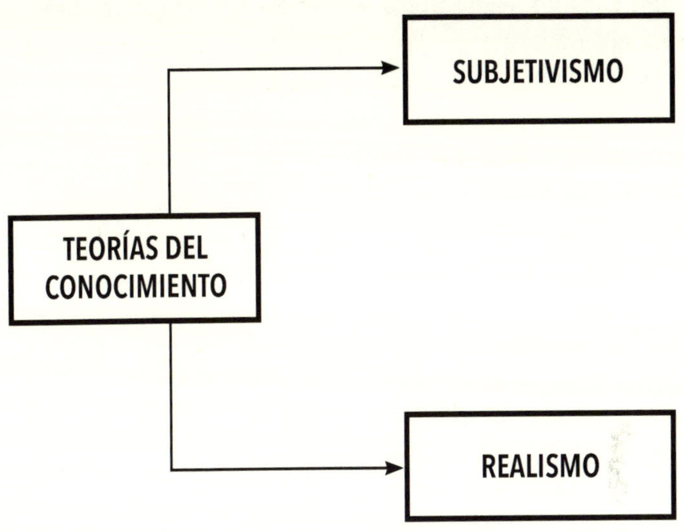

Figura 5. Clasificación general de Teorías del Conocimiento.
Fuente: Elaboración propia

El Subjetivismo es considerado como una de las principales teorías del conocimiento. Es subjetivo lo que el sujeto cognoscente introduce en el proceso de conocimiento, todas las mediaciones subjetivas tienen una génesis y naturaleza sociales y se consideran subjetivas porque están unidas orgánicamente al sujeto cognoscente. Se conocen las cosas si el sujeto se conoce a sí mismo. El sujeto cognoscente no es un espejo, ni un aparato que registre pasivamente las sensaciones originadas por el medio ambiente, por el contrario, es el agente que dirige ese aparato, que lo orienta y regula y transforma los datos que le proporciona.

La verdad es posible, ya que todo conocimiento es una relación entre lo que es conocido (objeto) y el que conoce (sujeto). Es una filosofía considerada moderna que se contempla del siglo XVI al XIX. La máxima de Descartes "pienso, luego existo", es el punto de partida de todo el conocimiento: el sujeto. El subjetivismo da origen y circunscribe a otras teorías que a continuación se precisan.

a) ***Racionalismo:*** Descartes es el iniciador del racionalismo. Es una variante del modo subjetivista. La razón es segura, es la fuente de conocimientos fundados en las matemáticas y la lógica, no en los sentidos, es un conocimiento lógicamente necesario y universalmente válido. El racionalismo es una teoría del conocimiento basada en el método deductivo de descubrimiento y comprobación. La formulación de leyes es más importante que los hechos. Tantos siglos pasaron desde el surgimiento del alfabeto, de los grandes: Sócrates, Platón y Aristóteles hasta René Descartes; quienes ofrecieron un modelo de ser humano donde el pensamiento ocupaba la primicia en este mundo. Platón y su teoría de la contemplación de las ideas se catalogan como un racionalismo trascendente. Para San Agustín el racionalismo es teológico. Para Descartes el objeto del conocimiento es la totalidad de los seres y su interpretación requiere de algún modelo matemático. Cabe mencionar que el principal problema del racionalismo es el establecimiento de juicios *a priori* ya que más que en el juicio, el problema se centra en la demostración. Esta perspectiva conjetural enmarca una concepción teórica del conocimiento con fines explicativos. Karl Popper establece el Racionalismo Crítico en 1934 en su obra acerca de la lógica de la investigación, considerando la verificación empírica como muerte de la ciencia; señala que es una construcción ilógica de la ciencia por lo que introduce el criterio de falsación para comprobar, no para verificar. La verificación es prácticamente imposible. La búsqueda incesante de la verdad y no posesión de la verdad como el auténtico método científico de las Ciencias Sociales y Humanas, implícitamente, de las Ciencias de la Educación; por lo que se concibe una ciencia teórica de base empírica con la posibilidad de ser rechazada; esto da pauta a la instrumentación de la conocida hipótesis nula. El trabajo de Popper es un intento por resolver el problema de la inducción.

b) ***Empirismo:*** La verdadera fuente del conocimiento humano no está en la razón sino en los sentidos. Protágoras señalaba que el hombre es la medida de todas las cosas. Un auténtico conocimiento se funda en la experiencia sensible llamada *empiria.* Ninguna afirmación es verdadera si no se funda en una experiencia. El empirismo privilegia al método inductivo. Solamente podemos afirmar la verdad de aquellas tesis que pueden ser comprobadas por los sentidos, esto de acuerdo al pensamiento de John Locke y David Hume, ambos ingleses. Locke establece dos tipos de experiencia, interna y externa, lo cual deriva en un proceso de sensación y reflexión. Hume es radical y defiende que una costumbre o creencia sólo es una sucesión cronológica. Sin embargo, para algunos detractores del empirismo, el conocimiento sensible o de hechos concretos priva al hombre de la razón y de la inteligencia. El empirismo desemboca en el escepticismo. Dios solamente sería aceptable si hubiese una experiencia sensible que nos lo mostrase como cierto. El conocimiento es relativo, todo depende de la relación de una cosa con las demás, si algo no está demostrado, no hay razón para admitirlo. El empirismo lógico del siglo XX se convierte en un importante medio para convertir datos de procedencia empírica a un lenguaje preciso y riguroso establecido como lenguaje científico.

c) *Idealismo:* Es una forma del subjetivismo. Síntesis entre el racionalismo y el empirismo. Se considera a Descartes como el padre del idealismo, ya que Platón con su teoría de las Ideas es más realista. El conocimiento que no pueda mostrar una experiencia en su base no es verdadero conocimiento, es solamente creencia. Kant constituye y define el idealismo ya que estableció que todo conocimiento comienza en los sentidos, pero no se acaba en los sentidos, además de que la ciencia es un producto del hombre y ésta nunca podrá dar razón plena de él. Se necesita el aporte de la racionalidad, que es capaz de pasar de los datos dispersos a las conceptuaciones rigurosas, a los sistemas de categorías que son las leyes del pensamiento; esto es importante al connotarse como una base del idealismo dialéctico. El idealismo afirma el carácter central del sujeto en el conjunto de todo lo real o que incluso niega que haya un mundo real fuera de la conciencia. El hombre es el canon de toda la realidad. Esta teoría del conocimiento marca la diferencia entre la metodología para las Ciencias Naturales y las Ciencias Sociales. El conocimiento depende de los esquemas mentales del sujeto, tanto de lo personal como cultural antes que de la ontología del objeto.

d) *Pragmatismo:* Los conocimientos verdaderos son aquellos que reportan utilidad a la especie humana. No hay verdades fuera de intereses prácticos y concretos del hombre. Único criterio de verdad, que depende del sujeto, por lo tanto, se continúa en el subjetivismo. Son intereses de adaptación y no de transformación, negando así un aspecto fundamental de la praxis humana. El intelecto es para orientarse en la realidad y utilizar los pensamientos con fines prácticos. El pragmatismo es una distinción entre lo verdadero y lo útil.

El Realismo es una teoría del conocimiento opuesta al Subjetivismo. El conocimiento es posible porque el hombre se ajusta a la realidad, por lo que el conocimiento es objetivo. Es una medida científica para determinar la verdad. El conocimiento es sólo del objeto, no se reconoce el papel del sujeto. La realidad es anterior al sujeto, es anterior a la inteligencia humana. El Realismo insiste en el carácter abierto de la realidad humana o Anthropos, no en los límites subjetivos. El realismo afirma la prioridad de la realidad sobre la subjetividad. El materialismo no es una teoría del conocimiento, es una teoría sobre la realidad porque no todo realismo se reduce a materialismo. A continuación se presentan las acepciones del término objetivo que se utilizan para definir este tipo de conocimiento:

- Es objetivo lo que procede del objeto, entendiendo por objetivo el conocimiento que refleja en la conciencia el objeto que existe afuera de ella.
- Es objetivo lo que es válido para todos y no sólo para tal o cual individuo, entendiéndose como objetivo el conocimiento que es universal y no individual.
- Es objetivo lo que está exento de emotividad y de parcialidad.
- Se exige la experiencia como necesidad y principio del proceso cognitivo.

La actitud que el hombre adopta hacia la realidad es la de un ser que actúa objetiva y prácticamente con respecto a la naturaleza y los hombres persiguiendo la realización de sus fines e intereses. Por lo que la realidad se presenta al hombre como el campo en que ejerce su actividad práctico-sensible.

En cuanto al Realismo Crítico, Lawson lo establece con visión hacia la formación de un realismo dialéctico. Los datos y experiencias subjetivas han de tener causas objetivas. Es una vía intermedia entre subjetivismo y realismo. La causalidad no es una idea subjetiva, es una experiencia con relaciones. Popper refiere al realismo crítico como un ejercicio intersubjetivo en el que se somete a crítica los resultados objetivos y los resultados subjetivos.

En síntesis, la teoría del conocimiento atribuye a la filosofía una posición preponderante sobre la ciencia. Es posible que se pueda hablar con propiedad de Fundamentación Gnoseológica, cuando las variables o categorías del problema de investigación o del objeto de estudio estén en terrenos meta y transdisciplinarios. Se solicita al hipotético lector, tener presente este postulado cuando alcance la lectura del Capítulo 4 referido a la Transición Metodológica.

1.3 SURGIMIENTO DE LA EPISTEMOLOGÍA

Así como las ciencias particulares tuvieron su origen en la Filosofía, la Gnoseología dio a luz a la Epistemología. El nacimiento de ésta se dio a manera de brotes de genialidad desde la Antigüedad Clásica en Grecia.

Platón es quien aporta la primera referencia a la Epistemología, pero reconoce haberla tomado, a su vez, de Heráclito. Esta nueva forma de reflexionar acerca del problema de conocer, tiene una variante que la aleja del quehacer gnoseológico. Empieza por clasificar las formas de conocer en Doxa (Simple opinión) y Episteme (Conocimiento de acuerdo a sus causas). Doxa a su vez se divide en Eicasia (Ilusión) y Pistis (Conocimiento sensible). Episteme, por su parte, puede ser Dianoia (Conocimiento geométrico) y Noesis (Conocimiento del ser en sí).

Esta clasificación del conocimiento surgió de la propuesta platónica de la existencia de dos mundos. En el mundo material, el conocimiento sólo se podía dar en términos de opinión (Doxa) y éste sólo podía ser ilusión y/o conocimiento imperfecto sensible. El verdadero conocimiento tenía que darse como Episteme y podía asumir las formas de conocimiento matemático y/o noético. En la Alegoría de la Caverna de Platón, el conocimiento como opinión era el resultado de vivir en un mundo en penumbra, donde sólo se percibían las sombras de los objetos verdaderos que existían en el mundo de la luz o Topus Uranus. En este mundo, el alma (andrógina) tenía el conocimiento de todo el universo. Al nacer en materia, dicho conocimiento se ensombrecía y se repartía entre el hombre (Andros) y la mujer (Ginos). Así, el conocer, desde la perspectiva platónica en realidad es un proceso de recordar y para reconocer todo el universo, el hombre y la mujer deben combinar sus facultades.

Como se puede apreciar, "Episteme" se enfoca a una forma y a un tipo especial de conocimientos. Deja atrás las opiniones y los datos sensibles aislados para hurgar en las formas de conocimiento que se establecían a partir de la congruencia racional y la identificación de las causas de las cosas. Ahora se trata de considerar la relación sujeto-objeto, ya no en su plano general y abstracto, sino en situaciones más concretas, ubicadas en campos específicos donde los hombres, con intereses particulares, pretenden conocer cierta realidad. No se trata de debatir si la realidad impone sus patrones (universales) al sujeto o si éste impone sus modelos a la realidad; sino de descubrir relaciones observables en términos de causa-efecto. No se olvide que para estos tiempos, ya Demócrito habría descrito la realidad como una secuencia donde inevitablemente todas las cosas son causa y/o efecto de las demás.

La determinista cadena causa-efecto de Demócrito había permitido explicar los fenómenos. Pero esta concepción todavía se quedaba corta ante la complejidad de la realidad. Tocó a Aristóteles trascender esta propuesta y plantear el postulado de la Multicausalidad. Éste sostiene que todas las cosas y/o hechos tienen por lo menos cuatro causas fundamentales: la formal, la material, la eficiente y la final. Si se toma como ejemplo una mesa, la causa formal se refiere, que todavía no existe la mesa, aunque ya se tenga la imagen ideal o forma, que se le ha de dar. Tampoco existe, si ya se tiene la madera (causa material) para construirla. Ni siquiera se tiene la mesa después de que el carpintero ya se haya ocupado en su taller para fabricarla (causa eficiente) de madera (casa material), tenga cuatro patas y sea rectangular (causa formal). Se tiene mesa, en definitiva, cuando además de todo lo anterior, se le use como tal (causa-final).

El análisis de las diferentes causas de una cosa o hecho, abrió un enorme horizonte de posibilidades para su estudio. Podía haber disciplinas que se ocuparan del estudio de las causas ideales como la ontología, la geometría, las matemáticas, la lógica. Otras podían ocuparse del estudio de las causas materiales como la física, la geografía y la biología. Cabría la posibilidad, de que unas más, estudiaran las causas eficientes donde se realiza un trabajo para dar forma a la materia como las artes y los oficios. Finalmente debería haber otras disciplinas de carácter cultural, que estudiaran las tradiciones, las costumbres, las escalas de valores, las instituciones sociales como la historia, la axiología, la democracia, la teleología, que determinaran el destino que tendrían las cosas.

Mientras las primeras tres causas son claramente deterministas, porque tienden a dar forma única a cada cosa, la causa final termina siendo incierta y totalmente subjetiva. Una estatua destinada, según las primeras tres causas, para representar la victoria en una guerra, terminó siendo escudo en una batalla. Es decir, la causa final es la que le da sentido ontológico o razón de ser a cada cosa, por encima del determinismo de las causas: material, formal y eficiente. Es en este punto, que la percepción objetiva de la realidad empírica de Aristóteles, amplia el horizonte de la subjetividad.

Y es su eudemonismo lo que define el fin último de todo lo existente: la felicidad.

Con la premisa de la Multicausalidad, Aristóteles pudo dar el paso definitivo hacia la sistematización del saber humano, a través del horizonte de la Multidisciplinariedad. Era la época en que Arquímedes ponía las bases de la Física, con un fuerte bagaje experimental. Euclides ya había establecido la Geometría Plana y el método axiomático, el cual no requería de sustento empírico. Hipócrates ya había instalado los cimientos empírico-tradicionales de la ciencia médica. Homero ya había inaugurado la ciencia histórica como narrativa épico-costumbrista. De igual forma surgieron las artes, las prácticas deportivas y militares, las escuelas de los grandes maestros y las especialidades, como disciplinas aplicativas.

Así, mientras la realidad se dividía en parcelas para su estudio, las interrogantes gnoseológicas de carácter abstracto y general, también empezaron a concretarse al interior de cada ciencia. Su común denominador fue la búsqueda de explicaciones en términos de causas y efectos, en ámbitos concretos de la realidad. En la Física, la preocupación se centró en la construcción de edificios, máquinas de guerra y herramientas. Es ilustrativo el caso de la construcción del casco de un barco para que pueda desplazar agua suficiente, a fin de que flote a pesar de ser muy pesado. La Geometría centró la atención en problemas determinados, entre los cuales estuvo el de calcular la cantidad de veces que cabe el volumen de un cono en el cilindro en que se inscribe. Hipócrates asumía la adecuada alimentación como la causa fundamental de la salud. Consideraba a su vez, que la enfermedad era el resultado del desequilibrio de los humores del cuerpo. Otro tanto sucedió con las demás ciencias, las artes y las disciplinas deportivas y militares así como las especialidades.

A pesar de que Aristóteles realizó un gran esfuerzo para sistematizar el conocimiento humano, en la emergencia de las ciencias, disciplinas y artes, la Episteme en cuanto, conocimiento del ser en sí (Noesis u ontología) se fue rezagando. Al final, fue un campo que retomó la Filosofía y que le ha sido reservado como objeto de conocimiento a la Gnoseología. En cambio, la Doxa (Simple Opinión) en cuanto conocimiento sensible (Pistis), tuvo un notable avance. Así, la ilusión (Eicasia) y el conocimiento del ser en sí (Noesis), quedaron al margen del desarrollo científico, disciplinario y artístico; en tanto que el conocimiento sensible (Pistis) y el conocimiento de acuerdo a sus causas (Episteme) en su versión de conocimiento geométrico (Dianoia), fueron quienes desplegaron todo su potencial.

El análisis realizado, ha evidenciado la clara tendencia que tuvieron en los procesos de conocer de lo general y abstracto (Gnoseología) hacia lo específico y concreto (Epistemología). De modo que se puede concluir que la Epistemología es una disciplina que estudia los procesos del conocer en el ámbito de las disciplinas científicas.

Epistemología viene de los vocablos Episteme, que significa ciencia, y de logos, que quiere decir tratado. O sea que su significado etimológico es "Tratado de la ciencia" aunque es mejor conocida como "Filosofía de la ciencia". La Epistemología está centrada en los fundamentos, métodos, causas, validez y alcances del conocimiento producido por una ciencia o familia de ciencias que comparten un campo de estudio. En sentido amplio es el estudio crítico de los principios, hipótesis y resultados de las ciencias y está destinada a determinar su origen lógico, su valor y su alcance objetivo. En sentido estricto es un estudio crítico hecho a posteriori y centrado en la validez de las ciencias, consideradas como realidades que se observan, describen y analizan. Es común hablar de la Epistemología de la Química, Epistemología Psicogenética o Epistemología de las Ciencias Sociales.

De modo que cuando se trata de hacer investigación científica en el campo de las Ciencias Sociales, el Proyecto debe contar con un apartado donde se establezca una "Fundamentación Epistemológica". Ésta debe dar razón del objeto de estudio, de las facultades que el sujeto pone en juego en el proceso de conocer, de la relación sujeto-objeto, del método de trabajo, de los criterios de validez, alcances y limitaciones de los resultados, pero siempre desde el interior de una ciencia o conjunto de ciencias que comparten un mismo campo de estudio.

El auge y la imposición del canon de las Ciencias Naturales a todo quehacer científico han mantenido a los investigadores ocupados en el qué investigar y de cómo hacerlo operativamente, sin detenerse a hacer una elección tanto del objeto de estudio como del enfoque investigativo con base a claros criterios epistemológicos. Muy pocos, entre ellos, los filósofos de la ciencia, han fijado su atención en las cuestiones epistemológicas básicas para que un investigador pueda clarificar lo que quiere investigar y la forma de hacerlo.

A raíz de la crisis del Modelo del Método Científico de la Ciencias Naturales y el surgimiento de las Ciencias Sociales hubo necesidad de una revisión de las cuestiones epistemológicas que conlleva cualquier investigación. Las discusiones entre los miembros del Círculo de Viena y los seguidores de la Escuela de Frankfurt, son sólo una muestra de la enorme importancia que adquirió el estudio de las cuestiones epistemológicas. Mardones (2003) hace una ilustrativa recuperación de la secuencia que tuvo la ontología del quehacer científico; la identificación y construcción del método idóneo para que el sujeto logre acceder al conocimiento de la realidad, además de establecer los criterios de validez y confiabilidad del conocimiento adquirido. Para Piaget (1992) la Epistemología es el estudio de la constitución de conocimientos válidos, de ahí que el fundamento y trayectoria epistemológica puedan reconocerse como criterio de validez.

Pudiera darse el caso de que el objeto de estudio no quedara claramente demarcado dentro de una parcela científica o de un campo que comparte un grupo de ciencias. Por ejemplo, si se trata de una investigación que tuviera una variable o unas categorías dentro de un campo científico bien delimitado y otras fuera de dicho campo, se estaría hablando de una Fundamentación Gnoseo-Epistemológica. En cambio si las categorías como las variables fueran de carácter general y abstracto, de modo que no se pudieran acotar a un campo científico determinado, se trataría de establecer una Fundamentación Gnoseológica. Pero si se trata de la producción de conocimientos al interior de dos ciencias claramente acotadas, es Fundamentación Epistemológica. Valga esta última precisión para ser considerada como base en el entendimiento de los siguientes capítulos.

CAPÍTULO II

El desarrollo de la ciencia normal

En el campo de las Ciencias Sociales existen tendencias de investigación y modalidades de construcción teórica que se han identificado bajo la noción de paradigma. De acuerdo a Thomas Khun (1962), un paradigma describe, para una etapa específica en la historia de la ciencia, la manera como una comunidad científica ve un área de estudio; identifica problemas apropiados como objetos de estudio y determina conceptos legitimados y métodos utilizados, esto es, la ciencia normal; el sentido de la realidad es temporalidad. En la siguiente figura se estructuran las derivaciones pertinentes.

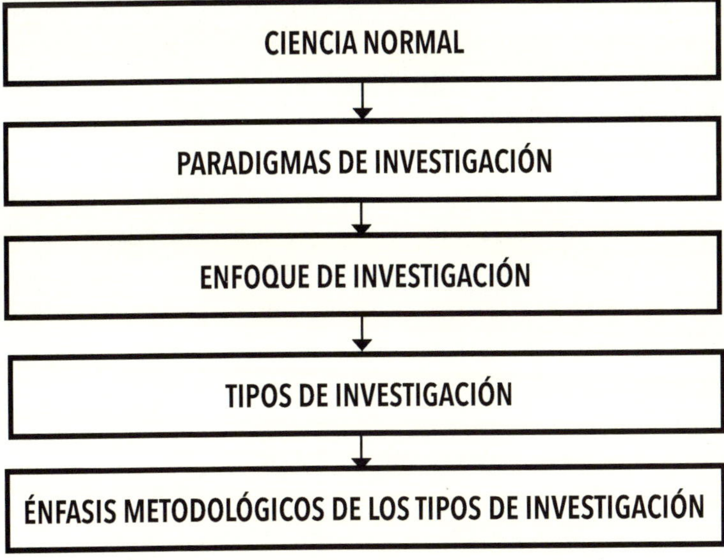

Figura 6. Derivaciones de la Ciencia Normal
Fuente: Elaboración propia

2.1 PARADIGMAS DE INVESTIGACIÓN

Thomas S. Kuhn, en su obra "La Estructura de las Revoluciones Científicas", hace alusión a la forma en que emergen, se mantienen y fenecen los esquemas de producción de conocimientos. En este proceso juegan un papel muy importante las "comunidades de científicos", en contraposición al supuesto de que los descubrimientos los hacen investigadores aislados. Dichas comunidades logran dar vigencia a sus hallazgos, en el momento en que consiguen construir un "paradigma" de investigación científica. Es decir, un paradigma, es un modelo epistemológico, teórico, metodológico y cultural construido, sancionado, asumido, aplicado y evaluado continuamente de manera colegiada por toda la comunidad científica que lo postula.

Para la producción del conocimiento, han surgido diversos paradigmas que han tenido vigencia, y a la vez, han entrado en crisis y han sido reemplazados por otros, con mayor capacidad para explicar, comprender y transformar la realidad y la vida del ser humano. Un Paradigma entra en crisis, debido a su incapacidad para aportar conocimientos y soluciones a los problemas culturales, de convivencia, científicos y tecnológicos que presentan las sociedades en su evolución. Para que un nuevo paradigma se instale, requiere de una plataforma epistemológica, teórica, metodológica y cultural, que garantice su capacidad para producir conocimiento científico válido.

Pero además, debe ampliar y profundizar todo lo que ya explicaba, comprendía y transformaba el paradigma anterior. La vigencia del nuevo paradigma, exige además, la capacidad de aportar nuevos conocimientos acerca de nuevos matices de la realidad y nuevas soluciones a nuevos problemas. Igualmente, debe tener apertura hacia la posibilidad de que la comunidad científica ponga en juego nuevas facultades, técnicas, tecnologías, procesos y procedimientos metodológicos.

Ya en el ámbito sociocultural, las comunidades científicas también han de configurarse (como grupo, equipo, colegiado, claustro, fraternidad o sociedad) de acuerdo con sus intereses, necesidades, tareas y sus perspectivas de desarrollo. Pero además, han de afrontar el imperativo de difundir sus hallazgos, innovaciones, descubrimientos e inventos. Por lo tanto, es preciso contar con la voluntad y disposición de replantear teorías, redefinir objetos de estudio, re-conceptualizar el conocimiento y la ciencia y, de ser necesario, crear nuevas teorías, ciencias, disciplinas y metodologías científicas. Esto, a su vez, desemboca en la necesidad de desarrollar procesos de autocrítica y de argumentación, de contrastación y debate de posturas.

Desde la antigüedad clásica las comunidades de estudiosos trabajaron en la propuesta, instauración, conservación y difusión del conocimiento. Los Esenios tuvieron esa tarea en Egipto. La Liga Pitagórica, la Academia de Platón, el Liceo de Aristóteles y La Biblioteca de Alejandría, fueron claros ejemplos de comunidades científicas en la Cultura Griega. Los claustros de las escuelas monacales, lo fueron en la Edad Media. A partir del Renacimiento, las Universidades fueron los espacios privilegiados para desarrollar las comunidades científicas y la creación de los paradigmas de investigación.

A raíz de la conformación de los Estados Nacionales, las comunidades científicas y sus paradigmas llegaron a tener tanto peso científico e ideológico, que marcaron las culturas de algunos países. Por ejemplo, hay una acendrada tradición empirista en el pensamiento filosófico inglés. Algunos de sus exponentes más destacados fueron Francis Bacon, John Locke, David Hume y Berkeley. En Alemania ha predominado el paradigma racionalista. No es casualidad que Leibniz, Kant y Hegel, sean germanos. Los franceses han liderado la conformación de un paradigma conciliatorio entre el empirismo y el racionalismo. No es gratuito que al Racionalismo de Descartes, le haya sucedido el Positivismo de Augusto Comte y el Intuicionismo de Henry Bergson.

A partir del Renacimiento se suscitó una "Polémica Incesante" entre los seguidores de la Tradición Galileana Cuantitativa y la Tradición Aristotélica Cualitativa (Mardones, 2003). Dicha polémica se desarrolló siguiendo la postura empirista de los ingleses y la racionalista de los alemanes. Tocó a Comte fundador del Positivismo y a Durkheim con su Método Sociológico, introducir formalmente el Método Científico, según el canon de las Ciencias Naturales, a la investigación social. De igual manera Dilthey, Weber y Schütz, introdujeron el Paradigma Cualitativo-Interpretativo en la Investigación Social. Marx, con su propuesta del Socialismo Histórico y Materialismo Dialéctico, pone las bases de otro paradigma de investigación social, que termina configurándose dos siglos más tarde.

La historia de la ciencia, da cuenta del paradigma supralunar, del paradigma del flogisto, del paradigma del éter, hasta llegar a las consideraciones estructurales en donde para que un paradigma de investigación se considere maduro y sólido debe contestar al menos a seis preguntas: ¿Qué se entiende por realidad en este paradigma de investigación? ¿Qué facultades pone en juego el sujeto, para conocerla? ¿Qué método de trabajo se aplica para abordar el conocimiento de dicha realidad? ¿Qué características tiene el conocimiento que se produce? ¿Qué se entiende por ciencia? ¿A qué ciencias se les aportan conocimientos?

La figura siguiente se enmarca para quien se considere investigador, el cual, deberá conocer las concepciones del paradigma que utiliza. El ser y existir de la realidad, la apropiación de la realidad, la legitimación de la realidad y la intencionalidad sobre esa realidad.

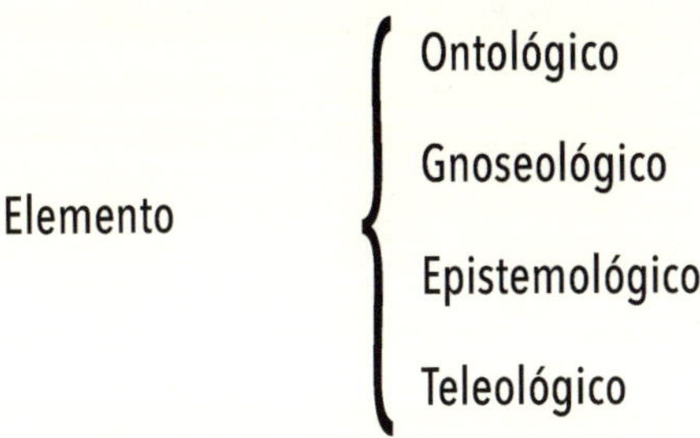

Figura 7. Elementos estructurales de un paradigma de investigación. Fuente: Elaboración propia

Durante el Siglo XX, se constituyeron tres comunidades científicas con influencia internacional, que dieron origen a cuatro paradigmas de investigación: El Círculo de Viena, con sede en Austria; la Escuela de Frankfurt, con sede en Alemania y el Círculo de Eranos con sede en Ascona, Suiza.

El Círculo de Viena estuvo conformado principalmente por matemáticos y científicos. El paradigma que postularon para la investigación científica en el ámbito de las ciencias sociales fue el Positivista-Cuantitativo. Sus postulados fundamentales son: la realidad tiene existencia propia y está constituida por cosas y hechos dados (Comte), que se interrelacionan en términos de causa-efecto (Demócrito). El sujeto cognoscente es capaz de observar y medir neutra y objetivamente la realidad. El método de trabajo es el Método Científico (Bacon, F), según el canon de las Ciencias Naturales (Durkheim). Este hace posible descomponer (Analítica) los fenómenos complejos en indicadores susceptibles de ser conocidos (Descartes), gracias a que son observables, medibles y/o estimables (Skinner).

El conocimiento que se produce tiene como atributos: ser comprobado y estar sujeto a parámetros estadísticos. Por obtener resultados de una muestra representativa de una población, postula inferencias que hacen posible la generalización de sus resultados. Su validez y confiabilidad están avaladas por criterios estadísticos. Por ello, tanto sus procesos, técnicas, instrumentos y procedimientos y son susceptibles de convertirse en tecnología.

La Escuela de Frankfurt recupera el criticismo kantiano, la dialéctica de Hegel, la praxis marxista, el socialismo utópico de Saint Simon, el historicismo de Dilthey y la hermenéutica de Heidegger. Estas teorías permiten arribar a dos posturas paradigmáticas emparentadas, mismas que con el tiempo terminarían por independizarse: el Sociocriticismo de Gadamer y la Dialéctica Crítica de Habermas.

Esta escuela comienza por establecer las bases del Paradigma Cualitativo-Interpretativo. Sus principales postulados son: La realidad tiene existencia propia, pero sus atributos son asumidos y/o negociados subjetivamente, por el observador. Éste, a partir de los datos observables, configura una cosmovisión subjetiva, con una fuerte congruencia interna que la hace cognoscible y permite acceder a una visión holística de la realidad.

Dicha cosmovisión se constituye en el mundo de vida de los sujetos, misma que es susceptible de interpretarse y/o comprenderse, gracias a las facultades de empatía, intuición y percepción del investigador. El método etnográfico va desde la observación neutra de las esencia de las vivencia (Fenomenología) de los sujetos motivo de estudio, pasa por la elaboración de los registros (Etnometodología), devela las categorías de análisis, evidencia sus significados (interaccionismo-simbólico) y permite la comprensión del sentido (Hermenéutica), para arribar a la transformación de la cultura (Antropología).

En este sentido, el conocimiento está dado en términos de significados y tiende a ser holístico en relación al foco de atención de su objeto de estudio. Aunque revela el sentido cultural de los hechos, los hallazgos sólo son válidos para los participantes. Por lo tanto los resultados no pueden generalizarse, en términos de inferencia estadística. Pero sí pueden aplicarse, mediante un proceso analógico, a otros casos, cuyas características sean muy similares al objeto de estudio de referencia.

El segundo paradigma que está orientado a la investigación social se empezó a fraguar en la Escuela de Frankfurt, haciendo énfasis en el criticismo de Kant, la dialéctica hegeliana, la praxis marxista y la emancipación de Horkheimer. Con todo eso Habermas postuló la Dialéctica Crítica que sustenta, el enfoque de la Investigación-Acción.

La Dialéctica Crítica concibe a la realidad como un flujo continuo y contradictorio de entes entramados que se transforman y transforman el contexto en que se mueven. Los individuos y las cosas son abstracciones que carecen de sentido y que no existen. Los hechos son configuraciones recortadas y estáticas de entes y contextos en continuo y contrastante movimiento, que tampoco existen. De modo que la realidad sólo puede ser transformada de acuerdo a necesidades sociales y por acciones discutidas y acordadas por grupos sólidamente integrados.

Las premisas de la Escuela de Frankfurt se combinaron con las aportaciones teórico-metodológicas aportadas por Gramsci (Liderazgo de los intelectales), Karel Kosik (Mundos de la simulación, seudoconcrecion y concreción), Bordieu (Teoría de la resistencia), Hugo Zemmelman (Totalidad concreta), Kurt Lewin , Stephen Kemmis, Wifred Carr (Investigación-acción) y las teorías de grupos (Cooperativismo Socialista, Trabajo Colaborativo, Grupos Operativos) y de la comunicación (la Dialogicidad de Freire).

Todas estas aportaciones permitieron crear una fuerte estructura de principios teóricos, epistemológicos y metodológicos a fin de establecer y consolidar el Paradigma Sociocrítico y el enfoque representativo de la Investigación-Acción.

Finalmente, el paradigma Sociocrítico quedó configurado, asumiendo como postulados fundamentales: la realidad es cambiante, contradictoria, incierta y muy compleja. Más que constituirse por cosas o hechos, se configura mediante flujos y tendencias sociales. Por lo tanto, su conocimiento no está al alcance de un sujeto aislado. Sólo es accesible a la acción de equipos comprometidos con los proyectos de desarrollo, emancipación, la toma de consciencia y la transformación social. El conocimiento es un logro que se concreta en apariencia, en las mentes de los individuos, pero que se posibilita, se sistematiza y se sanciona por la sociedad en turno. La ciencia es un producto de la reflexión y la acción de los grupos sociales. Sus resultados son la emancipación y la transformación social. La praxis es el método que pone en juego la acción reflexionada de los grupos sociales, para lograr la transformación continua de su realidad.

Entre los miembros del Círculo de Viena (Tradición Galileana) y los de la Escuela de Frankfurt (Tradición Aristotélica) se suscitó un debate, que atinadamente algunos autores denominaron "Polémica Incesante" (Mardones, 2003). La discusión tuvo una amplia agenda que incluía cuestiones filosóficas, gnoseológicas, epistemológicas, antropológicas, sociológicas, axiológicas, teleológicas, metodológicas, lógicas y lingüísticas. El problema fue que, tanto unos como otros, trataron de imponerse mediante la validación y defensa de los propios postulados y la descalificación de los contrarios. No hubo esfuerzos significativos por trabajar en acercamientos mutuos desde sus propias perspectivas.

Tocó a Popper hacer las veces de mediador solitario. De ahí que uno de sus postulados fundamentales fue el de la "prudencia epistemológica", mediante la cual sostenía que los hallazgos científicos debían plantearse con cautela, aunque se estuvieran sustentados en datos válidos y confiables. En esa misma línea de argumentación sostenía que el conocimiento es conjetural; es decir, con una validez y confiabilidad limitada y siempre sujeto a un proceso de mejora en términos de precisión, explicación, comprensión y transformación. Por ello, la actitud epistemológicamente más saludable de un investigador, era la de permanecer en la búsqueda constante de la verdad.

Para evitar que la ciencia creciera insulsamente, proponía que la hipótesis, debían falsarse en vez de tratar de comprobarse. Trabajó igualmente en configurar un método único para la investigación social, integrando postulados de las propuestas paradigmáticas en pugna. Por encima de todas las bondades y limitaciones que tuvieran los diferentes paradigmas, ineludiblemente, en toda investigación se debía hacer un análisis crítico exhaustivo de sus postulados, métodos, técnicas, procedimientos, datos, interpretaciones, hallazgos y conclusiones. Por esta razón, a su teoría se le reconoció como Racionalismo Crítico. Debido a sus observaciones y análisis crítico que hizo al Realismo de Roger Bacon, se le denominó posteriormente como Realismo Crítico.

El Círculo de Eranos (Comida de Fraternidad) es la otra comunidad científica que trabajó durante el siglo XX. Fue Fundada en 1933, por Olga Fröbe-Kaptein en Ascona Suiza. El mitólogo alemán, Rudolf Otto dio el nombre de Círculo de Eranos y su gran inspirador fue C. G. Jung. Esta comunidad nació como "una agrupación cultural de carácter filosófico-científico, cuyo objetivo era mediar entre Oriente y Occidente, lo mítico e irracional y lo lógico y racional, la religión y la ciencia" (Ortiz Osés, 1998: 411). Después de trabajar durante poco más de medio siglo (1933-1988), legó a la humanidad 57 volúmenes de aportaciones de los más diversos temas relacionados con la "filosofía, ciencias humanas, mitología y ciencia, teología y antropología" (Ibídem: 410). En su primera etapa (1933-1946), el tema central fue la mitología comparada; en la segunda (1947-1971) se abordó prioritariamente la antropología cultural; en la tercera (1972-1988) se trabajó la hermenéutica simbólica.

El Círculo de Eranos, postuló el Paradigma Interpretativo-Hermenéutico. Las premisas que lo fundamentan son: La realidad está constituida por un flujo dialéctico de energía e información, cuyas manifestaciones afloran en términos simbólicos (Cassirer) frente a un conjunto complejo de facultades cognoscentes. Es decir, el ser humano no tiene acceso directo a la realidad fundamental de las cosas, hechos y personas (flujos de energía e información). Se acerca a ellos, a través de la interpretación de los símbolos que captan los sentidos, los símbolos lógico-matemáticos que procesa la razón, los símbolos mítico-imaginarios que subyacen al inconsciente colectivo (Jung) y/o que emanan la supraconsciencia (Corbin). Estos postulados adquieren sentido a través de la intuición y la percepción profunda de la integración de todo lo que ha existido, existe y existirá en un gran todo.

El Círculo de Eranos aplicó el método de trabajo conocido como "la espiral hermenéutica". Espiral que combina la comprensión adivinatoria de carácter introspectivo, con la comprensión comparativa empírico-racional, para alcanzar la comprensión hermenéutica que es a la vez dialéctica, intuitiva, subjetiva, empírica y racional. Para amalgamar todas esas posibilidades, en otra época, antitéticas, en una gran comprensión total, se hace uso de los arquetipos (Jung). Estos son estructuras del inconsciente que proceden de una supra-consciencia en forma de predisposiciones e imágenes.

El conocimiento que se produce, antes que ser unívoco (que tiende a una sola verdad) como en el caso del Neopositivismo; y antes que ser equívoco (que tiende a muchas verdades) como en el caso del Relativismo Subjetivista, es de carácter analógico porque se construye a partir de analogías inter, multi y transdisciplinarias. De acuerdo con dichos postulados, la ciencia no es una estructura de conocimientos relativos a un campo exclusivo de la realidad; sino una estrategia convencional de la humanidad para organizar de manera didáctica el saber universal.

Antes de cerrar este apartado, es necesario abordar un atributo epistemológico que todos los paradigmas de investigación tuvieron que asumir durante el Siglo XX. Para empezar, es conveniente precisar que desde principios de siglo, ya se venían perfilando cuatro paradigmas investigativos: el positivista cuantitativo, el cualitativo interpretativo, el Sociocrítico y el interpretativo hermenéutico. La crisis de la Matemática del Siglo XIX y el Principio de Incertidumbre, la Relatividad y la Física Cuántica que se plantearon en las primeras décadas el Siglo XX, exigieron a todas las ciencias una revisión exhaustiva, en sus plataformas gnoseo-epistemológicas y en sus criterios de validez, confiabilidad y certeza.

Todas las comunidades científicas tuvieron que hacer un análisis retrospectivo de cómo se había dado el surgimiento de los supuestos y postulados gnoseológicos, epistemológicos, lógicos, teóricos y metodológicos de sus respectivos paradigmas. El propósito era cimentar en terreno firme sus formas de hacer investigación social.

Al hacer dicha revisión descubrieron también las debilidades de los otros paradigmas de investigación. De modo que hubo un debate al interior de las comunidades científicas en relación a las bases intra, meta y transdisciplinarias tanto de su propio paradigma como de las otras comunidades científicas. En otras palabras se encontraron ante una gama de las fortalezas y las debilidades de unos paradigmas frente a otros.

En este análisis y debate, todas las comunidades de científicos se encontraron ineludiblemente con Kant y su propuesta del "criticismo", como condición necesaria y fundamental, para establecer un conocimiento científico con una certeza de vigencia presente. Así, los paradigmas investigativos tuvieron sus fundamentos en el Empírico-criticismo, el Racionalismo Crítico, el Realismo Crítico, la Teoría Social Crítica y la Dialéctica Crítica.

En todos los casos, el criticismo consistió en hacer un análisis crítico exhaustivo de los supuestos, postulados, procesos, técnicas y procedimientos para llegar a los hallazgos, así como la revisión crítica de los propios hallazgos. Con esto, se buscaba que los resultados de una investigación fueran validados desde dentro y desde fuera de las comunidades científicas, por la solvencia de su escrutinio gnoseo-epistemológico.

2.2 ENFOQUES DE INVESTIGACIÓN

Si un paradigma, metafóricamente, es como una gran lente para observar la realidad, el enfoque es el punto de la lente, por donde se va a observar la porción de realidad, en que se realizará la investigación. El enfoque tiene que ver con la dirección, distancia y profundidad con que se realiza la observación. También requiere consideraciones en relación a si el objeto de estudio está estático o en movimiento y si el observador está fuera o dentro del campo de estudio. Es definitivo establecer, si se van a analizar sujetos y hechos dados o si se van a observar procesos en movimiento o bien con cambios repentinos y dialécticos.

Los enfoques de investigación son consecuencia de implicaciones ideológicas inscritas en marcos referenciales que cumplen una función orientadora y que proveen de dirección, sentido y finalidad. Entendiendo la existencia y diversidad de investigadores analítico-reflexivos, valorales-sistémicos, crítico-constructivos.

Por ejemplo, en el Paradigma Positivista-Cuantitativo, se reconocen actualmente dos "enfoques" o formas de abordar la investigación: el empírico-analítico, que se trabaja en la unión europea y Latinoamérica y, el hipotético-deductivo que se aplica en Cuba y los países socialistas. El primero es empírico-analítico, porque se problematiza la realidad a partir de la experiencia que se tiene de un presunto problema de investigación; para después pasar a hacer un análisis riguroso (desglose de indicadores) de las teorías que lo sustentan y de los datos cuantitativos que arroja el trabajo de campo. Esto significa que en este enfoque las acciones epistemológicas medulares son la aplicación de los sentidos a la observación de la realidad y el análisis concienzudo de los datos obtenidos por medio del trabajo de campo; todo bajo la lente de la cuantificación.

El hipotético-deductivo, plantea como punto de partida, no la empiria, sino el estado de la cuestión. De la teoría, se desprenden hipótesis. En este sentido, un investigador en vez de recurrir a la realidad y empezar a hacerse preguntas sobre lo que observa, debe acudir a las teorías a fin obtener de ellas, todas las hipótesis que sean posibles. Después de hacer una ponderación de cada una, se procede a seleccionar la que mejor responda a las inquietudes del investigador. A partir de esta decisión, ya se tienen los elementos para hacer el recorte de la realidad que se desea investigar y se determina la hipótesis de trabajo. De la hipótesis establecida se desglosan congruentemente, todas las acciones para contrastarla con los resultados del trabajo de campo.

El enfoque representativo de la Paradigmas Positivista-Cuantitativo, es el empírico-analítico, ya que es el que más aplicación tiene a nivel mundial y es el que ha generado un mayor desarrollo en la investigación social. Paradigma que integra lo hipotético-deductivo, pero sólo como método de trabajo. Es decir, se elaboran cuestionamientos de la realidad a partir de la empiria que se tiene acerca del campo problemático. Enseguida se desglosan del Marco Teórico los conceptos de los indicadores, de tal modo que sean observables y cuantificables. Después se establecen las hipótesis. A partir de las hipótesis se construye el método hipotético deductivo. La hipótesis se convierte en la directriz de todas las acciones que se realizan para operacionalizar las variables, definir la población y seleccionar la muestra, instrumentar el trabajo de campo, recoger y sistematizar los datos, hacer el tratamiento estadístico e interpretar y sustentar los resultados. Es decir, el enfoque es empírico-analítico y el método de trabajo es hipotético-deductivo.

En el Paradigma Cualitativo-Interpretativo se procedió de manera similar. La realidad del mundo de los sujetos, se puede abordar mediante la observación focalizada de las esencias de sus vivencias (Fenomenología Husserliana). Pero también se puede hacer si el foco de la observación se lleva a cabo mediante los diálogos verbalizados (Etnometodología). La interpretación del mundo de los sujetos también se puede realizar a partir de los significados que se dan a sus interacciones (Interaccionismo Simbólico), más que en las esencias de las vivencias. La cosmovisión de los sujetos se podría orientar a la interpretación de textos escritos (Hermenéutica), en lugar de hacerse en torno a las vivencias o interacciones. Si lo que se estudia son las costumbres, las tradiciones, las prácticas, escalas de valores, creencias y mitos de una comunidad, se precisa de un abordaje cultural (Antropológico).

Como en todos los casos hay observación, registros, análisis de datos y categorización, propios de la investigación etnográfica, se llegó a la conclusión de que el enfoque representativo del paradigma Cualitativo-Interpretativo es el Cualitativo-Etnográfico. De modo que los diversos focos de atención que se pueden tener para el abordaje de un objeto de estudio (Fenomenología, Etnometodología, Interaccionismo-simbólico, Hermenéutica y Antropología), se asumieron como "énfasis metodológicos".

Así, por ejemplo, una investigación puede realizarse de acuerdo al paradigma cualitativo-interpretativo, el enfoque cualitativo-etnográfico y con un énfasis fenomenológico, por centrar su atención en la elaboración de registros donde se haga la descripción neutra de las esencias de las vivencias de los sujetos motivo de estudio. De modo que el investigador tendría como primer reto de poner entre paréntesis de historia de vida, para lograr una observación neutra; o sea, no mediada por su cultura, sus mitos, sus miedos y sus prejuicios. Su segundo reto sería enfocarse a las esencias de las vivencias. Esto no quiere decir que eludirá las expresiones orales o escritas, las interacciones y las manifestaciones culturales; sino que se concentrará en captar la esencia de la vivencia, ahí donde las palabras, los estímulos visuales y las acciones suelen estorbar.

El Paradigma Sociocrítico también tiene formas para abordar la realidad: de acuerdo al tipo de liderazgo, al tipo de equipo, el nivel de transformación. De acuerdo al tipo de liderazgo, la investigación acción, puede ser participativa donde el líder es la tarea; puede ser en la acción, donde el liderazgo se caracteriza por ser teórico y epistemológico, pero donde el equipo tiene una participación tanto en el establecimiento del proceso metodológico como en la aplicación del plan de acción. Puede ser colaborativa, si las decisiones teóricas, epistemológicas y metodológicas las toma el líder al margen del equipo porque este grupo de trabajo sólo participa en las tareas que están programadas en el proyecto de investigación.

El rol del líder es el primer elemento que determina los tipos de investigación-acción. La investigación acción participativa tiene origen marxista y es la más ortodoxa. Como tal, tiene como categoría ontológica fundamental a la sociedad como una entidad total, donde todo se genera. Es decir, no hay un líder, sino un grupo o equipo que toma todas las decisiones. La investigación-acción colaborativa, es de origen Neopositivista. En ella si hay liderazgo de los intelectuales como apuntara Antonio Gramsci. Atendiendo a la forma de configurar el equipo, se tienen diversas propuestas. Las más conocidas son: los grupos operativos, el trabajo cooperativo y el trabajo colaborativo. En el primero, los miembros se reúnen por decisión propia de participar en la resolución de un problema común. En tal caso, no hay un liderazgo convencional, sino una especie de coordinación funcional, que queda a cargo del miembro de más experiencia o más conocimiento. De tal modo que, el líder del proyecto es la propia tarea y la coordinación operativa la llevan a cabo alternativamente los miembros con mejores habilidades. En el trabajo cooperativo, las personas se configuran en equipo por invitación y por la convicción de que participando en las acciones conjuntas, permitirá resolver problemas comunes. Generalmente se comparte una misma cultura, una misma problemática, una profesión u oficio y una misma perspectiva de vida. Hay un liderazgo personal compartido, porque quien está al frente del grupo, delega responsabilidades a las personas que pueden corresponder de manera eficiente y eficaz. En el trabajo colaborativo los miembros se reúnen por invitación a participar en un proyecto generalmente ya establecido. Se les invita a que aporten experiencias, competencias, habilidades y recursos para enriquecer el proyecto previo; pero sólo se involucran en la realización de las actividades. El nivel de integración, es de carácter operativo, donde se ponen en juego habilidades para la realización de un plan de acción. No exige, que todos asuman una misma cosmovisión. Basta con que un segmento de la vida de los participantes, empaten sus intenciones, objetivos y propósitos y a partir de ahí, ser capaces de realizar acciones diversas para resolver problemas sentidos de interés común. La conformación del equipo también se puede abordar desde la perspectiva del nivel de transformación que se pretenda alcanzar. Si sus propósitos de transformación son de carácter técnico, instrumental y procedimental, se está hablando de una transformación superficial. Si, en cambio, se tienen las intenciones de provocar cambios en los niveles de lo actitudinal y lo axiológico, se puede hablar de un nivel medio de transformación. Finalmente, si la transformación pretende llegar a la estructura entitiva de las personas en sus esquemas de ser-en-sí-y-para-sí, ser-con-y-para-los-demás y de ser-en-con-y-para-el mundo, entonces se está hablando de alcances de los máximos niveles de transformación (ontológicos).

Como en todos los casos hubo equipo de trabajo, un plan de acción, proceso de transformación y producción praxiológica de conocimiento, propios de la investigación-acción, los especialistas decidieron asumir esta forma de investigación, como el enfoque representativo del Paradigma Sociocrítico. De modo que la investigación acción colaborativa, la investigación en la acción y la investigación-acción-participativa, se consideraron tipos de investigación acción. Por lo tanto, una investigación, se puede identificar como ser propia del Paradigma Sociocrítico, del enfoque de la investigación acción y del tipo de investigación-acción-colaborativa.

Respecto al Paradigma Interpretativo Hermenéutico, es necesario apuntar que hay una fuerte discusión respecto a si es un enfoque más del Paradigma Cualitativo-Interpretativo o si tiene un rango de mayor amplitud y profundidad, para convertirse en un paradigma por sí mismo. El Círculo de Eranos aportó suficientes elementos y criterios, como para que la Hermenéutica se configure como Paradigma. Entre ellos, está el concepto incluyente de texto, que se puede referir a lo escrito, lo hablado, lo vivido, lo actuado, lo construido, lo creado, lo elaborado, lo reprimido y lo oculto.

Otro postulado que se desprende de éste, es que así como la Hermenéutica no discrimina ningún tipo de texto, tampoco lo está con ningún tipo de teoría o postura epistemológica. Se ha hecho tanto investigación hermenéutica cuantitativa, como cualitativa y crítica. Por lo mismo, no se cierra a la aplicación de algún método, técnica, instrumento, proceso o procedimiento. Pero además, se han hecho innovaciones metodológicas como son: el círculo hermenéutico, la espiral hermenéutica, la hermenéutica fenomenológica, el inconsciente colectivo y los arquetipos, que son exclusivos en sus investigaciones. Un lector (intérprete), busca dar sentido trascendental al mensaje que contiene un libro. Éste se convierte en la referencia que el escritor (autor) elabora mediante signos y símbolos, para dar a conocer su cosmovisión real, ficticia o posible.

2.3 TIPOS DE INVESTIGACIÓN

Los tipos de investigación se establecen en cada enfoque representativo, de acuerdo a la profundidad que se pretende lograr al explicar, por ejemplo, en términos de causa-efecto (empírico-analítico), si se trata de comprender en términos de significados y sentido (cualitativo-etnográfico) y si su orientación está dirigida a transformar técnica, axiológica u ontológicamente (investigación-acción). Por lo tanto, es conveniente revisar el alcance de los objetivos, en cuánto compromisos epistemológicos, se plasma la rigurosidad, profundidad y calidad del conocimiento que la investigación va a producir.

En el enfoque empírico-analítico se tienen básicamente cuatro tipos de investigación: descriptivas, correlacionales, comparativas y explicativas. Las primeras tienen como objetivo fundamental, caracterizar el comportamiento de una población o una muestra única, y evaluarlo en un solo momento. Su valor radica en la riqueza con que se detallan los indicadores que se generan de las variables.

Una investigación descriptiva, metafóricamente, es como una fotografía de alta definición. Generalmente se establece una sola hipótesis de trabajo, de ponderación estadística media, la cual se comprueba con una prueba de hipótesis no paramétrica (Chi Cuadrada).

Las investigaciones empírico-analíticas de tipo correlacional tienen como objetivo característico, trabajar con una sola población o muestra. A este tipo de investigación, se le pueden medir los cambios que se dan entre dos variables, empíricamente interrelacionadas, evaluando sus cambios en un mismo momento.

El valor de estas investigaciones radica en la capacidad de evidenciar la forma en que los indicadores de una variable se interrelacionan con los de otra. Esta investigación, puede tener una sola hipótesis y se comprueba con la Correlación de Pearson.

Las investigaciones empírico-analíticas de tipo comparativo, tienen como objetivo característico, hacer contrastaciones entre los comportamientos de dos muestras diferentes de una misma población, en un mismo momento.

El valor de este tipo estudios radica en la posibilidad de explicar las diferencias de los comportamientos de las dos muestras, a partir de las coincidencias y divergencias de los indicadores que se hayan determinado. Pueden trabajarse con una o dos hipótesis (Hi: de trabajo y Ha: Alterna). Si las muestras son menores a 30 sujetos, la hipótesis se comprueba con la t de Student y si son mayores, con la prueba "z" (Razón Crítica).

Las investigaciones empírico-analíticas explicativas pueden ser: semi-experimentales, cuasi-experimentales, multifactoriales y predictivas.

Las investigaciones empírico-analíticas semi-experimentales, tienen como objetivo verificar si una variable (dependiente) incide en otra (independiente). Se trabaja con una sola muestra. El proceso metodológico incluye una medida pre-test para la variable dependiente, la aplicación de un plan experimental (variable independiente) y un pos-test para la variable dependiente. Para comprobar la hipótesis se aplica *t* de Student o *z* (Razón Crítica) y aunque haya una relación de causalidad, se puede aplicar "r de Pearson" para identificar a los sujetos que mejoraron, y a su vez precisar los indicadores en que se dio la mejora.

Las investigaciones cuasi-experimentales tienen como objetivo encontrar causas y efectos. Tienen grupo control y grupo experimental. Al segundo se le aplica un plan experimental (variable independiente). Se les hacen pruebas pre-test y pos-test para la variable dependiente, a los dos grupos. Se requiere de hipótesis de trabajo (Hi) e hipótesis nula (Ho). Para comprobar las hipótesis se aplican las pruebas t de Student o *z* (Razón Crítica). Para identificar los sujetos y los indicadores que mejoraron, se les puede aplicar "r de Pearson" al Grupo Experimental. Con estos datos, se tiene la información necesaria, para identificar los indicadores de alto, medio y bajo impacto en los procesos de mejora. Con los de alto impacto se construye la columna vertebral de la propuesta. Los de medio impacto, entran a reforzar a los primeros. Los de bajo impacto solo aparecen en la propuesta estratégicamente.

Las investigaciones multifactoriales son similares a las cuasi-experimentales. Sólo que van agregando un grupo, por cada factor que se considera. Igualmente agregan hipótesis alternas (Ha1, Ha2, Ha3) e hipótesis nulas (Ho1, Ho2, Ho3…) por cada factor que se involucre.

Lo que caracteriza a las investigaciones predictivas es, el establecimiento de estándares escalonados y un análisis de tendencias, a partir de los resultados de medidas periódicas a largo plazo. Pueden manejarse dos o tres hipótesis, en función de los diversos escenarios que se estén configurando. Recientemente se han realizado también Investigaciones Prospectivas, en las cuales se trabaja en la configuración de escenarios deseables. Con ello se busca asegurar que suceda lo que tenga que suceder para que una predicción se cumpla.

De forma similar a los tipos de investigación empírico-analítica, los estudios cualitativo-etnográficos también comprenden tres tipos: descriptivas, interpretativas y críticas. Mediante las investigaciones descriptivas se hacen caracterizaciones cualitativas detalladas del mundo de los sujetos que se investigan. Para ello se levantan registros de observaciones generales. Poco a poco dichas observaciones se van centrando en los focos de interés del investigador, atendiendo a los objetivos de la investigación. Las caracterizaciones se van haciendo cada vez más meticulosas y detalladas y es a partir de dichos registros, que se construye el objeto de estudio; se seleccionan las fuentes teóricas; se diseña un proceso metodológico y se identifican las categorías de análisis. Éstas constituyen, por decirlo así, las líneas y relieves principales del mundo de vida de los sujetos. Por lo tanto, la riqueza y valía de estos tipos de investigación, radica en la calidad o alta definición de la "fotografía" de la cosmovisión de los sujetos que se investigan.

Las investigaciones interpretativas, ya no se quedan en una simple descripción de alta definición del mundo de los sujetos, sino que se va en busca de los significados que los sujetos les otorgan a los objetos, hechos, vivencias, acciones e interacciones. Para ello, ya no es suficiente con hacer registros minuciosos de las observaciones. Se trata de obtener información acerca de los significados que los sujetos les otorgan a los acontecimientos de su vida. Para ello, es necesario aplicar instrumentos adicionales a la observación y recurrir a las explicaciones teóricas y epistemológicas que den razón de los significados y el sentido del mundo de los sujetos.

Este tipo de investigación requiere de técnicas e instrumentos de mayor profundidad como la observación participante y la entrevista a profundidad que son idóneas para obtener información acerca de dichos significados. De modo que esta forma de hacer investigación interpretativa, consiste justamente en colorear la descripción de alta definición, de acuerdo a los matices que los significados que cada sujeto da a los acontecimientos de su mundo de vida.

Las investigaciones cualitativo-etnográficas de tipo crítico, tienen como propósito evidenciar la transformación cultural que se da en los mundos de vida de los sujetos, en especial aquellos que se inscriben en los procesos de mejora. De modo que ya no es suficiente con hacer una descripción en alta definición matizada finamente de acuerdo a los significados que cada sujeto dé a su mundo de vida. Se trata de dar un seguimiento crítico a los vaivenes dialécticos, por donde necesariamente, tiene que pasar todo proceso de mejora, hasta instalarse en el perfeccionamiento instrumental, la emancipación personal, la integración y armonía social y/o ser más y mejor en sí y para sí. Por tal motivo, ya no basta con las observaciones y entrevistas; se requieren instrumentos profundos y de largo plazo, como la "historia de vida", para tener evidencias y testimonios suficientes que den razón de los cambios instrumentales, axiológicos u ontológicos de los sujetos y sus cosmovisiones.

En cuanto a la Investigación acción, se tienen también tres tipos de estudio: la colaborativa, en la acción y la investigación acción participativa. Las tres marcan sus diferencias en relación a dos cuestiones: la profundidad de sus transformaciones y la relación que hay entre el equipo de trabajo y el investigador.

La Investigación acción colaborativa, tiene como alcances, la transformación de carácter instrumental, técnico, procesual y procedimental. Por lo tanto, no alcanza a incidir en cambios axiológicos y ontológicos de las personas que conforman el equipo. Esto, en cierto modo, se debe al bajo nivel de involucramiento de los sujetos en todas las acciones que se realizan a lo largo del proceso de toda la investigación. El investigador, por su parte, asume un liderazgo teórico, epistemológico y metodológico. Los miembros del equipo se involucran sólo en la realización del Plan de Acción que se ha establecido para el logro de las transformaciones convenidas. Así que si el nivel de involucramiento sólo se realiza en una parte de las tareas, los efectos de las acciones del equipo, no son del todo significativas. Por tanto, los niveles de transformación también son muy limitados.

Tratándose de la investigación en la acción, tanto los alcances como los niveles de involucramientos de los miembros del equipo en todas las tareas del proceso de indagación, son intermedias. Ya no se queda en el nivel instrumental, técnico o procedimental, sino que los miembros del equipo logran incidir en cambios medianamente profundos en su realidad en ellas mismas. Por ejemplo, puede suceder que se modifiquen las escalas de valores de los sujetos o que cambien las actitudes ante la integración y armonía social. Pueden darse mejoras en la sensibilización acerca de problemas del grupo, en la toma de consciencia acerca de las necesidades de un cambio de comportamiento, en la asunción de compromisos para realizar tareas que incidan en la mejora de las relaciones interpersonales entre los compañeros de aula o la comunicación entre los miembros de la familia.

Para que esto se logre, es indispensable que los miembros del equipo se involucren en la elaboración y realización del Plan de Acción, en el establecimiento de objetivos o propósitos de la investigación, en el seguimiento colegiado de las acciones, en la evaluación de los logros, en la coevaluación de las acciones de los compañeros de equipo, en la realización de ajustes o innovaciones a las estrategias de acción. En esta dinámica de trabajo, el liderazgo que ejerce el investigador solamente es teórico y epistemológico, debido a que todas las decisiones en la planeación, ejecución, seguimiento, evaluación e innovación involucran a todo el equipo.

En la investigación acción participativa, para que estos logros sean posibles, es necesario que todos los miembros del equipo se involucren total y completamente en todas las acciones y tareas a lo largo de toda la investigación. El investigador pasa a ser un asesor, porque el líder del proceso de transformación, es la tarea. Por lo cual, todas las decisiones se toman democráticamente. Los miembros del equipo debaten y deciden cuestiones teóricas, epistemológicas y metodológicas. Las categorías epistemológicas de realidad social, son asumidas como una totalidad compleja y dialéctica; el equipo de trabajo, es concebido como una entidad cognoscente, cooperativa y transformacional y, la praxis en su connotación marxista, como acción reflexionada para transformar la realidad social, son asumidas y vivenciadas comprometidamente por todo el equipo de trabajo.

El enfoque Hermenéutico también tiene diferentes tipos de investigación. A saber: la hermenéutica semiótica, la semántica y la pragmática. La primera se aboca a hacer interpretaciones de los signos y símbolos desde una perspectiva profunda que no se agota en lo instrumental, procesual, técnico o procedimental. Por ejemplo: ¿Qué patrones marcan el proceso de enseñanza-aprendizaje escolar, donde se privilegia un modelo sonoro y gráfico de comunicación? ¿Qué presunciones asocian a los niños con el aprendizaje y a los adultos con la enseñanza? ¿Qué cambios axiológicos se esconden tras el paso de la portada única para todos los libros de texto en 1972 a la multiplicidad de portadas en

2012? ¿Qué significa la plataforma en el diseño del aula tradicional? ¿Qué expresan los estrechos tragaluces de los salones de la primera mitad del Siglo XX, frente a los enormes ventanales de las aulas de la escuela posmoderna? ¿Qué intenciones subyacen a la honra de una bandera y un himno, que se promueve en las escuelas?

La investigación Hermenéutica Semántica, pretende evidenciar los significados y sentido que subyacen a las estructuras interna y externa del texto en cualquiera de sus connotaciones. Es común que las investigaciones Hermenéuticas se realicen a partir de intuiciones donde no medien la observación y/o el razonamiento. De hecho, el círculo hermenéutico incluye la "etapa adivinatoria", de carácter introspectivo, donde los sentidos y la razón no tienen injerencia. Se trabaja con intuiciones, sospechas, percepciones, corazonadas, reacciones instintivas, fantasías, visiones, premoniciones y chispazos de genialidad.

Algunas preguntas que podrían derivar en investigaciones hermenéuticas semióticas son ¿Hay alguna relación entre la categorización numérica de la Biblia, en términos de capítulos y versículos, con los sistemas de referencias bibliográficas actuales? ¿Qué implicaciones trae un texto que se lee de derecha a izquierda y de arriba hacia abajo, en la configuración de estructuras mentales, a la luz de las inteligencias múltiples de Gardner? ¿Qué principios y creencias subyacen al uso de libros de texto, como recurso didáctico fundamental en los modelos educativos tradicionales? ¿Cuáles son las implicaciones epistemológicas del método axiomático? ¿Qué significó para la geometría griega el descubrimiento de π o X1/2? ¿Qué evidencia la proporción aurea existente en la geometría, la materia, las plantas, los animales, el ser humano y el cosmos? ¿Qué aplicaciones puede tener en la cotidianidad, el principio de incertidumbre de Heisenberg? ¿Tiene vigencia la teoría del centésimo mono en la dialéctica de la cultura en los grupos humanos? ¿Cómo incide a partir de la raíz cuadrada del uno por ciento de una población, el poder de la oración en el comportamiento social? Temas como el psicoanálisis, la interpretación de los sueños, el inconsciente colectivo, las facultades parapsicológicas, las psicosis colectivas, los mensajes subliminales, la hipnosis, el pensamiento paradigmático, las energías ultraterrenas, la conciencia ontológica, entre otros, son propios de este tipo de investigaciones.

La Investigación Hermenéutica Pragmática, comparte un amplio campo de indagación con la etnografía crítica y la investigación acción participativa. Las tres tienen como propósito dar razón de los procesos profundos de transformación de los ámbitos donde se inscriben sus objetos (o textos) de estudio y/o de interpretación. La diferencia radica en que la etnografía crítica, a partir de datos empíricos, se orienta a evidenciar los procesos mediante los cuales los significados y el sentido del mundo de vida de los sujetos se transforman ética, axiológica, estética, antropológica, sociológica, psicológica y ontológicamente. Por su parte la investigación acción participativa, hace lo propio, pero involucrando a un equipo de trabajo que se configura formalmente, con el propósito de realizar acciones reflexionadas a fin de transformar su realidad, al equipo y a cada uno de sus miembros en una o más dimensiones de la vida humana.

Mientras la Etnografía está vinculada obligadamente al dato empírico y la Investigación Acción Participativa está inscrita en una totalidad dialéctica concreta y a la interacción de un equipo de trabajo, la Hermenéutica Pragmática no tiene compromisos exclusivos con las categorías metodológicas, teóricas, epistemológicas, gnoseológicas u ontológicas. Puede dar seguimiento desde la perspectiva psicoanalítica (Freud), a los procesos de transformación de los significados y el sentido que tienen los sueños, los actos fallidos, los traumas, las fijaciones, los complejos, las neurosis y las psicosis que se arraigan en el inconsciente.

También puede rastrear los arquetipos que subyacen a la evolución o diversificación de los significados y sentido de la simbología de los mitos, las religiones y las ideologías en todas las culturas y tradiciones, que emergen del inconsciente colectivo (Jung). Aún más, puede dar seguimiento a la vida humana en términos de la Fenomenología de Hegel, interpretándola como la trayectoria que sigue un alma, para retornar a su lugar de origen en el absoluto (Dios). También es posible interpretar la vida, según el Hinduismo, como un grado de evolución espiritual, que se inscribe en una secuencia de reencarnaciones, hasta lograr emanciparse de la rueda del destino. Igualmente se puede hacer hermenéutica crítica para dar seguimiento al proceso de desarrollo de facultades parapsicológicas.

En el ámbito escolar, es válido interpretar la educación desde su raíz latina "educere", que significa ayudar a dar a luz al conocimiento que el alumno trae consigo de manera innata. En este caso, la Hermenéutica Pragmática, bien podría ayudar a desentrañar el conocimiento arquetípico que cada persona trae y a partir de ahí, impulsar en cada alumno el reconocimiento de todo el saber del cosmos que se trae de manera congénita. Es decir, lejos de trabajar en enseñarle, el maestro estaría asumiendo la tarea de ayudarle a recordar el conocimiento que ya tiene acerca de todo lo que es y existe.

2.4 ÉNFASIS METODOLÓGICOS DE LOS TIPOS DE INVESTIGACIÓN

Otra de las categorías de la fundamentación epistemológica de la investigación es el énfasis metodológico. Cada tipo de investigación tiene una gama de posibilidades para diseñar y operar un proceso, un procedimiento, una instrumentación del trabajo de campo. A la definición específica de una secuencia para concretar una forma de abordar el conocimiento de cierta realidad, se le denomina en este documento, énfasis metodológico. Éste, se establece de acuerdo a diferentes criterios.

En cuanto al enfoque empírico-analítico, el criterio temporal es el que define los diferentes énfasis metodológicos. Para realizar investigaciones empírico-analíticas, la dimensión temporal se despliega en tres momentos: presente, pasado y futuro. El énfasis metodológico depende del momento en que se realice la investigación. De esta manera, los estudios descriptivos, correlacionales, comparativos y explicativos tendrán un énfasis metodológico pasado, presente o futuro.

Considérese, "cómo influye la estrategia didáctica de la lectura que aplica el maestro, en el desarrollo de la comprensión lectora". Esta investigación, además de que puede ser descriptiva, correlacional comparativa o explicativa, se puede realizar con un énfasis metodológico centrado en el pasado, el presente o el futuro. De entrada, es una investigación que se puede hacer en una población o una muestra en un solo momento (Descriptiva y/o correlacional). También se puede hacer en una población o con una muestra en dos o más momentos diferentes (Semi-experimental). Igualmente, es posible hacerla con dos muestras de una misma población (comparativa y/o explicativa). El momento privilegiado para hacer la investigación va a depender de la percepción que el presunto investigador tiene de esa cuestión.

Es decir, a ese instante privilegiado, es a lo que se llama, énfasis metodológico temporal.

Del énfasis depende la forma de operacionalizar las variables, el diseño de la investigación, la población y la muestra, los instrumentos que se van a aplicar y los procedimientos a seguir en el proceso. Si la percepción más inquietante que se tiene de la cuestión se localiza en el pasado, la investigación deberá tener un énfasis retrospectivo. Igualmente, la visión más motivante puede estar en el presente o en el futuro. En tales casos, se tendrán investigaciones con diferentes énfasis metodológicos temporales. Así, las investigaciones históricas, las de análisis de contenido y las expost-facto tienen énfasis temporal en el pasado. Las transversales (estudios de caso, descriptivas, comparativas, cuasi-experimentales y factoriales) tienen énfasis metodológico en el presente. Las investigaciones predictivas, proyectivas y prospectivas tienen énfasis temporal en el futuro. Y las que se consideran como investigaciones longitudinales y las de análisis de tendencias, tienen un énfasis temporal a largo plazo, que puede incluir datos considerando los tres momentos.

El saber instrumental señalado por Habermas en Mardones (2003) conlleva a un proceso Empírico-Analítico, que de acuerdo a Escobar (1999) tiene las siguientes características:

1. La ciencia social debe adoptar las normas y procedimientos de las ciencias físicas, pues se considera que los fenómenos sociales pueden identificarse y manipularse como objetos del mundo material.
2. La única forma válida de desarrollar un conocimiento sobre el ser humano es basándose en lo que puede observarse o hacerse observable, es decir, lo empírico.
3. El conocimiento debe ser analítico, es decir, debe dividir el comportamiento humano en sus elementos constitutivos.

4. La teoría debe ser universal, expresada en un sistema axiomático, que no es más que un conjunto de enunciados y reglas de inferencia mediante las cuales es posible describir y predecir los acontecimientos sociales.
5. El mundo social existe como un sistema de variables, las cuales pueden estudiarse por separado o interrelacionándolas para conocer las causas del comportamiento dentro de un sistema.
6. Los modelos matemáticos y la lógica son importantes en este enfoque, pero la información no debe reducirse a cifras.

La investigación cualitativo-etnográfica tiene un énfasis más centrado en el foco de atención o lo que la observación va a privilegiar. Su énfasis puede ser fenomenológico (Husserl) si su foco de atención son las vivencias de los sujetos que se investigan. Claro que esto se dice fácil, pero en realidad hay dos puntos críticos en la Fenomenología: la neutralidad en la observación (apojé) y la captación de la esencia de la vivencia (reducción eidética). La primera exige la capacidad de poner entre paréntesis la histórica de vida y suspender todo juicio; ni aceptar ni rechazar; ni afirmar ni negar. Para muchos seguidores de la Teoría Social Crítica, esto es imposible. No obstante, Husserl describe un procedimiento detallado, para demostrar que sí es posible hacer una observación neutra (Gay, 2005: 420)

Respecto a la captación de las esencias de las vivencias, Husserl hace un ejercicio donde ayuda a comprender lo que no es la esencia de una vivencia. Después describe la reducción eidética, que metafóricamente es como ir despojando a la esencia de la vivencia de sus envolturas circunstanciales como el lugar, la ropa de los sujetos, el momento, el idioma, el tinte de pelo, el peinado, el calzado, los cosméticos, los rituales, las costumbres, las tradiciones, las prácticas, las técnicas, procesos y procedimientos.

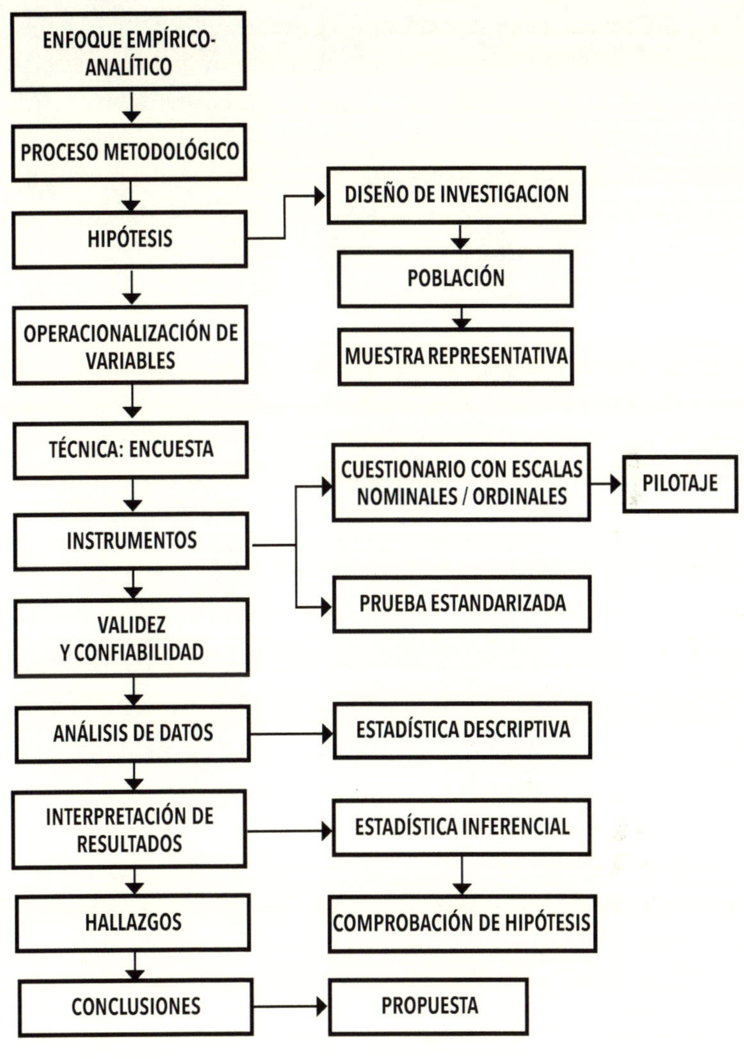

Figura 8. Proceso metodológico del enfoque Empírico-Analítico
Fuente: Elaboración propia

La esencia de la vivencia está en el fondo de lo contingente. Hay vivencias estéticas (captación de la belleza trascendental), emocionales (vibrar inconteniblemente ante una emoción), ontológicas (ser-en-sí-para-sí), éticas (dar al César lo que es del César, en el fuero interno), de convivencia (configurar el nosotros otra persona), teológicas (diluirse en la inmensidad), gnoseológicas (intuir la cercanía de la verdad), cosmológicas (tocar con dedos temblorosos las estrellas) (Kelley, 1996: 62-72)

El énfasis de la etnografía es etnometodológico (Garfinkel) si la observación se enfoca hacia los procesos de comunicación verbal o escrita. El investigador focalizará su atención en lo que se dicen expresamente los sujetos que se estudian. De modo que los registros estarán pletóricos de lo que los sujetos dicen. Tendrán un formato muy parecido a los guiones de una obra de teatro. Diálogos, seguidos de enunciados descriptivos o narrativos, que coloreen su ritmo, el volumen, el tono, la fluidez, el acento, la intencionalidad, la fuerza, la convicción o reticencia.

Del mismo modo se hace investigación etnometodológica, a partir de los mensajes que se envían los sujetos por escrito. Si se tiene acceso a las cartas que los sujetos se envían, se tiene la materia prima para hacer etnometodología. Actualmente, los mensajes que se envían y a través de los teléfonos celulares o los correos electrónicos que comparten a través de la red, son claros ejemplos de cómo se puede hacer etnometodología. Sólo que en la comunicación escrita, las notas marginales van orientadas a evidenciar los significados que cada palabra (semiótica) y cada enunciado (semántica), implican. En estos estudios, el investigador boga entre el contenido literal y los significados que subyacen a las expresiones.

Es claro que se puede hacer etnometodología a partir de textos escritos y expresiones orales con que los sujetos de la investigación se comunican cotidianamente.

El énfasis de la etnografía es el interaccionismo-simbólico (Schütz y Mead), si en cambio, la observación se centra en las interacciones de los sujetos. Así como las esencias de las vivencias tienen sentido en lo profundo, las palabras y expresiones tienen significados semióticos y semánticos, las interacciones entre los sujetos, tienen significados y sentido. Un apretón de manos, un abrazo, sonreírse, mirarse, intercambiar dinero por mercancía, disfrutar de pasatiempos de una fiesta, jugar con los amigos el deporte favorito, participar en el proceso de enseñanza-aprendizaje, compartir los rituales de la relaciones de pareja y asumir la intolerancia violenta ante las diferencias humanas, son interacciones que tienen significados socioculturales.

Tanto Alfred Schütz como Margaret Mead sostienen que la vida humana se da, sobre un sub-yacimiento de significados culturales que se adquieren desde la vida intrauterina. Posteriormente, los seres humanos tienen oportunidad de participar en todo tipo de interacción con sus prójimos, gracias a ese código común de significados. Dicho bagaje cultural evoluciona y se diversifica de un grupo social a otro. Los significados son innovados por algunos sujetos y posteriormente compartidos por todo el grupo.

De modo que hacer etnografía con énfasis en el interaccionismo-simbólico, consiste en evidenciar los significados que subyacen las acciones compartidas por un grupo social y procesos de innovación de significados y la instauración del significado reconstruido, en la cotidianidad del grupo. Esta visión de la vida, convierte al Interaccionismo-simbólico en uno de los énfasis más promisorios para hacer etnografía crítica.

El énfasis de la etnografía es antropológico (Gadamer), si se trata de describir y comprender la cultura del mundo de vida de los sujetos. Es decir, el investigador hace un esfuerzo por construir a partir de la observación, la cosmovisión de los sujetos. Para ello hace acopio de todos los datos culturales que se manifiestan en la cotidianidad de su mundo de vida: códigos de valores, hábitos, habilidades, actitudes, costumbres, tradiciones, prácticas, rituales, creencias, prejuicios, patologías personales y sociales. Todo, absolutamente todo, es parte de la cultura y todo en sí, aporta elementos para configurar la cosmovisión de los sujetos motivo de estudio.

El gran reto de la etnografía antropológica, es el largo tiempo que se tiene que pasar con las personas, para tener acceso a los escenarios más personales y exclusivos del grupo social que se estudia. Pero además, el hecho de asumir actitudes de empatía, apertura y sensibilidad, para desentrañar los significados más recónditos que se guardan en los recovecos más profundos de la consciencia colectiva. Cuando el grupo social que se estudia tiene eventos periódicos, el etnógrafo tiene que asistir a ellos. Su tarea es hacer acto de presencia en todos los momentos de manifestación diferenciada de la cultura de los sujetos motivo de estudio, que marcan los grandes y profundos patrones de comportamiento; pero además se tiene el compromiso, debe asistir en todo momento a todo tipo de eventos, aun aquellos que no están enmarcados dentro de sus costumbres.

Aunque la etnografía antropológica está llamada a focalizar su atención en los vaivenes y altibajos de los eventos intraculturales, es menester registrar la forma en que éstos se mueven bajo el influjo de los acontecimientos interculturales y transculturales.

El énfasis hermenéutico (Schleiermacher) de la etnografía focaliza tu atención en la interpretación de textos representativos de la cultura de una comunidad. En tanto que la etnometodología se aboca a la búsqueda de los significados que conllevan las comunicaciones escritas entre los sujetos motivo de estudio, como cartas, recados, mensajes, correos electrónicos. La etnografía hermenéutica se enfoca al estudio de los textos que permiten establecer, por decirlo así, un diálogo intergeneracional y transgeneracional. Ejemplos clásicos de estos escritos son los libros antiguos como la *Biblia, la Ilíada y la Odisea, El Libro de los Muertos, el Popol Vuh, El Tao Te King, El Código de Hammurabi, Los Vedas* y otros.

Así como las culturas clásicas tenían textos representativos, las culturas locales también los tienen. Todas las culturas tienen anecdotarios, leyendas, mitos, crónicas. En muchos casos, hay libros que describen protocolos ceremoniales. Tratándose de tradiciones, es muy común que haya fiestas locales en honor al Santo Patrono. En ellas se tienen coloquios, pastorelas, danzas, desfile de carros alegóricos y eventos religiosos, según el rito católico. Todas estas ceremonias se realizan de acuerdo a rituales y liturgias que se han heredado de generación en generación.

Mientras el énfasis metodológico para las investigaciones empírico-analíticas tiene carácter temporal y en las interpretativo-etnográficas está en su foco de atención, la investigación acción tiene énfasis en los niveles de transformación que pretenden lograr. El énfasis metodológico de la investigación-acción-colaborativa, tiene como propósito la transformación instrumental, técnica, procesual y procedimental. La mayor parte de la investigación acción que se realiza en el ámbito educativo, tiene este énfasis. Muchos programas gubernamentales, que pretenden generar mejoras, como puede tratarse de la comprensión lectora, el razonamiento lógico-matemático, el desarrollo de proyectos, el manejo de las Tecnologías de la Información y la Comunicación (TIC´s), el manejo y dominio de algún idioma extranjero; todos ellos se circunscriben totalmente en el énfasis de la Investigación Colaborativa.

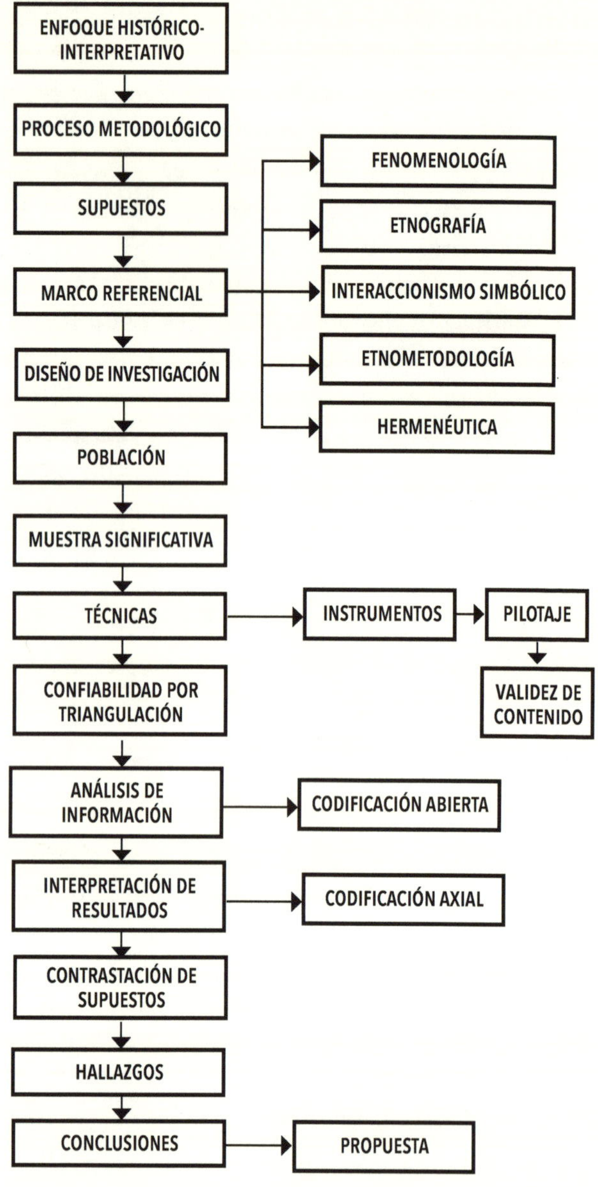

Figura 9. Proceso metodológico del enfoque Histórico-Interpretativo   Fuente: Elaboración propia

En México, en particular, se tiene el Programa de Escuelas de Calidad (PEC), que obedece cabalmente a las características del nivel de transformación técnico, instrumental y procedimental. Se han mejorado las instalaciones, los materiales didácticos, se ha adquirido mobiliario y equipo electrónico. En algunos casos se ha logrado mejorar integración del colegiado escolar, mejor comunicación con los padres de familia; los alumnos han elevado sus aprendizajes de contenidos curriculares, que caen también en el terreno de manejo de datos. Esto nivel de transformación sigue dándose en lo técnico y procedimental.

Las escuelas que ingresan a PEC siguen las etapas de la Investigación Acción Colaborativa: conformar el equipo de trabajo, socializar la problemática, realizar un diagnóstico, establecer un plan de acción (Plan Anual de Trabajo) y evaluarlo colegiadamente. El liderazgo es ejercido por el Director, el protocolo del Proyecto Educativo Escolar (PEE) está normado por las autoridades educativas, la ejecución y seguimiento corre a cargo del colectivo escolar y, en la evaluación participa toda la comunidad educativa.

Epistemológicamente PEC presenta una incongruencia. Los fundamentos filosóficos (Visión, misión y valores) son de cuño neopositivista, ya que proceden de la Escuela de Calidad Total, de corte empresarial. Teóricamente, el liderazgo transformacional, el concepto de escuela como empresa y los aportes de las escuelas efectivas provienen también de la Filosofía de Calidad Total. Pero la metodología de trabajo, corresponde a la investigación acción, que tiene sus raíces en el Neomarxismo, la Escuela Frankfurt y la Pedagogía de Freire.

La investigación en la acción, va más allá que la investigación acción colaborativa, porque tiene como énfasis metodológico lograr una transformación axiológica, ética y estética. Como ya se mencionó, en este tipo de investigación, el nivel de integración del equipo es mucho mayor. El compromiso con los propósitos del Plan de Acción es más profundo y supone una intervención durante un periodo más largo. Las acciones y tareas, están centradas más en la toma profunda de consciencia y de la decisión de encarar en equipo la crisis de carácter grupal y personal.

Las escalas de valores, la asunción de virtudes, la decisión de convivir armónicamente en la vida social, en y con la naturaleza, están arraigadas en sub-yacimientos culturales de fondo, que no pueden ser transformados con acciones que se agoten en lo técnico, procesual y procedimental. Es necesario que los grupos humanos trabajen conjuntamente tanto para potencializar los esfuerzos personales, como para orientarlos hacia los puntos medulares de la transformación.

En el ámbito educativo, los cambios en términos axiológicos, éticos y estéticos de la Investigación en la Acción, no son del todo significativos, pero sí los hay. En algunos casos son las hermandades entre estudiantes, los claustros de maestros y las comunidades científicas entre investigadores. En el ámbito laboral están las cofradías de obreros, las cooperativas de consumo y/o de producción y los clubes de servicio. Tratándose de la salud están los Grupos de Alcohólicos Anónimos, Neuróticos Anónimos y Grupos de Oración.

La investigación acción participativa, tiene como énfasis metodológico la interacción democrática del equipo de investigación. La investigación acción participativa se da muy rara vez en el ámbito de la educación básica. Es más frecuente en la educación superior, donde las hermandades de estudiantes llegan a estructurarse y formalizarse en torno a propósitos de élite o de emancipación de clase social. En el ambiente militar, esta forma de trabajo grupal, es muy frecuente. De hecho los comandos armados que se configuran para ciertas misiones, alcanzan esos niveles de integración y/o transformación. En el ámbito religioso, sobre todo en las órdenes monásticas, el nivel de transformación espiritual, es lo más común.

En los contextos terapéuticos, como en los grupos operativos (Psicoanalíticos), las constelaciones familiares (Transgeneracional), los grupos de terapia bioenergética, los rituales de sanación y los grupos de meditación, la transformación ontológica es una aspiración con mucho sentido. En la lucha social por la emancipación, la transformación ontológica de la investigación acción participativa, es lo más típico.

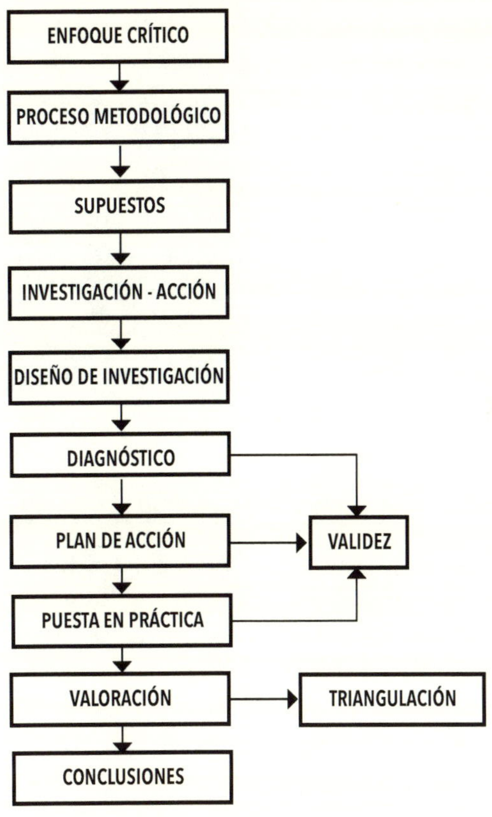

Figura 10. Proceso metodológico del enfoque Crítico
Fuente: Elaboración propia

En 1970, Lawrence Stenhouse impulsa la investigación cualitativa en Educación, particularmente, desde este enfoque Crítico. Stephen Kemmis en Australia y Elliot, alumno de Stenhouse en Inglaterra, son considerados importantes precursores de este enfoque. La investigación crítica surge para superar la visión reduccionista del enfoque empírico-analítico y las limitantes del enfoque histórico-interpretativo, busca establecer una ideología para la ciencia.

Las investigaciones Hermenéuticas, por su parte, tienen énfasis en función del punto de referencia prioritario para hacer su interpretación. Si el lector o intérprete tiene la intención de desentrañar con exactitud, los significados y el sentido que el escritor o emisor quiso dar al texto, el énfasis es objetivista. Se puede decir, que este énfasis es el que ha predominado en la civilización actual. Todos los autores se esfuerzan por dar un mensaje claro, preciso, objetivo y unívoco. Un mensaje claro, porque se trata de no provocar confusiones a la hora de interpretar su texto; preciso, por la intención de proporcionar la información justa, para que el mensaje se comprenda sin omisiones ni exageraciones; objetivo, por compartir como referente, la misma realidad que autor y lector pueden atestiguar en la misma medida y en la misma forma; unívoco, porque las palabras y expresiones tienen un solo significado que se comparte culturalmente.

El caso clásico de hermenéutica objetivista, es la cultura de los contratos, donde estos tienen que establecerse y suscribirse, sobre el supuesto de que ambas partes comprenden de la misma manera los términos y cláusulas que se plasman en el documento. Otro caso todavía más ilustrativo, es el manejo de documentos comerciales, como vales, pagarés, pólizas, bonos, cheques, billetes y monedas. Todos ellos, tienen la cualidad convencionalmente establecida de la univocidad del texto y su correspondiente valor comercial.

En cambio, si el lector hace una interpretación libre y centrada más en sus propios referentes, se está planteando un énfasis subjetivista de la hermenéutica. Este énfasis es poco común tratándose de científico natural, jurídico y comercial. Se da con mayor frecuencia en la literatura, pero de manera especial, en las artes. Los significados y sentido que se atribuye a una poesía, una pintura, una melodía, una escultura, una obra de teatro o arquitectónica, dependen más de la subjetividad, sensibilidad, empatía, imaginación e historia de vida del intérprete. Otro ejemplo de hermenéutica subjetivista se da en el campo de la psicología y el psicoanálisis, con la libre asociación de ideas y la libre interpretación de figuras abstractas.

La falta de una cultura de la libre interpretación y sus discordancias con las nociones y significados convencionales, ha sido marginada de los amplios horizontes de nuestra civilización. Además, por ser incomprendida, la interpretación libre, se ha clasificado junto a los desórdenes mentales como la esquizofrenia y la paranoia, y se ha considerado como riesgosa, porque se acerca a las cosmovisiones psicodélicas provocadas por sustancias alucinógenas. A la vez se le relaciona con la fantasía de los niños, catalogándose peyorativamente, como infantil.

Actualmente, los hallazgos de la Física Cuántica y sus recientes aplicaciones a la comprensión de la vida social, han abierto un nuevo horizonte acerca de la hermenéutica subjetivista. En particular, el postulado de la existencia de una memoria cósmica y los portales cuánticos para el intercambio de información con los universos. Esto ha dado pie, para que se repiense la libre interpretación, como intercambio de información con el cosmos. Aunque esta fascinante posibilidad a penas se empieza a vislumbrar.

La hermenéutica analógica, tiene un énfasis inter-subjetivista. Es decir, que no busca hacer una interpretación que se ajuste con precisión al mensaje que pretende dar el autor. Pero tampoco deja que el lector haga una interpretación personal del texto, en función de su historia de vida. Antes bien, se abre toda una gama de posibilidades para que los horizontes existenciales del autor y el lector se desplieguen y se empaten. Es decir, que la interpretación, es un proceso dialógico en términos de Freire, donde las historias de vida del autor y el lector aportan significados con los que se reconstruye el sentido del texto.

Por lo tanto, el concepto de texto cambia. Pasa de ser un documento dado, para convertirse en un escrito vivo, que se va interpretando y reinterpretando a partir del diálogo de pares, que se establece entre autor y lector. Esto implica que no hay autoridad de uno sobre otro, por más que el escritor haya plasmado su texto con anticipación a su lectura; ni del lector por más que el texto parezca haberse plasmado de una vez para siempre. Tanto el autor como el intérprete son flujos de conciencia que coinciden con el propósito de interpretar un mismo texto, aportando significados de sus respectivas historias de vida.

La interpretación puede ser el resultado de un proceso colaborativo, donde ambos reconstruyan los significados y el sentido del texto, partiendo de las coincidencias y dejando al margen las diferencias. Puede ser el resultado de una discusión centrada en los puntos de mayor interés de ambas posturas. Incluso, puede ser producto de un debate crítico dialéctico focalizado en las diferencias de los significados de ambos. Lo importante es que la interpretación emerja del proceso dialógico establecido entre las dos posturas. Lo anterior se contrae en la siguiente figura, lo cual da paso a los extensos tratados de los Capítulos 3 y 4 en el tránsito hacia la intersubjetividad.

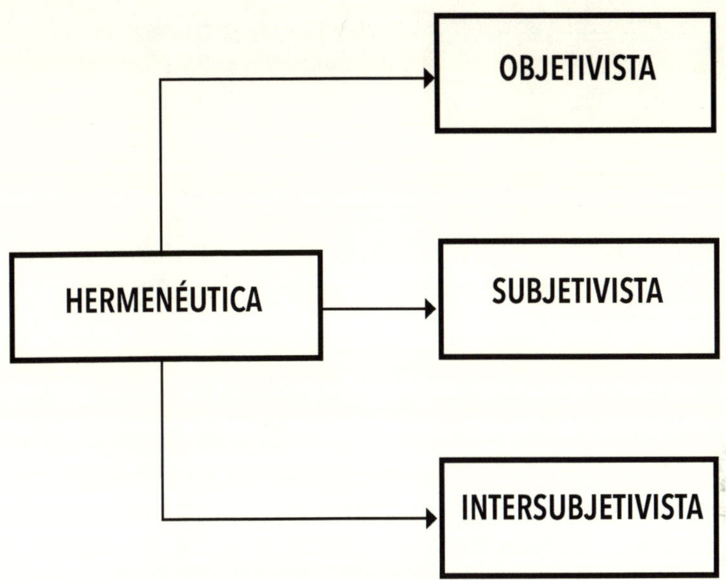

Figura 11. Énfasis de la Hermenéutica
Fuente: Elaboración propia

CAPÍTULO III

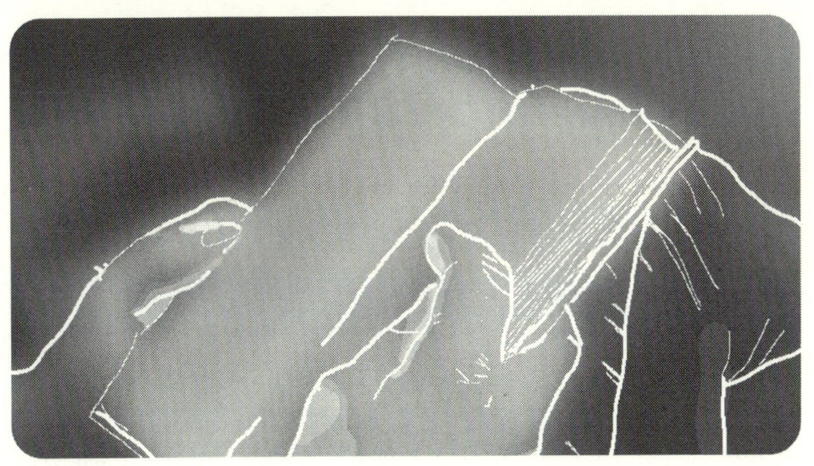

Transición metodológica

3.1 COMPLEMENTARIEDAD METODOLÓGICA

La explosión del conocimiento científico y tecnológico y el desbordamiento de la información, están exigiendo una revisión exhaustiva de los paradigmas, enfoques, tipos de investigación y procesos metodológicos a fin de tomar decisiones respecto a lo que se debe replantear o lo que en definitiva, se ha de trascender. De tal modo que surgen dos expectativas: La Complementariedad Metodológica o el Paradigma Emergente.

La complementariedad metodológica implica un replanteamiento de la forma de hacer investigación social, siguiendo los cauces de los paradigmas establecidos y combinando diferentes metodologías de acuerdo a los vaivenes del objeto de estudio. La construcción de un nuevo paradigma, exige la postulación de una nueva plataforma de postulados gnoseo-epistemológicos, que expliquen, comprendan y transformen todo lo que ya hacían los paradigmas anteriores, pero además que los trascienda. Es decir, debe aportar nuevos elementos y criterios que permitan ampliar y profundizar los procesos cognoscitivos, a fin de que los problemas globales y planetarios se puedan explicar, comprender y resolver en toda su complejidad.

Aunque la complementariedad metodológica está en proceso de desarrollo. Hay muchas aportaciones en este sentido. Una de las más sólidas es la propuesta que se hace a los investigadores, que están en su etapa de formación, de que elaboren un proyecto de acuerdo a las prescripciones convencionales. Para ello, los investigadores deben seleccionar un campo problemático y mediante un riguroso proceso de discernimiento, procedan a determinar un problema de investigación (Cuantitativo) o a construir un objeto de estudio (Etnografía o Investigación-Acción). De ahí, pasar a darle un sustento teórico y epistemológico amplio y profundo, de acuerdo a un Paradigma, a un enfoque y a un tipo de investigación. Y será en el Proceso Metodológico, donde se dé la Complementariedad Metodológica.

Esto significa que en una investigación pueden combinarse variables, dimensiones e indicadores (cuantitativos) con macro-categorías, categorías y subcategorías (cualitativas). El diseño metodológico puede incluir momentos en que se cuantifiquen indicadores o se hagan observaciones para registrar tonos, sensaciones, matices y colores del mundo de los sujetos. Tan pronto el investigador hace observaciones neutras (no participantes) como se observa involucrado en las acciones de los sujetos y simultáneamente los observa a ellos (participante).

El investigador decide, a lo largo del proceso indagatorio, si aplica encuesta o entrevista a profundidad. O se obtienen frecuencias de eventos a lo largo de una historia de vida. Si valida las categorías de análisis, mediante una encuesta o una escala estimativa. Si sustenta la comprobación de una prueba de hipótesis, con citas textuales de los registros que evidencias los significados del mundo de los sujetos. Si se contrastan tablas de datos con registros ampliados. Si se triangulan fuentes cuantitativas con cualitativas. Si los significados de las categorías, se ponen en una mesa de discusión de los sujetos. Si un plan de acción, incluye transformación de indicadores y categorías.

Los requisitos para que dicha complementariedad sea válida son: que la instrumentación se construya como un todo en congruencia con la dinámica y la complejidad del problema de investigación u objeto de estudio. Que haya convergencia de todos los métodos, técnicas, instrumentos y procedimientos aplicados con miras a explicar, comprender o transformar la realidad social investigada. Que todas las combinaciones metodológicas que se realicen, tengan sentido y se sujeten a un análisis colegiado y crítico riguroso. Que las inferencias que se obtengan, no sean producto de la especulación y que se sustenten empírica y teóricamente.

Es un hecho que no hay dos personas que perciban la realidad de la misma manera. Actualmente se cuenta con evidencias científicas acerca de que espectro de inteligencias múltiples es tan personal como la huella digital. Otro tanto se puede afirmar de la unicidad de la historia de vida y la irrepetibilidad del subjetivismo con que se interactúa con el contexto durante el proceso cognoscitivo. Por todo ello, un principio que orienta la complementariedad metodológica en investigación social, es el trabajo en equipos andróginos e interdisciplinarios.

La complementariedad metodológica implica que una investigación se puede proyectar desde un paradigma (Positivista-cuantitativo, Cualitativo-interpretativo o Sociocrítico) y no obstante, es posible que su metodología sea complementada con elementos metodológicos de otros paradigmas. Sin embargo, hay autores que plantean investigaciones denominadas como multimétodos o mixtas e investigaciones holísticas e integradas, pero por más que se quieran ver como equivalentes, los procesos y procedimientos son diferentes. Las investigaciones multimétodos combinan elementos metodológicos de dos o más paradigmas, sin que haya la primacía de unos sobre otros; esto es, pueden alternarse o combinarse en su aplicación. Las investigaciones holísticas e integradas aluden a procesos de investigación donde no sólo se combinan los diferentes elementos metodológicos, sino que el proyecto combina los paradigmas, sus enfoques, sus posturas teórico-epistemológicas y metodológicas. Del anterior análisis de ha construido el siguiente cuadro. Véanse las características de los diferentes proyectos y forma en que se determina la metodología en cada uno de ellos.

Tipo de investigación	Proyecto	Metodología
Complementariedad metodológica	Se construye desde la perspectiva de un paradigma específico	Predominan los elementos metodológicos de su paradigma y los demás paradigmas complementan
Multimétodos o mixta	Se construye desde la perspectiva de un paradigma específico	Los elementos metodológicos se alternan o combinan como lo define el investigador
Holística o integrada	Se construye desde una perspectiva Interparadigmática, teórica y epistemológica	Los elementos metodológicos de los diferentes paradigmas se combinan según las necesidades de la investigación

Figura 12. Tres posibilidades para estructurar proyectos interparadigmáticos y sus respectivas posibilidades para determinar sus metodologías. Fuente: Elaboración propia

El discurso anterior, ha sido motivo de intensas discusiones entre los autores de esta obra, si bien, se han defendido por años los procesos higiénicos en el empleo de un paradigma, la necesidad de conocimiento intersubjetivo ha llevado a considerar el concepto de complementariedad.

En otra forma, también discutida en su momento; la complementariedad que hace gala de trabajo interdisciplinario es aquella que reúne a investigadores de diversas parcelas de conocimiento alrededor de un problema u objeto de estudio. Una alternativa más para la complementariedad, es el trabajo investigativo en paralelo, donde el mismo problema u objeto sean investigados con base en paradigmas distintos y en el final de cada investigación, se integren los resultados.

Arduo trabajo de estudio y análisis en la transición hacia un nuevo paradigma para lo cual, la hermenéutica responde a dudas, inquietudes y todavía resistencias en el alcance epistemológico de la investigación para el conocimiento intersubjetivo. Para lograr esta meta, se avanza en el sustento de dos de las características más importantes de la Metodología Hermenéutica son, indudablemente, la apertura temática y la inclusividad metodológica. Según la primera, no hay tema o tópico que sea segregado; la segunda, todos los métodos, instrumentos, técnicas, enfoques, disciplinas y recursos son aceptables, a condición de que se elabore con ellos, un constructo metodológico congruente, integrado, horizóntico, donde quepan diversos grados o formas alternas para hacer interpretación.

3.2 METODOLOGÍA HERMENÉUTICA

La orientación de la investigación hermenéutica oscila entre la univocidad parmenidesiana, que postula que hay una verdad única, eterna e irrepetible y, la equivocidad protagoriana que postula que cada ser humano tiene su propia verdad, única, eterna e irrepetible, para centrarse finalmente, en la probabilidad heraclitiana evolucionista de carácter plurivocista, en los términos planteados por Beuchot, donde se tiene la oportunidad de sumergirse en una realidad óntico-existencial-histórico-cultural-simbólica, para acceder a un conocimiento arquetípico e intersubjetivo que tiende a la verdad.

Por lo tanto, el énfasis es intersubjetivista, que va en pos de los significados de acuerdo a las tesis del interaccionismo simbólico (Mead y Schutz), para concentrarse después en el sentido profundo o arquetípico, según el postulados del inconsciente colectivo de Jung y el Círculo de Eranos, los postulados de la Física Cuántica y el Topus Uranus de Platón (Arqueotipología Ontológica).

Metodológicamente se trabaja la precomprensión, la comprensión comparativa, el círculo hermenéutico, la espiral hermenéutica y una innovacion de quienes esto escriben: la poscomprensión. En esta postura se dilucida el acercamiento entre los descubrimientos de la Física Cuántica y el Círculo de Eranos; la necesaria compaginación entre los enfoques cualitativo y cuantitativo; pero sobretodo, el indiscutible retorno a la espiritualidad del la especie humana durante el siglo XXI.

Esto es, a través de los postulados subjetivos que aporta la Fenomenología (Hegel-Husserl) y la Física Cuántica del Consejo Europeo de Investigaciones Nucleares (CERN y de Bailey (2005), los intersubjetivos que aporta el Interaccionismo Simbólico y la Sociología Fenomenológica (Mead y Schütz), los lingüísticos que propone la Antropología Simbólica (Cassirer), los Arquetipos del Inconciente

Colectivo (Jung, 1998), los principios de la Conciencia Ontológica del Círculo de Eranos, los de la Arqueotipología Epistémico-Ontológica de Platón y los hallazgos de Weiss (2005), acerca de la reencarnación y los de Chopra (2006), acerca de la conciencia cósmica.

En lo Epistemológico es posible establecer la Teoría de la Epistemología del Sentido, como una propuesta que relativiza y dimensiona el conocimiento desde diferentes ópticas. Se puede hablar por lo tanto de un valor absoluto y otro relativo de cada conocimiento. De un valor absoluto respecto a sus referentes intrínsecos y un valor relativo en cuanto a los múltiples y variados sustentos extrínsecos. Pero además, la realidad óntico-existencial-histórico-cultural-simbólica, se vislumbra como la dimensión fundamental, sobre la que se puede posibilitar cualquier tipo de conocimiento (descripción-explicación-comprensión-transformación-sentido), tan sencillo o tan complejo como se desee.

La Hemenéutica en cuanto megaconstructo óntico-teórico-epistemológico-metodológico, está asumiendo claras posibilidades de lo que se ha estado denominando como Paradigma Emergente de Investigación. Su apertura ante cualquier realidad, la asunción de cualquier facultad humana, su inclusividad ante cualquier metodología, la sustentación arquetípica que se da más allá de lo cuantitativo y/o cualitativo de sus hallazgos y, la posibilidad de acceder a cualquier tipo de conocimiento, le permiten, no sólo operar la complementariedad de los paradigmas investigativos y combinar los enfoques; sino de tener la virtud de subsumirlos, redimensionarlos y trascenderlos mediante el postulado del horizonte óntico-existencial-histórico-cultural-simbólico de la realidad. De este megaparadigma surge cualquier concepto de realidad, cualquier facultad humana de conocer; cualquier método, técnica, procedimiento o instrumento para interpretar la realidad; cualquier tipo de conocimiento, con cualquier profundidad y con cualquier criterio de validez y confiabilidad.

Para tener una visión teórico y epistemológica de la investigación hermenéutica, se han distribuido los contenidos en los siguientes bloques: Evolución histórica de la Hermenéutica, donde se revisan las etapas, tendencias y diversos autores que la han ido delineando como forma de investigación; la Hermenéutica en la actualidad, donde se manifiesta la amplitud de su perspectiva teórico-metodológica y la enorme posibilidad de que se convierta en un megaconstructo epistemológico omniabarcante en el ámbito de la investigación; los conceptos de realidad, intérprete y método de trabajo de campo, donde se ponen las bases epistemológicas generales de la investigación hermenéutica; los criterios metodológicos y se fundamenta epistemológicamente el protocolo de investigación hermenéutica en lo general y cada uno de sus apartados, en lo particular.

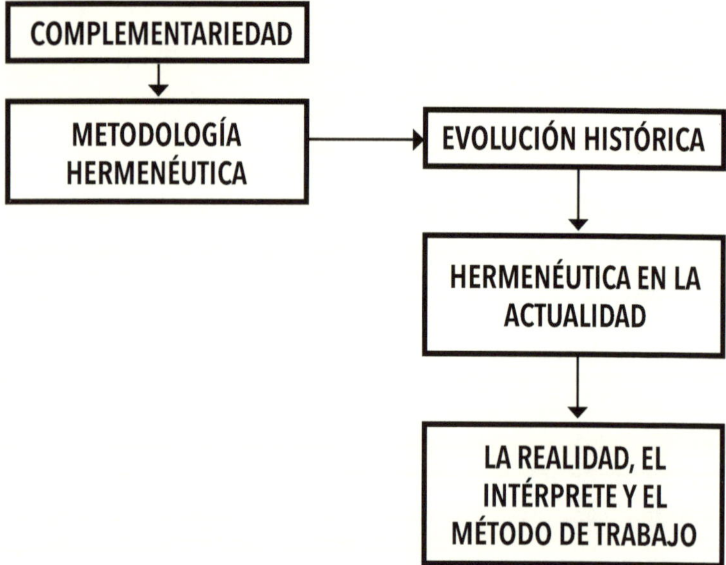

Figura 13. Visión teórico-epistemológica de la Hermenéutica
Fuente: Elaboración propia

3.3 EVOLUCIÓN HISTÓRICA DE LA HERMENÉUTICA

Hacer investigación hermenéutica requiere tener una amplia y profunda visión del arte de interpretar textos, en cualquiera de sus formas; pero además, tener precisiones respecto a sus peculiaridades, de los criterios que le dan una identidad propia en cuanto enfoque investigativo y comprender teórica y operativamente sus instrumentos y técnicas de trabajo de campo, así como de sus recursos y principios aplicables en la interpretación de resultados. Para tener acceso a este horizonte teórico-epistemológico es necesario ver a la hermenéutica primero en su evolución histórica.

Hermenéutica viene de Hermes, dios mensajero del Olimpo (Cielo) y del Hades (Mundo de los muertos). Este personaje mitológico era toda una amalgama de posibilidades: traductor de los dioses, inventor de la escritura, padre de la elocuencia, convincente como Baco, mediador en toda disputa, fiel de la balanza, centro de toda encrucijada, paradójico, mentiroso, ladrón, seductor erótico, inventor de la lira, abuelo de toda Odisea, intérprete de las doctrinas hieráticas (Leyes, Filosofía, Astronomía y Medicina), proclive respecto al ocultismo y el esoterismo. (Ortiz Osés, 1998).

Había quienes los calificaban de advenedizo, porque provenía de Egipto donde se le conocía como Toth. Otros afirmaban que era hijo de Zeuz y de la ninfa Maya. Había quienes lo consideraban bastardo. Tal parece que la personalidad versátil y escurridiza de Hermes dejó una secuela epistemológica en la Hermenéutica, ya que este enfoque no excluye asidero alguno, que le permita traducir, interpretar y comprender un texto. Obviamente tampoco niega la indagación de cualquier tema, incluyendo el más marginado de las ciencias convencionales: la metafísica.

En la Filosofía Presocrática y ya en un terreno menos metafórico, se tienen cuatro filósofos que enmarcaron al pensamiento occidental y a su evolución histórica, hasta nuestros días. Por un lado estuvieron el idealista Parménides y su discípulo Zenón y por el otro estuvieron, Heráclito, el filósofo del fuego y del devenir y, el sofista Protágoras. Por más que su pensamiento pudiera parecer antiguo y caduco, es sorprendentemente actual y sigue habiendo debates vigentes que se iniciaron en aquel entonces. Parménides con sus tres intuiciones: "Sólo el ser es… Hay un solo ser … y … el ser es inmutable" (Fischl, 1977: 40-41), deja muy claro que si las cosas son diversas y cambiantes su origen tiene que ser un ser único, eterno e inmutable como Dios. Así la verdad sería igualmente única, eterna e inmutable. Con esta propuesta se inaugura la univocidad como postura epistemológica hermenéutica, que durante muchos siglos sostuvo los inconmovibles principios de no contradicción, del tercer excluido, de que la verdad es una, de una vez y para siempre.

En concordancia con su maestro, Zenón creo una serie de paradojas que demostraban la falsedad del movimiento. La carrera entre Aquiles y la Tortuga fueron un ejemplo ilustrativo de cómo se dispersa la evolución empirica de la racional. Más tarde, Demócrito postuló otro principio tan determinista como la univocidad de Parménides: la ineludible inserción de toda realidad en el entramado causa-efecto. Con ello quedaba descontado todo hecho o fenómeno suscitado al azar. De modo que el mundo (Esfero parmenidesiano) y su verdad, eran un todo compacto, denso, homogéneo, inmutable, eterno, donde no podía existir el movimiento, la evolución ni el azar, y donde todo estaba determinado por una fosilizada e irreductible relación causa-efecto. El hombre podía hacer lo que le viniera en gana, pero siempre toda la realidad estaría dada en términos de causa-efecto y la verdad acerca de esa realidad, siempre sería única, eterna e inmutable.

Heráclito, por su parte, planteó la teoría del entallamiento ontológico de un ser primigenio, muy similar al esfero de

Parménides. Según eso, inicialmente el ser, el pensar, el hacer y el decir estaban integrados y por lo mismo indiferenciados. A partir de dicho entallamiento, el ser primigenio se desmembró en ser, hacer, pensar y decir. Posteriormente cada una de estas partes se volvió a fraccionar. Las metáforas del Andrógino de Platón, Adán y Eva y las cinco razas, son algunos ejemplos de la disociación del ser en lo general y del ser humano en lo particular. El hacer también se disgregó en arte, ritual, técnica y actividad espontánea. El pensar se diversificó, según Platón, en: Doxa (simple opinión), la cual a su vez se dividió en Eicasia (Ilusión), Pistis (Conocimiento sensible); Episteme, que se clasificó también en Dianoia (Conocimiento Geométrico) y Noesis (Conocimiento de la idea en sí) (Gutiérrez, 2006).

Una de las metáforas más ilustrativas para ejemplificar el entallamiento del decir es la de la Torre de Babel, donde los hombres, debido a su soberbia, son castigados por Dios, haciendo que cada cual hablara en un lenguaje indescifrable e intraducible para los demás. Con ello, la comunicación se hace imposible y los hombres terminan por abandonar la construcción de la torre que tanto había inflado su egoísmo.

En fin, Heráclito ofrece una visión diversificadora y evolutiva de la realidad, donde el punto culminante de la variación son los individuos y el de la evolución, la emergencia del eterno retorno a un estado de equilibrio que está detrás de las contradicciones. Nótese como lo único, eterno e irrepetible vuelve a aparecer; pero aquí no sólo como ente primigenio, sino como un ente único, eterno, irrepetible y diferenciado, (Unicidad irrepetible y diferenciada como posible arquetipo).

Con una perspectiva muy similar, pero enfocada al problema del conocimiento, Protágoras propone el postulado de que el hombre es la medida de todas las cosas y más allá, en el terreno de la ética, afirmaba que cada hombre debe actuar según su conciencia, esto en (Gutiérrez, 2006). Con ello, la evolución y la diversificación se concretan en el problema del conocimiento con la postura hermenéutica de la Equivocidad y el relativismo epistemológico. Así se deja asentado que cada hombre tiene su verdad y que ésta es igualmente válida a las verdades de los demás. Esta postura ubica el origen de la verdad en el ámbito intrapersonal y subjetivo. Es decir, el ser hombre como ente único e irrepetible, sólo puede tener sentido, si se visualiza a sí mismo como el original y principal punto de referencia para conceptualizar, adquirir, aplicar, sustentar y validar el conocimiento alcanzado con la aplicación de sus propias facultades.

En el periodo clásico de la Filosofía Griega Platón y Aristóteles retoman algunas cuestiones ya planteadas por sus predecesores. El idealismo platónico trasciende al parmenidesiano con la premisa del Topus Uranus: mundo auténtico y verdadero, constituido por ideas perfectas (arquetipos), donde todo ser existía real, absoluta y plenamente y donde se tenía todo el conocimiento acerca de ese mundo. Por otra parte afirmaba que había otro mundo, un mundo material; pero éste era solo un reflejo imperfecto del Topus Uranus. El ser humano al momento de nacer, olvidaba el conocimiento que tenía del mundo hiperuránico. Así que el conocimiento del mundo material estaba dado en términos de reconocimiento, porque todas las cosas ya se habían conocido en el mundo de las ideas y ahora solo se estaban recordando.

Con este argumento, Platón pone las bases epistemológicas, sin que él lo explicite, del círculo hermenéutico. Por un lado plantea que todo el conocimiento acerca del mundo, ya está subjetivamente en cada uno de nosotros y que podemos trabajar al interior de nosotros mismos para recordar cada uno de los arquetipos únicos, eternos e inmutables del Topus Uranus. Ésto es, que cada uno de nosotros, tampoco lo explicita, podemos hacer una labor de introspección, para reconocer lo que ya conocíamos y que está contenido en nuestra alma, en su totalidad. Esta actividad correspondería a lo que posteriormente se denomina como precomprensión.

Por otro lado, señala que nuestro propio cuerpo y todo lo que constituye el mundo material, son imágenes imperfectas, perecederas y mutables, que no obstante, nos dan indicios, obviamente en términos sensoriales, para recordar lo que ya sabíamos. Esto es, que además de hacer un trabajo introspectivo de búsqueda interior, se tendría que hacer un trabajo en el mundo material, que igual, contribuiría a recordar el conocimiento olvidado al momento de nacer. Este trabajo corresponde a lo que posteriormente se conocerá como comprensión comparativa. Ésta y la precomprensión conforman el círculo hermenéutico y los resultados de ambas tendrían que empatarse para que el reconocimiento se dé cabalmente; aunque siempre habría prioridad de lo introspectivo (precomprensión) sobre la extrospectivo (comprensión comparativa).

Con el mito del Andrógino, Platón sugiere el concepto ontológico del nosotros y el epistemológico de empatía, en cuánto posibilidades arquetípicas que permiten a dos personas identificarse y conocerse sin que medie experiencia y pensamiento alguno. Si dos seres humanos fueron uno en el mundo hiperuránico, en el mundo material se reconocerán instantáneamente a partir del nosotros, la empatía y la intuición. Así que cuando se trata de investigaciones hermenéuticas, el arquetipo del nosotros y la precomprensión empática e intuitiva, serán desde la transferencia del Andrógino platónico, elementos imprescindibles en el reconocimiento de sí mismos, de la otra mitad de uno mismo y en el reconocimiento del mundo arquetípico que subyace al mundo material imperfecto que nos rodea. De modo que el conocimiento que uno pueda tener del mundo, es profundo; pero lo es más cuando ese mundo lo reconocen como hombre y mujer y, entre hombre y mujer.

Reconocer es, por lo tanto, lograr ver los objetos reales que son las esencias que subyacen y que están en el fondo de la superficialidad de los objetos materiales. De acuerdo con estos postulados, una labor de reconocimiento del cada ser humano por sí mismo y de su otra mitad, así como del mundo hiperuránico, tendría que ser el resultado del trabajo de los dos entes totalmente empáticos quienes originalmente constituían el andrógino o en su defecto, de dos subjetividades cualesquiera a condición de que sean profundamente empáticas.

Finalmente el reconocimiento del mundo, y en caso de la hermenéutica, el reconocimiento de un texto que nos da razón de ese mismo mundo arquetípico, podría estar dada como reminiscencias, empatías e intuiciones platónicas, las cuales mediante un trabajo sensorial, indiciario e intersubjetivo desembocarían en una interpretación univocista, donde la meta final sería el conocimiento objetivo; esto es, donde todos termináramos percibiendo y reconociendo al único mundo verdadero, ideal y arqueoobjetivo, cuya existencia es anterior y exterior al hombre, pero del cual éste forma parte.

Aristóteles, por su parte, fue el primero que se refirió al problema de la interpretación cuando acuñó el término de Perihermeneasis, con el que se refería a todo aquello que debía considerarse en torno a la interpretación de algo. Pero fue más lejos, cuando rompió con la propuesta demócrito-pitagoriana del entramado determinista causa-efecto, según el cual, todo lo existentes necesariamente debía tener una causa o un efecto, o bien ser efecto o causa a su vez de otro ente o hecho. A este principio al que se podía denominar como causalidad ontológica se puede agregar el que se puede llamar a su vez como causalidad epistemológica, en cuanto que conocer algo podía considerarse como dar razón de su única causa o de su único efecto, linealmente, Aristóteles respondió con la tesis de la multicausalidad.

Este postulado proponía que cada ente o hecho tenía por lo menos cuatro causas, entre las que estaban: la material (de los cosmogónicos presocráticos, encabezados por Tales de Mileto); la formal (de los idealistas presocráticos encabezados por Parménides); la eficiente (del entramado causa-efecto de Demócrito y Pitágoras) y la causa final, de su propio cuño y de origen teleológico.

La causa final, es todo un monumento al estallamiento ontológico de Heráclito y al relativismo subjetivista protagoriano. Así, una mesa, por ejemplo, tiene al menos cuatro causas: la material, madera; la formal, rectangular; la eficiente, el trabajo que tuvo que hacer el carpintero para transformar la madera en la mesa ideada; la causa final, todo un embrollo. Alguien tiene mesa, hasta que sabe claramente el uso que ha de darle; pero además, el uso está determinado por el contexto, las necesidades y la percepción subjetiva de su cosmovisión y la forma en que esta evoluciona históricamente, porque no hay que olvidar que se trata de una causa que da razón del uso ulterior o final (teleológico). La presunta mesa, después de todo, podría usarse como silla, como puerta, como cama, como estante o hasta leña para resguardarse de frío en invierno. Es más, todos esos otros usos siempre están latentes y emergerán cuando la condición existencial de los oriundos, lo requieran.

Así que la multicausalidad aristotélica parte de la objetividad material, solo para desplegarse en toda una gama de posibilidades subjetivas y relativistas, donde puede visualizarse un punto intermedio que busque el equilibrio epistemológico entre la univocidad y la equivocidad, justamente en las inmediaciones de la plurivocidad. Esta, etimológicamente significa, muchas voces o muchas verdades. Queda claro que este planteamiento es un cauteloso no a la univocidad y a la equivocidad, y una aceptación de la subjetividad de la realidad y su conocimiento.

El problema ahora es establecer los criterios para discriminar entre el universo de aparentes verdades subjetivas, aquellas que posibilitan la búsqueda permanente de la verdad intersubjetiva. Para empezar, Aristóteles se define por una realidad más escurridiza, más eventual, en cuanto que deben coincidir una infinidad de categorías, entre las que él sólamente explicita cuatro, para que un ser exista. Pero una vez que existe, objetivamente (univocidad), porque la coincidencia de todas esas categorías lo posibilitaron, la esencia de dicho ser está supeditada a una utilidad o aplicación teleológica, totalmente subjetiva (equivocidad). Es decir, la objetividad del ser está dada por la coincidencia de categorías intrínsecas y extrínsecas al ser humano; pero una vez que existe como ente, su esencia depende del valor teleológico que el hombre, en cuanto sujeto cognoscente, le dé.

Así que, por encima de la existencia objetiva de los entes, siempre estará el criterio del valor ulterior, el cual dependerá de la subjetividad teleológica del sujeto cognoscente. Este relativismo aristotélico no es absoluto, sino situacional, ya que "Nada hay en el entendimiento que antes no haya pasado por los sentidos" (Gutiérrez, 2006). Con esta expresión, Aristóteles se define como el primer empirista de la historia. Finalmente el origen de todo conocimiento es definitivamente empírico y el único mundo existente es el que se capta a través de los sentidos. Por lo tanto, lo que determinará el valor subjetivo de uso, será la realidad contextual que ya ha sido percibida sensorialmente.

Es importante advertir, que Aristóteles postula ontológicamente una realidad primigenia de carácter eventual, al definir los entes como productos multi-causales de la conjugación de una serie de categorías arquetípicas, que por cierto, no son subsumidas, sino que cada ente las exhibe y las cuales son susceptibles de ser percibidas por medio de los sentidos. Una vez que esta realidad ya está dada, el ser humano, también ya dado, solo puede acceder a su conocimiento (multicausal) por medio de los sentidos (dados en-por-y-para esa misma realidad.

Con todo este escenario puesto, Aristóteles centra su atención, análisis y argumentación en el proceso de conocer. El Organón es todo un tratado de cómo conocer partiendo de la captación de la realidad por medio de los sentidos: sensaciones, percepciones, representaciones, conceptos, juicios, inferencias y teoría. En dicho proceso se soslayan las categorías arquetípicas que subyacen a la realidad dada, incluido el sujeto cognoscente y sus facultades de inteligibilidad. Por ello, muchos siglos después, Leibniz aclararía a la concepción de Aristóteles en que nada hay en el entendimiento que antes no haya pasado por los sentidos, excepto el propio entendimiento.

Aristóteles hizo muchos aportes a la hermenéutica: la multicausalidad, misma que sin que él lo explicitara dio paso a la realidad como evento; la subjetividad teleológica, que origina la prurivocidad hermenéutica; la perihemeneasis, que es un claro antecedente al círculo hermenéutico y el proceso detallado de conocimiento, que no es otra cosa que comprensión comparativa. Pero tendrían que pasar muchos años, antes de que la tensión epistemológica entre los dogmas de la univocidad y el relativismo de la equivocidad diera paso a una perspectiva más abierta para la interpretación de los textos, en términos plurivocistas.

Mientras tanto, durante la Edad Media, la Iglesia Católica se tuvo que enfrentar al problema de la interpretación de la Biblia desde las diversas perspectivas de las diferentes corrientes filosóficas y teológicas. Posteriormente ese mismo derecho fue reclamado durante la reforma protestante, por los líderes y seguidores de este movimiento. Así que la interpretación dogmática, tuvo que dar paso a una más racional.

De hecho la iluminación precomprensiva (alcanzada por la oración) y la razón en cuanto, comprensión comparativa (aplicada en el análisis, la reflexión y el estudio) se asumieron como criterios interpretativos complementarios (Círculo Hermenéutico).

Fueron los años en que San Agustín aplicó la introspección como método para profundizar en el conocimiento de uno mismo, al grado de que finalmente se arribara, a través del vínculo con la divinidad, al conocimiento de todo lo demás. Esto lo hace exclamar: "Oh, verdad tan nueva y tan antigua ¡Qué tarde te amé, qué tarde te conocí!" (Gutiérrez, 2006). Como buen platónico, este padre de la Iglesia, retoma el postulado de la precomprensión, pero ahora como una búsqueda profunda de lo que tenemos en común con todos los hijos de Dios. Entonces declara, como lo hubiera podido expresar Platón al retomar el asunto del Topus Uranus o del Andrógino "Dios es más íntimo a mí que yo mismo". Esto significa que ahí donde nuestra entidad termina, continúa la esencia ontológica desplegándose en infinidad de entidades que nos siguen hablando de Dios.

Santo Tomás hace otro tanto, siguiendo a Aristóteles, cuando logra proponer sus famosas cinco vías empírico-racionales para llegar a Dios. De modo que tanto la introspección agustiniana, enclavada más en la precomprensión, como las cinco vías tomistas concretadas en lo empírico-racional y orientadas hacia la comprensión extrospectiva, vuelven a ratificar el círculo hermenético, como el proceso idóneo para acceder al conocimiento de uno mismo, de los demás, del mundo y del absoluto.

En fin, las autoridades eclesiásticas tuvieron que dar paso a la razón, como medio de llegar a la interpretación de la Biblia; pero había que hacerlo de modo que se refrendara la autoridad de los teólogos católicos, para delucidar el significado de la palabra de Dios, pero ahora a través del intelecto.

Y se instauró la exégesis como un modelo intuitivo-empírico-racional de acceder a la auténtica interpretación de la Biblia. De este modo, la exégesis se mantuvo fiel al espíritu hermenéutico, en cuanto vínculo interpretativo, al estilo de Hermes, entre lo humano y lo divino.

De paso, la Hermenéutica se aplicó a la traducción de textos sagrados escritos en lenguas muertas a idiomas vigentes en esos tiempos. La investigación hermenéutica se concibió como un proceso de colocar un texto en su contexto, para interpretarlo y después descontextualizar su sentido a fin de recontextualizarlo en otro tiempo y en otro espacio.

Esto implica que hay enseñanzas que se aplican más allá de lo contingente. Los criterios de validez y confiabilidad de las investigaciones hermanéuticas de la Iglesia Católica, fueron de diversos tipos: semióticos, filológicos, históricos, filosóficos y teológicos; todo ello coincidiendo en el esfuerzo por hacer una objetiva contextualización del autor bíblico, de los términos que usó y bajo el claro y congruente uso de la razón.

Después de la exégesis bíblica, la Hermenéutica como tal, pareció perderse en el devenir de la Historia. Aunque en realidad se refugió en el esoterismo. La astrología, el Tarot, la Cábala, la Quiromancia y muchas otras prácticas adivinatorias, la utilizaron para interpretar todo tipo de simbologías y de textos. Fue hasta finales del siglo XIX que el filósofo alemán Schleiermacher puso a la Hermenéutica en el escenario de la investigación social. Para ello la definió como "el arte de comprender"o "la práctica de la interpretación correcta de un texto" (Ortiz Osés, 1998: 296).

Para ello se propone comprender cada pensamiento o cada expresión a partir de la totalidad de un contexto de vida de la que surge. Pero además, aporta el círculo hermenéutico como elemento metodológico interpretativo, con sus dos grandes rubros: la comprensión adivinatoria o precomprensión y la comprensión comparativa. La primera como un primer acercamiento a la comprensión en términos de la empatía de espíritus afines y de intuición o presentimiento espontáneo surgido de un sentimiento vivo. La segunda, más rigurosa, apoyada "en una multiplicidad de conocimientos objetivos, gramaticales e históricos" y abierta al sentido-significado a partir de la comparación y de las conexiones de afirmaciones. Ésta es metafóricamente, una refundición de diversos datos aislados.

Con estos nuevos elementos, la hermenéutica queda redefinida como la reconstrucción histórica y adivinatoria, objetiva y subjetiva de un discurso dado. Para lograr esto, es necesario aclimatarse al autor, es decir hacer un esfuerzo de abstracción para meterse dentro de quien escribe, a su mundo de pensamiento y de representación.

A principios del siglo XX, llegan Dilthey, Husserl y Heidegger con nuevas aportaciones para la Hermenéutica. El primero, en plena discusión entre las ciencias naturales y las sociales o del espíritu, como él las llamaba y de las diferencias entre los métodos de indagación de unas y de otras, centrada en la explicación (Erklären) y la comprensión (Verstehen) y según las cuales señala: "explicamos por procesos intelectuales, pero comprendemos por la acción conjunta de todas las fuerzas de las facultades en la inteligencia, por el sumergir las fuerzas de las facultades en el objeto" (Ibídem: 297) e insiste en explicamos la naturaleza en sus leyes y entendemos la vida en el alma. Para que la comprensión sea posible se debe partir del contexto del todo que nos es dado vivo, para hacernos concebible lo singular a partir del todo. Para moderar ese matiz psicológico de la comprensión afirma más tarde, refiriéndose a las objetivaciones de la vida, cuando brotan ellas de la vida y objetivan el acontecer de la vida, la vivencia forma el acceso a la comprensión o sea que la comprensión se basa en la vivencia, la supone.

Con el asunto de la vivencia, el problema de la comprensión pasa de lo psicológico a lo ontológico. De hecho Hegel vuelve a retomar el asunto de la vinculación entre lo individual y el absoluto, cuando define a su Fenomenología como la descripción del retorno del alma individual diferenciada al seno del absoluto, donde éste se perfecciona a través de la realización plena de aquella (Gutiérrez, 2006). Pero toca a Husserl, dar un salto epistemológico hacia lo operativo de la interpretación de esa esencia plena y atemporal que se actualiza en cada vivencia, con su definición de Fenomenología: Es la descripción neutra de las esencias de las vivencias. La oportunidad de acceder al conocimiento de los entes, el mundo y el absoluto. Esta definición es seriamente cuestionada acerca de la factibilidad de realizar una observación neutra (apojé). Al principio Husserl sugiere poner entre paréntesis la información anterior a una percepción fenomenológica o apojé; pero al final, termina por asumir los saberes previos como elementos fundamentales de la precomprensión.

La captación de las esencias o reducción eidética es menos cuestionada, porque es evidente, que por más impactantes y abundantes que sean las circunstancias, jamás podrán negar, contradecir, borrar o soslayar las esencias que les dan sentido. En cuanto a la observación de las esencias Husserl propone la reducción de las envolturas circunstanciales. Esto es, todo aquello de lo que una vivencia puede prescindir, sin dejar de ser ella misma, es precisamente su esencia. Por lo tanto habrá que diferenciar esencia de vivencia, donde la primera no involucra toda la personalidad del observador y por lo tanto se olvida fácilmente, en tanto que la segunda impacta todos los sentidos yjamás se olida; antes bien, pasa a formar parte de las estructuras mentales que configuran a un sujeto. Con ello, logra desplegar a partir de la vivencia, en cuanto acopio de todo lo que es un ser en el momento de concretarse íntegramente en vida, el prodigioso concepto de horizonte.

Éste es definido como la totalidad de lo que resulta percibido o anticipado atemáticamente en el conocimiento singular temático (Ortiz, 1998). El horizonte tiene estructura, saberes previos, un componente interno y otro externo, que nos dan razón de una vivencia que puede ser experimentada, entendida e interpretada en base a la totalidad del mundo. De acuerdo con eso, "no existe una subjetividad pura, sin mundo ni historia, ni tampoco una objetividad pura, independiente del sujeto y solo captable por la ciencia moderna" (Ibídem). Conocimiento y comprensión están incluidos en un acontecer integral que se da en un mundo y en una historia que se actualiza en cada vivencia. En este sentido, la vivencia alcanza una connotación hermenéutica en cuanto que vincula la identidad personal con la plenitud del ser. Con este argumento, Husserl asume una postura integradora entre lo objetivo y subjetivo, aduciendo que la percepción integradora del horizonte de la vivencia, se impone por encima de las aparentes contradicciones entre ambas posibilidades epistemológicas; es decir, el horizonte es antes y por encima de lo objetivo y lo subjetivo.

Heidegger hace replanteamientos acerca de la comprensión, el círculo hermenéutico y la autocomprensión que el sujeto hace de sus propias vivencias. Respecto a la primera plantea que la comprensión hermenéutica necesariamente debe ser anterior y más profunda a la dualidad de explicación - comprensión confrontada por Dilthey. Así la hermenéutica se convierte en la interpretación de la autocomprensión y de la comprensión humana del ser. Enseguida, refiriéndose al círculo hermenéutico señala que toda comprensión muestra una estructura circular, puesto que sólo dentro, una totalidad de sentido previamente proyectada. Algo se abre como "algo" y toda interpretación se mueve en el campo de la comprensión previa y por consiguiente, lo presupone como condición de su posibilidad. Toda interpretación que deba incluir comprensión, debe haber comprendido ya lo que hay que interpretar.

Con esto, Heidegger confirma al círculo hermenéutico en la general y a la precomprensión en lo particular, dentro del proceso hermenéutico, agregando, además la autocomprensión tanto del autor del texto como del intérprete para poner puntos de referencia en la subjetividad y evitar caer en el relativismo total. Finalmente retoma el asunto del horizonte, cuando expresa: La existencia como ser en el mundo proyecta el "mundo" como horizonte de autocomprensión porque toda comprensión de una cosa, de un suceso o de una situación exige, como condición de posibilidad, la totalidad de un contexto de sentido. Así, el mundo se fundamenta, a partir del ser, como horizonte de intelección, que nos es asignado óntico-históricamente.

Heidegger afirma que el horizonte histórico de comprensión se fundamenta aun en forma más expresa en el lenguaje, porque toda intelección se realiza en el lenguaje, y el horizonte histórico de intelección se constituye en lenguaje. Para Heidegger el horizonte adquiere un sentido existencial y apriorístico, al afirmar que el horizonte se convierte en un horizonte proyectado a priori en la autorrealización de la existencia. Nuevamente el sentido de la Hermenéutica se da en la vinculación entre la autocomprensión del ser-en-sí-para-sí del individuo y la comprensión horizóntica el ser-en-con-y-para-el mundo; pero además en la metacomprensión de todo el proceso. Con esto, deja el camino abierto para las aportaciones de Gadamer.

Este filósofo tuvo como gran mérito el haber profundizado en una teoría filosófica de la comprensión hermenéutica, los aportes de Schleiermacher, Dilthey y Heidegger. Aborda el asunto de los prejuicios, que venían siendo vistos peyorativamente desde la

Ilustración, para revalorarlos como elementos necesarios en la precomprensión. Pero además, reconceptualiza operativamente la comprensión, cuando la define como la fusión de los horizontes existenciales de dos seres humanos quienes se autocomprenden en el devenir histórico y comprenden dicho devenir. Esta comprensión es posible gracias a que la palabra pronunciada en el pasado, se ha pronunciado dentro de la historia, se ha consumado e interpretado en la historia y penetra así en el horizonte de comprensión que nos es propio, históricamente acuñado.

Con esto, Gadamer se ancla a la Fenomenología Hermenéutica que intenta mostrar lo que realmente acontece en la intelección histórica. Pero va más allá y plantea una Hermenéutica Filosófica o Neohermenéutica, que con-funde a la gnoseología (en cuanto discusión de la posibilidad del conocimiento) con la epistemología (en cuanto teoría y metodología del proceso de conocer) en una teoría ontológica, a partir de la Fenomenolgía de la vivencia de Husserl, la Filosofía del Lenguaje de Herder y la Teoría del Simbolismo de Cassirer en 1945. Esta nueva hermenéutica trasciende el sentido de la interpretación del lenguaje en cuanto instrumento de comunicación.

Incluso trasciende la interpretación del lenguaje como punto de encuentro de dos cosmovisiones. Se instala en el sentido profundo de la interpretación del lenguaje como comprensión que refunde los horizontes óntico-históricos de autor, texto y lector en una conjugación ontológica.

La Nueva Hermenéutica de Gadamer, trasciende el plano en que el ser, el acontecer y el conocer se diferencian, para entrar en la comprensión del sentido horizóntico y totalizador que cada palabra, hecho o cosa tienen en el seno de un todo anterior a cualquier diferenciación. De modo que la Filosofía hermenéutica subsume a la epistemología hermenéutica y la trasciende. Con las aportaciones de Cassirer respecto al rango ontológico de lo simbólico, Gadamer propone como centro del quehacer interpretativo ontológico a la metáfora, simbolismo que integra signo, mito, imagen, vivencia, palabra, razón, convención, existencia y esencia de lo que se pretende interpretar (*inter-praetium*= valoración construida entre dos o más personas) y comprender (*com-prensium* sostener el resultado de una fusión intencionada de horizontes vivenciales óntico-históricos).

A la par que Gadamer, Emilio Betti en la década de los ciencuanta del siglo pasado, desarrolla una teoría general de la interpretación. Esta sistematización de los elementos teórico–metodológicos de la hermenéutica proviene de la historia del Derecho, donde obviamente hay que hacer interpretación hermenéutica de la ley, en relación con los hechos. Por lo tanto, como la comprensión hermenéutica de la ley va más hacia su aplicación en el ámbito del derecho, que en la toma ontológica de sentido. Betti funda la vertiente de la Hermenéutica normativa o aplicativa. Con una orientación aplicativa emancipadora, Horkheimer postula la llamada Hermenéutica Crítica. Aplica el círculo hermenéutico a la comprensión del hecho social; pero exige como antecedente imprescindible el horizonte de la totalidad concreta social en la que está situado el hecho en cuestión. Para que haya a su vez una totalidad concreta social, son necesarias las condiciones históricas. La comprensión crítica social requiere del círculo hermenéutico, no sólo en lo relativo a la precomprensión y a la comprensión comparada, sino de la dialéctica que permite ir del todo a las partes y de las partes al todo.

Para que la emancipación se logre a través de la comprensión crítica de la sociedad, es imprescindible la interdisciplinariedad. Sólo con esta orientación es posible desenmascarar los factores alienantes de carácter sociopolítico, económico, cultural y psicológico de lo social del hombre. Finalmente Habermas también preocupado por la emancipación social, plantea a la razón crítico - hermenéutica como emancipadora. Para ello sustituye el concepto de totalidad concreta social por el de sistema y teoría de la acción, con lo que pretende resolver el problema social de la filosofía donde se confrontan el fascismo – que impone el individualismo elitista a la masa social – con el socialismo – que impone la totalidad concreta social al individuo.

De modo que tanto, Betti, como Horkheimer y Habermas, llevan a la hermenéutica a un cometido que se despliega a cuestiones aplicativas y de emancipación social. Llámese Hermenéutica Normativa, Hermenéutica Crítica o Hermenéutica Dialéctico Crítica, siempre se buscará emancipar al ser humano en cuanto individuo o sociedad, en busca de un desarrollo integro, armónico, pleno y justo de la humanidad.

Antes de dejar este apartado, es importante, que se señalen, aunque sea de manera muy escueta, las aportaciones del Círculo de Eranos en pro de una integración epistemológica interdisciplinaria y totalizadora de carácter hermenéutico. Esta escuela ha utilizado la fenomenología abierta como método para la búsqueda de lo arquetípico, como orden implicado, que subyace a lo típico, como orden explicado. La Hermenéutica Simbólica de Eranos ha trabajado en la elaboración de una arqueotipología cultural universal a través de la mediación de diversos ámbitos hasta hoy separados, como la filosofía y las ciencias humanas, la mitología y la ciencia, la teología y la antropología, oriente y occidente, lo racional y lo irracional, lo objetivo y lo subjetivo, lo individual y lo social, lo inconsciente y la consciencia, el mito y el logos, el determinismo y el azar, la técnica y la magia, la razón y la fe, lo exotérico y lo esotérico, la prospectiva y la profesía, el ritual y la praxis, lo temático y lo atemático, lo apolíneo y lo dionisíaco.

En fin, un universo de factores que se habían vislumbrado dialécticamente; pero no como contradicciones coimplicables dentro de una totalidad integradora del sentido óntico-histórico del ser. Temas como la Mitología comparada, la gran mediación y el ecumenismo simbólico han sido los nodos en que se han centrado los estudios hermenéuticos del Círculo de Eranos, para enfilar a la humanidad a un desarrollo pleno a través de la comprensión hermenéutica por medio del lenguaje en lo particular y lo simbólico en lo general que, se ha concretado en coimplicaciones en el horizonte totalizador de la evolución óntico-historica de la humanidad.

Hasta aquí se han tratado de abordar las diferentes connotaciones que ha tenido la Hermenéutica desde su elemental concepto de método interpretativo, pasando por su visión como enfoque, hasta su despliegue como corriente filosófica con alcances que desbordan lo epistemológico, para apostarse en lo óntico-comprensivo; y finalmente asumir en forma de Hermenéutica crítica, el papel emancipador y transformador del individuo y la sociedad humana, sin olvidar la hermenéutica simbólica del Círculo de Eranos, aunque los aportes se han seguido haciendo, se dejará la revisión de su evolución histórica por el momento, para pasar a plantear en términos generales, el estado que guarda la hermenéutica en la actualidad a nivel internacional, y después a definir la connotación con que se le asumirá en este documento.

3.4 LA HERMENÉUTICA EN LA ACTUALIDAD

Después de todas las aportaciones que hermeneutas actuales en plena producción como, Paul Ricoeur, Mauricio Beuchot, Jung, Ortiz Osés, Vattimo, Lanceros, Carballo, Neumann, Gadamer, Derrida, Foucaul y otros, han hecho a favor de un megaconstructo interpretativo-comprensivo de la totalidad del desarrollo óntico-histórico de la evolución humana, vale considerar el concepto y características que esta disciplina investigativa tiene en este momento.

La hermenéutica se avisora actualmente como un horizonte investigativo con identidad y características muy propias. Es un megaconstructo teórico, epistemológico y metodológico, incluyente. Tiene criterios de validez y confiabilidad que trascienden lo epistemológico y se instalan en lo ontológico y metafísico. Asume una lógica coimplicadora que va más allá de dogmas y posturas antitéticas y una apertura sistemática antes todos los temas, los enfoques, los métodos, los criterios, las técnicas, instrumentos y recursos que posibiliten la construcción de una interpretación más integradora, la construcción de una comprensión más horizóntica y el acceso a una toma de sentido cada vez más trascendental.

Esta hermenéutica se hace posible a partir de tres postulados básicos: la acepción de una realidad muy compleja tanto en lo amplio, como en lo profundo, en lo dialéctico, en la unicidad y la diversidad; la existencia de un sujeto que se despliega en un horizonte existencial de manera densa y versátil de tal modo que es capaz de conocer y ser-en-con-y-para-esa compleja realidad, y la existencia de un bagaje igualmente amplio y diverso de métodos, técnicas, procedimientos que permiten a dicho sujeto acceder al conocimiento-comprensión horizóntico de tal realidad.

En cuanto megaconstructo incluyente, trata de tascender, siguiendo al Círculo de Eranos, las posturas diferenciadas y antitéticas, que arrancan desde lo ontológico, pasan por lo axiológico, para desplegarse en lo epistemológico y teleológico. Su contenido, fiel al espíritu de Hermes, se despliega entre lo atemático indiferenciado y lo temático diferenciado; entre el ser absoluto y los entes específicos. Son sus propósitos, traducir, interpretar y comprender cómo se desglosan las categorías universales en arquetipos que subyacen al comportamiento diferenciado de los individuos. La energía como categoría absoluta, por ejemplo, es una fuente de arquetipos que subyacen a todo acontecer, ya sea físico, químico, biológico o metafísico.

Similarmente, el comportamiento de los individuos adquiere sentido al embonar plausiblemente sus categorías individuales, virtud los esquemas y ritmos de los arquetipos, con las categorías universales. Tal es el caso de la vivencia trascendental, en cuánto categoría personal, la cual cobra todo su sentido, cuando se inserta plausiblemente en un horizonte óntico-existencial-histórico-cultural-simbólico, éste se actualiza virtud su inserción en el absoluto. Conforme a este planteamiento, el rango de realidad donde se centra la interpretación hermenéutica, es el terreno de lo arquetípico, ahí donde el absoluto se transforma en entes y donde estos adquieren significado, en lo diferenciado, y sentido, en su inserción en el absoluto.

Es un megaconstructo, porque se arraiga en el despliegue ontológico, más allá de los procesos epistemológicos diferenciados y se construye y aplica más allá de los perspectivas y enfoques investigativos orientados a campos diferenciados de la realidad.

Es incluyente de todos los métodos investigativos diferenciados, porque a éstos subyacen arquetipos también incluyentes e indiferenciados. Toda forma diferenciada de indagación, debe embonar apropiadamente en algún arquetipo indiferenciado donde adquiera plenitud y tenga su máximo alcance epistemológico. El trabajar con arquetipos, permite salvar las contradicciones emergidas de los métodos diferenciados, de tal modo, que deben asumirse criterios ampliados a la luz de los arquetipos.

Los criterios de validez y confiabilidad trascienden lo epistemológico y se instalan en lo ontológico y lo metafísico. No basta con que la cosa se adecue al intelecto desde el Tomismo, para que un conocimiento se considera verdadero. Ni que cada uno tenga su verdad eterna e inmutable (Relativismo) como punto de partida para construir una realidad intersubjetiva. Tampoco se trata de establecer un conocimiento con validez provisional, en tanto surge otro que supere la explicación o comprensión de la realidad en cuestión. Si bien, el conocimiento es subjetivo en una primera instancia y relativo por ese mismo motivo, no significa que el ser humano deba asumir la condición de bogar eternamente en un mundo totalmente caótico y probabilístico. Esto sería tan grotesco como conformarse con una visión fosilizada de la realidad, donde todo es igualmente compacto, denso, homogéneo e isomórfico, y donde no hay novedad bajo el sol (la misma luz, eterna y inmutable).

Si la realidad es compleja, el ser humano en cuanto sujeto cognoscente también es complejo y el entramado de facultades y formas de conocer también lo es, ni el conocimiento ni la verdad tienen por qué ser simples. Siempre se ha pensado que la verdad es una categoría de carácter epistemológico, que nos da razón en cuanto a una forma de comprender la realidad ¿Por qué verdad y realidad no podrían ser lo mismo?

Después de todo, alguien expresó metafóricamente: "Yo soy el camino, la verdad y la vida". ¿Por qué durante el reinado de la univocidad, la con-fusión fue un término peyorativo epistemológicamente? ¿Por qué en el reinado de la equivocidad, las verdades tienen que ser diversas y tan únicas, eternas (en cuanto que no habrá otra igual, aunque sea efímera en su duración) y atomizadas que no hay posibilidad de generalización? ¿Por qué no pensar que cada verdad individual, bien puede ser parte diferenciada de la visión global del absoluto? ¿Por qué no pensar que realidad y verdad son lo mismo? ¿Por qué separar ontología, axiología, epistemología y lingüicidad del ser? Después de todo, el estallamento ontológico de Heráclito, sólo es la otra cara de la moneda de los postulados de la superposición y el campo unifocado de los científicos del CERN y los físicos cuánticos de Bailey y, por lo tanto del equilibrio que propone Heráclito, detrás de toda contradicción.

Una realidad no tiene sentido, sin valor, sin ser objeto de conocimiento, sin tener la posibilidad de concebirse como símbolo. Pero un símbolo tampoco tiene sentido si no se refiere a una realidad y está integrado a ella. Una verdad y un valor, son abstracciones si no se conciben como elementos de la propia realidad. De modo que la con-fusión no solo no es peyorativa, sino que es la condición sine quan non es posible la realidad, su conocimiento, su simbolización y la integración con ella. Si el hombre puede ser considerado como él y su entorno de acuerdo a Heidegger, es decir, con-fundido con su entorno ¿Por qué el hombre no ha de ser parte sustancia del entorno? Pero todavía más ¿Por qué no aceptar finalmente, que una forma de conocer la realidad es hacerse uno solo, con-fundirse con esa realidad? La diferenciación se ha concebido como un proceso real e irreversible, a pesar de que Einstein descubrió que el tiempo y el espacio son variables, es decir, circunstanciales. Esto significaría que la diferenciación es circunstancial y que ontológicamente la realidad está conformada íntegramente como ella y todo lo que de ella se diga y todo lo que se haga con ella.

Y son justamente los arquetipos, los criterios que nos estarían dando la pauta respecto a esa con-fusión, virtud la cual somos la realidad en su conjunto y en toda su complejidad. Los arquetipos son esquemas y/o subjetividades comúnmente caracterizadas como "transhistóricas porque su génesis y desarrollo no se limita a coordenadas de tiempos y lugares específicos...son formas arcaicas de sentir, ver y pensar...(donde) la capacidad de experiencia y subjetividad que tiene el hombre...se hermana con el orden metafísico por estar encima (de) cualquier condensación espacio/temporal particular...son maneras profundas y viejas de sentirse y mirarse, que ni puede decirse con seguridad que son conscientes o inconscientes...(de hecho se pueden percibir como) imágenes, ideas, conceptos o palabras, sin que por ello pierdan su índole indeterminada...Solamente están inscritas...como un sentido ontológico de sí mismo, que está siempre ahí aunque no sepamos cómo...(son) un conjunto de vivencias...con representación símbólica...que aparece cómo el núcleo básico de de la subjetividad...son fuerzas y potencias subjetivas cuyo contenido no está determinado,...pero que son tan reales y parecen tan constitutivas a la experiencia que el hombre nunca pregunta qué podrían en rigor significar" (León, 2001: 42-44).

Gracias a los arquetipos el hombre puede incursionar e indagar más allá de los límites fijos y rígidos del tiempo y el espacio. También puede abordar óntico-epistemológicamente realidades escurridizas, inefables, intangibles e imposibles siquiera de nombrarse. Por su capacidad de traspasar el tiempo y el espacio y por su presencia etérea, pero real, permite que se puedan abordar los mecanismos generadores de representaciones, conceptos, juicios.

Virtud los arquetipos, el hombre no tiene que hacer un esfuerzo de abstracción para salirse de la supuesta realidad, de la que él forma parte sustancial e insustituible, para conocerla; es precisamente entrar en con-fusión con toda ella, la forma de ser y al mismo tiempo, conocerla. Claro que así como la materia se disgrega solo para después congregarse nuevamente o como la luz se despliega en onda solo para después coincidir en partícula, la naturaleza solo tiene sentido como absoluto y como partes diferenciadas, si se asume una circunstancia efímera, sin perder de vista la propia naturaleza.

Por ello, todas las formas de indagar, son valiosas y todas aportan algún tipo de conocimiento; pero la condición para que éstos tengan cierto valor, es que no pierdan de vista su naturaleza, porque es la que les da sentido.

Lo que ha complicado la asunción de esta postura óntico-epistemológica es la dialéctica tan extrema en que se mueve la hermenéutica en la búsqueda de los arquetipos. Es esa enorme dimensión en que se mueven dialécticamente la esencia y la existencia, donde aquella es unívoca (única, eterna e inmutable) y donde esta es equívoca (única, diversa y subjetiva). Son los arquetipos, el punto intermedio que puede permitir al ser humano bogar óntico-epistemológicamente entre esos dos puntos, asumiendo los conflictos dialécticos del proceso, como criterios de toma de sentido. He aquí, cómo los criterios de comprensión, se instalan en la toma de sentido, que es un eslabón óntico-epistemológico necesario para el conocimiento-comprensión-confusión de una realidad compleja. Así pues, habrá que aprender a trabajar con otro tipo de criterios óntico-epistemológicos de verdad. Es seguro que en este nuevo horizonte, emergerán criterios de verdad de carácter arquetípico, donde la traducción, el significado, la comprensión horizóntica y la toma de sentido asuman todo su peso óntico-epistemológico.

Su lógica es co-implicadora como lo postulan los eranosianos. Es obvio que en el método de trabajo de campo se buscan patrones, concordancias, secuencias, escalas; pero igual, se identifican y significan excepeciones, discordancia, rupturas, altibajos y casos únicos. Los axiomas y principios de causalidad, tercer excluido y transitividad y otros, se consideran, pero se replantean a la luz de los arquetipos. La reflexión, el raciocinio y la racionalidad se asumirán de manera inclusiva. El caos, el azar, el relativismo y el concepto de realidad como resultado de un proceso de construcción o como evento probabilístico, son cuestiones a considerar desde una lógica más abierta e incluyente, donde se co-impliquen el determinismo, el orden, el control, la estabilidad y la predicción. La lógica dialéctica, en cuanto que todo acontecimiento determinístico o eventual, lleva escondido en su interior el secreto germen de la contradicción, será coyuntural; ya que no es de esperarse que un proceso indagatorio tenga que dar sólo resultados previsibles, sino contradictorios e inusitados.

En el ámbito de lo empírico, no basta con sólo esperar observar los hechos dados y la realidad dada. Además de atender lo que se ofrezca a los sentidos convencionales como evidente, habrá que aprender a observar indicios de aconteceres en busca de atar cabos, de buscar todo tipo interrelaciones por extrañas o fortuitas que pudieran parecer. La intuición y la empatía no siguen una guía lógica, pero habrá que atenderlas. Los arquetipos obedecen a esquemas, procesos y procedimientos que trascienden cualquier lógica convencional. Se vale mantener un estado de alerta acerca de cualquier postulado por autoevidente que parezca; pero igual, no descartar rotundamente algún punto de vista por absurdo que resulte. No basta con considerar cualquier conocimiento comprobado o demostrado de acuerdo a criterios convencionales, como válido y confiable en términos provisionales y en tanto que haya otro más preciso, claro y de mayor rango epistemológico; hay que concebirlo como parte de un proceso de diferenciación al cual subyace algún arquetipo o como dato con evidencias de toma de sentido ontológico en una categoría más amplia y profunda del ser absoluto.

La precomprensión sugiere que habrá que hacer incursiones introspectivas simultáneas a las observaciones extrospectivas y proceder a hacer todo tipo de combinaciones entre los datos internos con los externos. El círculo hermenéutico implica el esfuerzo epistemológico para superar la linealidad de cualquier lógica convencional, para entrar en una lógica dialéctica en una misma dimensión sincrónica temporal, contextual espacial y de contenido temático. La comprensión hermenéutica, exige la inserción del texto investigado en un horizonte óntico-existencial-histórico-cultural-simbólico a fin de contextualizarlo, traducirlo, significarlo, comprenderlo y reconocer su sentido arquetípico, para después descontextualizarlo y volverlo a recontextualizar. Esto implica la posibilidad de pasar de un tipo de texto a otro y a otro. De igual manera pasar de un contexto a otro y a otro.

Por su parte, la espiral dialéctica se abre hacia la dimensión diacrónica, hacia la lucha de contrarios y de clases, socioambientalmente concebidas intra, inter, multi y transculturalmente. La implementación de la poscomprensión, es justamente la búsqueda de ese sentido profundo, arquetípico y óntico-epistemológico del la realidad-texto interpretado en dimensiones cada vez más absolutas. Este vaivén de lo subjetivo personal con todas las implicaciones de la introspección, a la intersubjetividad, a la subjetividad social, a su interacción empírico-subjetiva con los entes de la realidad tras los significados y los sentidos, está concebido con una lógica co-implicativa, donde todo símbolo, texto, evento o dimensión de la realidad tienen un lugar.

En esta lógica caben: el mito, la religión, la costumbre, la tradición, la técnica, el saber, el conocimiento empírico, el lógico-matemático, el científico, el inter-multi y metadisciplinario y el arte. Este último en espacial, es todo un nudo de planos óntico-epistemológicos que podrían marcar un rumbo a la búsqueda y operación de arquetipos. Nietzsche, plantea que hay una secuencia que va de las artes apolíneas, que plantean la creatividad y la búsqueda de lo atemático progresivamente, partiendo de lo medible, lineal, tangible, duro, con metas fijas y estables, usando significados y textos culturales rigurosos. Después de la arquitectura se tiene la escala de la escultura, donde nuevamente se trabaja con los mismos materiales, pero ahora se toma como modelo al escurridizo e inconmensurable cuerpo humano. La plástica por su parte, cambia su instrumento y materia de trabajo; el tema puede ser cualquier contenido material, de la imaginación o de la fantasía. Su materia prima es fluida, escurridiza, tan escurridiza como la naturaleza de la realidad que se pretenda plasmar.

Después se tienen las artes dioniasíacas, el teatro no solamente pretende plasmar una realidad humana, sino reproducirla, innovarla, transformarla o crearla, a partir de la representación. La danza, es más arquetípica, porque tiene más ritmo que materia y puede fluir armónicamente mientras hace uso de la música, el color, el movimiento; pero requiere del elemento material para reproducir una realidad más abstracta y arquetípica que la consignada en los hechos o eventos materiales o sociales. La música, es la más excelsa de las artes. Requiere de un mínimo de materia y haciendo una amalgama de sonidos y silencios, permite que cualquier realidad supuestamente estática o fosilizada, recobre vida, y movimiento y se acerque a la inmensidad. Mientras las notas hacen vibrar los tímpanos, los silencios armónicamente recortados entre nota y nota, hacen vibrar las almas. Cualquier mensaje o idea, se redimensiona si se le acompaña de color y de ritmo.

En este sentido, declara Nietzsche que la máxima creación de la cultura griega no fue la filosofía, sino la tragedia, porque en ella se combinan la representación de la vida humana, con la expresión lingüística, la luz, el ritmo, el sonido, para posibilitar el equilibrio entre el espíritu apolíneo racional y armónico, con el espíritu dionisíaco contradictoria, creativo y oscuro (Ortiz, 1998: 452).

El mito, la religión, la tradición y arte tienen sus propias lógicas, cuyas reglas rompen con la lógica formal, matemática o proposicional. Es a esas lógicas a las que se refiere la coimplicación. Es decir, que lejos de asumir una lógica cerrada y lineal, habrá que asumir una lógica abierta a las reglas, secuencias y procesos de todas las manifestaciones de la vida y la cultura. De modo que la lógica coimplicada subsume todas las lógicas, pero justamente por su parte implícita, indecible, subjetiva, indiferenciada, atemática, omnímoda, omnipresente y arquetípica.

Finalmente, la hermenéutica se define como un enfoque investigativo orientado decididamente hacia la complejidad. No se incrusta en el paradigmático cono evolutivo de avanzar de lo simple a lo complejo, que conduce a una serie de diferenciaciones extremas y contradictorias. Asume que la realidad es compleja en su esencia totalitaria y en sus entidades específicas; en una diversidad infinita de textos, complejos todos ellos.

Por ello, también se define por un intérprete complejo en cuanto sujeto cognoscente, con tantas facultades codificadoras como descodificadoras de todo tipo textos. Es decir, está tan capacitado para elaborarlos y codificarlos como decodificarlos, traducirlos e interpretarlos. Y obviamente, si hay textos complejos e intérpretes complejos, también la metodología de trabajo deber contar con todo tipo de recursos para acceder al significado, comprensión y sentido de todos y cada uno de ellos.

Esta es la hermenéutica que se configura en la actualidad, como enfoque ¿o paradigma? para hacer investigación, en lo general, e investigación educativa en lo particular?

3.5 LA REALIDAD, EL INTÉRPRETE Y EL MÉTODO DE TRABAJO

La compleja realidad puede visualizarse desplegándose ontológicamente desde el ser único, pleno y total hasta los entes diferenciados también únicos, plenos y totalmente concretos. Se puede desplegar en el tiempo desde lo eterno y atemporal hasta lo efímero.

Se puede desplegar desde lo totalmente determinado y hecho hasta lo azaroso, eventual o totalmente caótico. Se puede desplegar en el espacio, desde lo omnipresente, compacto y denso hasta lo microscópico, fragmentado y vacío; desde lo lineal y unidimensional hasta lo multivariado y multidimensional.

En lo dialéctico, se puede desplegar desde lo único y totalmente estático, hasta lo que sólo se puede concretar en eventual, cambiante, diverso y totalmente dinámico; desde lo atemático, indiferenciado e implícito hasta lo temático, diferenciado y explícito; desde lo inmenso, inconsciente, atípico hasta lo delimitado, lo subconsciente, lo consciente, lo arquetípico y lo típico; desde lo instintivo a lo irracional, y de lo irracional a lo racional intencionado y de éste, hasta la innovación y la creatividad; desde lo abstracto universal hasta lo concreto particular; desde lo subjetivo total, hasta lo objetivo específico. De modo que la realidad como complejidad inicial y final de una investigación, puede concebirse de infinidad de formas, en infinidad de lugares, en toda una gama de tiempos tiempos, tendencias, órdenes y circunstancias.

En vez de tener un problema de investigación (empírico-analítico), o un objeto de estudio (etnográfico), un objeto dialéctico-crítico (investigación-acción) o una estructura analítico-conceptual (constructivismo), una vivencia (fenomenología), un código de significados (interaccionismo-simbólico), una conversación (etnometodología). Ritzer en 1999 expresa que se tiene un nudo problemático textual que puede incluir todas las versiones anteriores de la realidad. De modo que la hermenéutica no tiene empacho en considerar la realidad desde las más diversas concepciones, incluso contradictorias que van desde la connotación material, dualista, idealista, subjetivista, ideológica, intersubjetivista, incluso fantástica y mítica. Tiene la enorme virtud de traducir lo óntico-existencial-histórico-cultural, a texto y contexto, susceptibles de ser interpretados y comprendidos.

La realidad que sirve de base al proceso hermenéutico de esta investigación, es la que postulan Heidegger, Herder, Humbolt y Cassirer, en cuanto vida del ser humano en constante devenir, que se colpasa en lo que el hombre traduce en texto, en cualquiera de sus formas. De modo que el ser humano es un ente simbólicamente configurado. Por lo tanto un texto, no es una secuencia de símbolos totalmente artificiales que están estructurados siguiendo ciertas reglas y que se utilizan arbitrariamente para denotar y connotar algún significado que da razón de una realidad. Antes bien, los símbolos, son elementos que configuran una entidad ontológica con sentido y significados propios.

Es decir, que nuestra consciencia requiere de símbolos y por lo tanto de un lenguaje, para configurar la realidad a partir de un flujo o una gama de posibilidades de ser. Por lo tanto a ese algo, lo identifica y lo construye, lo interpreta, lo comprende y le toma sentido a través de símbolos: "Toda captación primigenia que sea de la realidad –mundo– es ab initio re-presentativa, in-formativa y, en su sentido radical, lingüística… el lenguaje, exactamente, convierte el caos (materia) en forma o Gestalt, representando así en la gramática profunda de la filosofía cassireriana la forma simbólica fundamental o la formación simbólica fundacional humana" (Ortiz, 1998: 79).

De modo que traducir un texto, es una acción que tiene que ver con lo que un ser es, bajo la perspectiva de otro ser simbólico que también es y de cuya interacción, emergerán los significados intrínsecos y el sentido extrínseco contextual de dicho ser. Así que las palabras (habladas o escritas), las acciones, las vivencias, las interacciones, las representaciones son signos que constituyen los elementos y factores inteligibles de los seres y de la totalidad concreta, sobre la cual los seres individuales se diferencian. En este sentido, una nube de energía psíquica es tan etérea como una nube de electrones que cubren un enorme espacio viajando a la velocidad de 250 mil kms/seg., en torno a los átomos que constituyen un supuesto cuerpo humano.

Si la ontología, como primer ámbito de la Hermenéutica, privilegia la concreción simbólica de la realidad y su correspondiente consignación lingüística en un texto, la epistemología, como otro ámbito, está comprometida con consideraciones importantes por hacer respecto a lo que implicaría la traducción, la interpretación, la comprensión y la toma de sentido del propio texto. Para comprender esto, es necesario que se diferencien las dos grandes etapas por las que ha pasado la hermenéutica: la clásica y la contemporánea.

La primera partía de la necesidad psicológica de una integración de la interpretación del mundo en un cuerpo completo y congruente de verdades y creencias. Desde este punto de vista, la hermenéutica era escuetamente un procedimiento básicamente instrumental y técnico al interior del proceso de la búsqueda de la verdad. Esta percepción procedimental e instrumental de la Hermenéutica ha sido superada en la actualidad con una orientación y una profundidad que trasciende lo meramente interpretativo, para incrustarse en lo crítico-constructivo.

Recientemente (Baileyl, 2005) un grupo de investigadores norteamericanos ha divulgado a través de una serie de documentos y películas, resultados obtenidos en experimentaciones en el campos la Física Cuántica, la Bioquímica, la Neurofísica y la Biopsicología, que confirman lo que ya muchas religiones y mitos habían planteado desde hace muchos años: que tras nuestra envoltura biológica, se encuentra un observador que bien podría tener un carácter espiritual; que la materia está constituida por energía que se despliega en el vacío; que somos básicamente ideas y, que el pensamiento intencionado puede ser una energía que configure cualquier realidad. En una palabra que somos básicamente símbolos.

Si la concreción ontológica de la realidad se da en términos de texto y su comprensión óntico-existencial-histórico-cultural-simbólica se da por medio de la interpretación, la axiología, como otro ámbito de la Hermenéutica, deberá dar razón de la emancipación de la enajenación impuesta por las contradicciones de la realidad explícita y temática. Esta liberación deberá empezar por la significación de los valores como atributos del quehacer humano en el contexto de una totalidad social concreta. El carecer de un horizonte axiológico de una vivencia valoral, genera falsas interpretaciones y por lo tanto tranformaciones aparentes y contradictorias.

Como expresara Horkheimer: "No puede existir auténtica comprensión (verstehen) sin situar a los hechos sociales en la totalidad social concreta" (Ortiz, 1998: 772). Obviamente solo a través de la auténtica comprensión se puede acceder a una transformación de la totalidad en orden a la obtención de una sociedad más justa, libre, humana y racional. Gadamer ve en la tradición una fuente de iluminación para alcanzar la comprensión horizóntica de la totalidad de un texto; de modo que la emancipación consiste en la comprensión total de dicha tradición.

Para Habermas, la tradición y su comprensión, son etapas que se requiere superar para llegar a la emancipación. De esta forma, plantea la teoría de las tres etapas por las que tiene que pasar el logro de la emancipación: la preconvencional, la convencional y la postconvencional. En la primera (tesis), el hombre despliega su potencial personal, al margen de los convencionalismos sociales, para alcanzar su máximo desarrollo en la libertad plena de carácter egocéntrico. En la etapa convencional (Antítesis), el ser humano desplegado, choca con los convencionalismos establecidos y los confronta; pero termina cediendo ante las costumbres, las tradiciones, normas morales, la cultura y la ideología vigentes. Por fin, en la tercera etapa (Síntesis) denominada Posconvencional, tanto el individuo como la sociedad en que se desarrolla, encuentran un estado de equilibrio.

Neumann eranosiano propone a la vez, su Nueva Ética. Esta trasciende la vieja ética basada en las normas emergidas de la conciencia colectiva del súper-yo patriarcal, de cuño freudiano. Según este estatuto se debe repudiar lo malo, lo negativo, lo oscuro, lo matriarcal y demoníaco a favor excluyente de la luz, lo bueno, lo patriarcal y angélico.

La Nueva Ética propugna por un código de valores de carácter arquetípico donde el súper-yo consciente y luminoso (la ley del padre) se pueda reconciliar con el oscuro inconsciente colectivo matriarcal expresado a través de la voz interior del alma (Ortiz, 1998). Es claro que la vieja ética ha aplazado la resolución de los problemas generados por la tensión axiológica entre la justicia y la libertad, de modo que se han sacrificado muchísimos desarrollos individuales en aras de una supuesta armonía social, paradójicamente tampoco alcanzada. Esta Nueva Ética totalizadora, tiene como objetivo la realización total de la personalidad completa, a la par que posibilita el desarrollo social, en un contexto de libertad, justicia y desarrollo armónico.

En tiempos de estabilidad la cultura provee de todos los recursos necesarios para que el individuo se sujete al convencionalismo; pero en tiempos de crisis, el individuo queda sin protección y expuesto a las potencias primigenias, lo que puede generar serios trastornos en el desarrollo personal y pone en peligro el orden social. Si se ejemplifica el problema con el caso de un conflicto en el que la moral se opone a un determinado amor, el desenlace puede ser desastroso, si no se ha construido la autonomía moral en el individuo. Si no se sujeta a la ley moral, puede suscitarse una ruptura del orden la evolución social; si se cumple con la ley, se deja de respetar la propia vida, lo que puede provocar graves trastornos y paraliza el desarrollo personal (Ibídem: 835).

Como se puede apreciar los tres ámbitos metateóricos de la Hermenéutica inducen los procesos investigativos en el ámbito social a realizar un trabajo epistemológico con características inusitadas. En lo ontológico se trata de concebir toda realidad social como el resultado de la concreción de un horizonte óntico-existencial-histórico-cultural, por medio del simbolismo y la lingüicidad. De modo que todo ser, toda relación entre seres, todo hecho humano, es ontológicamente un texto. En lo epistemológico, se considera a la interpretación de dicho texto, como el proceso indagatorio universal, por medio del cual es posible acceder a la comprensión total y a la toma de sentido, como alcances investigativos. Vale recordar que la interpretación es vista como un proceso de construcción intersubjetiva, comparativa e incluyente. Lo axiológico es, similarmente, la búsqueda de la concreción de la totalidad más allá de lo preconvencional y lo convencional, de lo bueno y lo malo, la luz y la oscuridad, la conciencia colectiva patriarcal y la inconsciencia colectiva matriarcal. Es decir, se trata de desarrollar una ética total y una axiología autónoma, donde el individuo pueda hacerse universalmente responsable de su comportamiento, sin sacrificar el orden social ni su propio desarrollo.

Por su parte, el investigador es concebido frente al proceso de conocer-comprender a la par de la realidad óntico-existencial-histórico-cultural-simbólica altamente compleja, como un ente igualmente complejo, capaz de desplegarse en una diversidad de horizontes, susceptibles de con-fundirse y por lo tanto de comprender los diversos horizontes en que se puede desplegar la realidad compleja. Ésta va desde lo micro, pasa por lo meso, se proyecta hacia lo macro y lo megacósmico, contínum de complejidades donde él mismo se visualiza, como un peldaño igualmente complejo, pero confundible en cualquiera de sus niveles, y por lo tanto capaz de interpretarlos y comprenderlos.

El investigador tiene la enorme virtud de concebir a la realidad tan sencilla o tan compleja como quiera, como lo necesita o como desea interactuar con ella. Un átomo puede ser visto como una partícula indivisible o como un microuniverso altamente complejo con una gran variedad de partículas subatómicas con las propiedades más extrañas e inusitadas, que no obstante son susceptibles de comprenderse de algún modo.

Por lo tanto, es un ente que establece interacciones con la realidad interna y externa en diferentes grados de consciencia e intencionalidad, pero donde siempre hay una interacción totalizadora. Donde la racionalidad se constriñe, el instinto florece y se despliega. Donde la consciencia se aclara, la subconsciencia y la inconsciencia se repliegan. Donde la emotividad se desborda, la empatía y la intuición se imponen sobre la empiria y la racionalidad. Se puede ser objeto de una iluminación venida del exterior a se puede dar a luz en el interior a la comprensión de la compleja realidad externa. Es capaz de delucidar los patrones que cruzan todos los peldaños de la complejidad cósmica desde lo micro hasta lo mega, pasando por su propia complejidad; pero también es capaz de reconocer las diversas lógicas con las que se mueven dichos niveles y sus patrones entre lo compacto y determinístico hasta lo probabilístico y simbólico. Es capaz de comprender la complejidad del cosmos desde su propia complejidad individual, desde la complejidad de una evolución histórica de una sociedad o desde la complejidad cultural de un pueblo.

Puede imponer plausiblemente sus modelos culturales (mitos) a la explicación del cosmos, o bien, partir de los arquetipos de los diferentes estadíos de evolución cósmica, para comprenderse a sí mismo. La comprensión totalizadora del universo, estaría dada por el entramado totalizador de todas las formas humanas de percibirlo, por más absurdas, contradictorias y anihilantes que sean, y por lo tanto la propia comprensión total del ser humano, estaría en concordancia con la comprensión cósmica. Diríase pues, que la complejidad cósmica es la constante epistemológica universal: se encuentra en todos los tiempos, en todos los lugares, en todos los entes, en todos los modos, en todos los niveles. Y el ser humano tiene la enorme virtud de verla y concebirla tan sencilla o tan compleja como desea, pero siempre desplegándose, espacial, temporal o culturalmente hacia lo holístico.

Otro elemento a considerar necesariamente en cuanto a la complejidad del intérprete, es su capacidad de autocomprensión. Sócrates fue categórico cuando propuso el principio gnoseológico de "conócete a ti mismo", como un primer axioma de la sabiduría, y estaba siendo de manera implícita, profundamente hermenéutico. Aludía a la búsqueda interior como el camino que permitiría al ser humano encontrarse con el saber vivir. Aunque no lo expresa tácitamente, deja entrever, que en esa incursión interior terminaría llevando al ser humano a su autocomprensión y a la comprensión de los demás, como antecedentes necesarios para vivir bien. San Agustín, posteriormente propone a la introspección como la metodología para profundizar en uno mismo, para encontrarse con Dios y con los demás. Esto posibilita que uno se comprenda mejor y que comprenda mejor a los demás y a Dios. Así se hace alusión a reconocimiento platónico y a la existencia de arquetipos hiperuránicos que subyacen al quehacer humano en lo general. Por todo ello, el investigador hermenéutico debe contar antes que nada, consigo mismo para interpretar y comprender a los demás.

El rol complejo del inter-prete hermenéutico se centra en su carácter de mediador, al igual que Hermes. Para que dicho rol se cumpla cabal y adecuadamente es necesario que redimensione su función de traducción textual, intertextual, contextual, intercontextual, interpersonal, interdisciplinaria e intercultural. Esto exige a su vez de apertura ante todo tipo de códigos y lenguajes, desde los más profundos (arquetípicos) que subyacen a la energía, la materia, la vida, la consciencia (y a la consciencia colectiva), la sociedad, la mente la cultura y la ciencia. Son pan de cada día la sensibilidad fina, el quehacer versátil, la discusión multi-referencial, la lógica metalingüística y la plasticidad de criterios de significancia.

Pone todas sus facultades en juego para lograr acceder a la interpretación amplia y profunda del texto en todas sus versiones. Hace uso de la empiria, la reflexión, el análisis, la síntesis, la inducción, la deducción, la empatía, la intuición, la percepción. Sabe meditar profundamente. Puede producir procesos de inspiración, hasta acceder a estados de éxtasis. Está habilitado para asumir procesos interpretativos de casos, de muestras y de universos. Puede bogar en tópicos sencillamente complejos y complejamente sencillos y complejamente complejos. Se destacan dos de sus virtudes: la selectividad y la versatilidad.

Su dimensión holística puede desplegarse a lo largo de un contínnum cronotópico (Einstein) y de complejidad-conciencia (Tailard de Chardin) y saltar de una dimensión a otra sin disiparse ontológicamente. Es capaz de saltar de la religión a la matemática o del mito a las ciencias naturales, de los arquetipos valorales a los convencionalismos morales, del símbolo al significado y del significado al sentido, sin tener que desmoronarse indefinidamente. Se atreve a sumergirse en la inconsciencia freudiana, la conciencia colectiva jungiana y la conciencia ontológica nietzsciano-eranosiana-cuántica, con el temor natural a perderse en lo epistemológico, pero con la seguridad axiomática de encontrarse, finalmente en lo ontológico.

En fin, es capaz de asumir un bagaje existencial incluyente y complejo de facultades y habilidades que le permitan confrontar holísticamente una muy compleja realidad sujeta a un complejo proceso de cambio dialéctico en las dimensiones ontológica, axiológica, epistemológica, téorica y metodológica. Y en lo educativo, tiene que confrontar además, lo político-ideológico, lo cultural-símbólico, lo sociológico-humanista, la facilitación formativo-pedagógica que exige el desarrollo armónico e integral del individuo en el contexto de la aldea global, todo en pro de la supervivencia del ser humano en la evolución cósmico-espiritual.

Así como la realidad y el sujeto cognoscente son altamente complejos, también el método de trabajo tendrá que serlo. Las tradicionales formas de conocer son insuficientes en sí y de por sí. Depender de los sentidos o la experiencia (empirismo), de la razón o el intelecto (racionalismo), de alguna combinación simultánea (realismo) o la dialéctica entre ellos (realismo crítico), de la empatía y la intuición (intuicionismo), de la praxis (dialéctica crítica) o la fe y la iluminación (fideísmo); es de una u otra forma parcializadora.

Un método de trabajo con posibilidades reales de abordar la realidad en toda su complejidad, necesariamente tiene que se inclusivo; es decir, todos los métodos, técnicas, instrumentos y procedimientos deben de sumarse a un constructo metodológico versátil, múltiple, estratégico, horizóntico y necesariamente dialéctico, donde lo contradictorio sea el punto de partida. Hay que aplicar los sentidos convencionales y los no diferenciados, la consciencia psicológica y todas sus facultades (razón, memoria y el intelecto), la inconsciencia (sensibilidad, empatía, intuición y percepción), la congruencia arquetípica entre el comportamiento humano y las leyes de las categorías universales, la introspección ontológica, la inspiración, la iluminación y el éxtasis.

En este universo de posibilidades, lo característico de la Hermenéutica son los Arquetipos. Para incursionar en este asunto, habrá que recordar, que los arquetipos son formas innatas de percepción e intuición que determinan nuestra manera de captar el mundo y que están más allá de lo personal, de lo social y de lo paradigmático de las comunidades de científicos. Como los arquetipos son inconscientes, solo pueden ser inferidos a partir de imágenes arquetípicas que afloran a la consciencia de los individuos, los colectivos, las culturas y la propia especie humana.

Los arquetipos son estructuras primigenias, óntico-existencial-histórico-cultural-simbólicas, de carácter prediferenciado, atemático, holístico y subyacentes a todos los esquemas paradigmáticos de una etapa de evolución cósmica, biológica, social y/o cultural. Esto implica que todas las contradicciones emergidas de un proceso de diferenciación, se explican al interior de un paradigma a partir de ciertos procesos; pero sólo se pueden comprender horizónticamente si a esos criterios se les embona en otros de mayor rango y de carácter arquetípico, los cuales necesariamente tendrían que ser metaparadigmáticos. La Arqueotipología da razón del cronotopo, donde el ser y sus atributos se manifiestan en forma de existencia, historia, cultura y simbología. Esto significa que los arquetipos son un nudo que es necesario desnudar hermenéuticamente para acceder a los significados y al sentido óntico-existencial-histórico-cultural-simbólico de una experiencia, un hecho, un evento o una realidad virtual (Chopra, 2006).

Por lo tanto un arquetipo puede constituirse metodológicamente como un nudo uni-equi-plurivocista y multifuncional donde éste puede jugar los más diversos roles en el proceso de la confrontación con la realidad y la recogida de datos. Así un arquetipo es: fin ulterior, método, estrategia, procedimiento, técnica, instrumento y criterio de validez y confiabilidad. Es fin ulterior, en cuanto propósito que se debe buscar por sí mismo, por su valor epistemológico en términos de conocimiento, explicación (Erklären), significado, comprensión (Verstehen), sentido íntimo (inmanencia) o cósmico (trascendencia). Un arquetipo, a la manera de Hermes, une lo humano con lo divino; lo efímero con lo eterno; lo evolutivo con lo inmutable; lo óntico, con lo existencial; lo histórico, con lo cultural; y lo simbólico con lo lingüístico.

Un arquetipo es hacia lo ontológico, proceso de asunción del ser único, eterno, inmutable e indiferenciado; pero también es hcia lo evolutivo, proceso de subsunción del proceso de diferenciación en términos de tiempo, lugar y forma. Finalmente el arquetipo, también es dialéctica entre lo que, según Hegel, es el absoluto en cuanto unidad, eterna e inmutable y las entidades, únicas, eternas y diferenciadas que han resultado del proceso de evolución.

Un arquetipo es método, es decir camino, para realizar las interpretaciones desde la perspectiva del autor, del lector o de ambos. El arquetipo, en cuanto método, es rumbo para la búsqueda de significados y de sentido en los vaivenes dialécticos que se dan en los cruces de las dimensiones óntico-existencial-histórico-cultural-simbólicas. Por lo mismo, el arquetipo es procedimiento, ya que permite construir una secuencia de acciones continuas, no sin rupturas, oscilaciones, saltos o retrocesos, para acceder a los significados de los textos con diferentes profundidades interpretativas.

El arquetipo es estrategia, porque permite dar seguimiento a una búsqueda permanente, de signos, significados, sentido y comprensión, realizando acciones con efectos, estratificados, esto es, a corto, mediano y largo plazo. Por ello, el arquetipo es también proceso, pero a la manera del contínnum más inusitado, porque suele tener rupturas innegables, saltos mágicos, iluminaciones repentinas, revelaciones milagrosas y vacíos insondables. Por ello, siempre será posible reconstruir futurista o retrospectivamente el complejo entramado de la interpretación.

El arquetipo es técnica e instrumento ya que permite acceder a los elementos (datos, signos y símbolos, texto) y a los criterios (reglas y convencionalismos de codificación y decodificación) que posibilitan la traducción, interpretación y con ello, el descubrimiento de los significados.

Finalmente el arquetipo es el nudo donde lo ontológico se entrecruza con lo axiológico, con lo epistemológico, y esto, con lo sociológico, psicológico, pedagógico y, todo lo natural (biológico, físico y químico). Por ello, interpretar, en este sentido, implica desnudar el arquetipo, de modo que se vuelva inteligible el entramado que hay entre todos estos ámbitos en que la existencia humana se da. Por lo tanto, un arquetipo es signo, símbolo y código de la espiritualidad humana, de los significados y sentido de la vida social y lenguaje de la naturaleza. Por ello, el arquetipo es el código común entre lo espiritual, lo social y lo natural.

Algunos arquetipos de lo espiritual pueden ser las prodigiosas intuiciones de: el Topus Uranos y el Andrógino de Platón; la eternidad, el ser profundo, el absoluto, la perfección, lo sublime, la inmensidad, el éxtasis, la contemplación, lo infinitamente grande y lo infinitamente profundo; a esta dimensión corresponden los estados de conciencias donde se percibe que el ser personal se diluye en la inmensidad o que lo infinitamente grande se vierte en la finitud de un ente y que paradójicamente cabe. Es el nirvana, la aniquilación de las limitaciones personales, para irrumpir en el absoluto. Es sentirse uno con el universo. Es la maravillosa paradoja de la inmanencia tomista, de sentir la inmensidad dentro de los límites de un ente limitado y no obstante autoidentificarse como alguien diferente. Es la capacidad de un ente individual, para sentirse único, diferenciado, finito, temporal e irrepetible y, no obstante tener la apertura para que el absoluto se actualice en lo finito y temporal de dicho ente, sin que se pierda el sentido de la id-enti-dad (trascendencia).

Algunas experiencias que dan razón de estos arquetipos pueden ser: las visiones internas de luz, ya sea que emane, que fluya o que se reciba. Los viajes astrales, los recuerdos de experiencias de vidas pasadas, las premoniciones o viajes al futuro, no son fantasías ni alucionaciones, sino auténticas experiencias arquetípicas que dan razón de la dimensión espiritual. La iluminación de la que hablan muchos grupos de iniciación, es otra experiencia que nos permite acercarnos a los significados y al sentido de la espiritualidad del ser humano y todo cuanto le rodea.

Arquetipos del ámbito social, pueden ser todos los subyacimientos de lo que hablan los antropólogos, los sociólogos, los psicólogos. Entre los mejor sustentados están: la ideología (Marx), la cultura (de los antropólogos), el interaccionismo simbólico (Mead y Schütz), la psicolingüística (Chomsky), la psicogenética (Piaget), la libido y el subconsciente de Freud, la matriz social, el inconsciente colectivo de Jung, la instrospección de San Agustín, el re-conocimiento platónico, la pre-comprensión hermenéutica, la precognición constructivista; la intuición, la empatía y la percepción extrasensorial; todos los fenómenos parapsicológicos, como la telepatía, la clarividencia, la teleaudiencia, la telequinesis, la taumaturgia.

Actualmente los físicos cuánticos (Bailey, 2005) sostienen los postulados de la superposición de experiencias de vida, el enredo y la inexistencia del tiempo y el espacio para los electrones que trabajan en pareja, como hallazgos que bien podrían fundamentar todos los subyacimientos de la vida social.

Algunas experiencias relacionadas con estos arquetipos pueden ser: la empatía entre dos personas, entre una persona y un grupo social, entre dos grupos sociales; esa capacidad de co-operar, de co-ubicar, de com-prender, de com-uni-car, de co-existir, de co-habitar, de com-placer, de con-sensar. Todas estas experiencias encuentran en el andrógino de Platón, en las parejas de electrones, en la mayéutica socráctica, en el criticismo kantiano, en la dialogicidad Freiriana y en la con-vivencia, sendas manifestaciones de las leyes fundamentales de la materia y la energía. Otras tantas experiencias que van en el mismo sentido, son aquellas que tienen que ver con intuiciones, percepciones, premoniciones, corazonadas, psicosis colectivas, terapias de grupo, sanaciones, grupos de oración, rituales de iluminación y cualquier otra actividad social que despliegue energía por encima de lo lógico y lo metodológico.

Mención especial exige, la relación íntima, como generadora de manifestaciones arquetípicas de todo género. Un acto íntimo es profundamente arquetípico; puede ir desde lo instintivo y banal, hasta lo genético, lo psicológico, lo social, lo natural y lo espiritual. Puede lograr que una conjugación cromosómica se optimice; que dos personas se fortalezcan profundamente; puede posibilitar la emergencia de otra categoría ontológica, como puede ser el nosotros de quienes se aman; y puede que al fundirse dos cuerpos, también se fundan dos almas y con ello, encuentren la iluminación y su fusión con el absoluto, como lo postula el tantra yoga.

Los arquetipos en el ámbito de lo natural, son prácticamente todos los descubrimientos científicos en todas las ciencias naturales. Pero hay algunos que son prodigiosos: el esfero de Parménides, es una clara alusión a la esfera esclideana, al átomo de Demócrito y al cuerpo primigénio del Big Bang, si es que existió uno. El relativismo protagoriano es una clara alusión al proceso cósmico de diferenciación producido a partir del estallamento ontológico heraclitiano y la irrupción de los efectos del Big Bang. El átomo de Demócrito, es una réplica del esfero de Parménides. Las secciones cónicas de Apolonio, describen orbitales del tipo s, p, d y f tanto para la traslación de los planetas como para la compleja trasación de los eslectrónes en torno al núcleo. La gran intuición del Topus Uranus de Platón, influido quizá, por el Vedanta Hindú (Chopra, 2006), es toda una perspectiva de evolución cósmica que habrá de revisarse.

Son fascinantes los descubrimientos de Copérnico, Keppler, Galileo y Newton. Son un reto a la fe y a la racionalidad del ser humano la Ley de Conservación de la Materia y la Energía de Lavoisier, el modelo atómico de Rutherford-Bohr, la naturaleza cinética del electrón de Heisemberg, Schroedinger y Jordan-Dirac y la Teoría de la Relatividad de Einstein. Las Geometrías no Euclideanas, en especial la de Riemann, con las dimensiones múltiples han dejado atónitos a todos los que se han interesado en la temática. Y en la actualidad, la mitología y la memoria ontológica del Círculo de Eranos, la Antimateria del CERN y la conciencia de las células y la protoconciencia de los electrones, que cambian su comportamiento al ser observados, de Bailey y sus colaboradores.

Algunas experiencias en relación a este tipo de arquetipos pueden ser: la noción de que nada se va o llega mágicamente, sino que todo cambia de forma. La esfera, con todo y que es un cuerpo con múltiples caras y muy complejo, no nos resulta extraño y de alguna manera nos es familiar. El principio de que todo fluye, a pesar de la rutina, es innegable. el hecho de que, de pronto, estemos hechos bolas, de alguna manera podría ser la traducción de lo que somos en el fondo: el choque de estrellas frías de neutrones que originan un vórtice de infinitas posiblidades donde las esencias, las existencial y las inteligencias del hombre y la mujer se conjuguen para alcanzar una comprensión holística del mundo y la naturaleza humana. A veces vamos, sin rumbo; después de ir y venir, nos dedicamos a darle vueltas a las cosas; el verbo recordar lo usamos más de lo que habíamos sospechado; con frecuencia alguien afirma que ya estuvo en ese lugar o que ya conocía a ciertas personas, que habitan un lugar que jamás se había visitado. En todas las culturas, los cadáveres de los muertos, tratan de conservarse en un lugar (cementerio), en una experiencia (ritual) o en un proceso (ascensión o descenso). Muchos quieren que su cuerpo se queme (fuego) y que sus cenizas se dispersen por el aire, otros por el agua, otros por la tierra; pero todos desean que prevalezcan en alguno de los cuatro elementos esenciales según Empédocles, teoría que sostuvo firmemente Aristóteles.

Finalmente un arquetipo es la gran oportunidad de vislumbrar lo que en términos de vivencia fenomenológica husserliana, somos en el fondo, más allá de de lo ideológico, lo cultural y lo existencial. El arquetipo hace posible la descripción neutra, porque puede ir más allá de lo ideológico y, permite llegar a las esencias de las vivencias, porque es capaz de profundizar hasta lo ontológico. Por ello la Fenomenología Hermenéutica es todo un prodigio, porque traduce, interpreta, significa y encuentra el sentido de las esencias de las vivencias más profundas, ya que dan razón de lo que los sujetos son en términos entitivos y ontológicos.

Con todo y que los arquetipos, en cuanto subyacimietos de toda cotidianeidad, marcan a todo acontecer humano, suelen pasar desapercibidos, debido a que el ser humano nace con ellos, vive con ellos y muere casi sin haberse enterado que lo acompañaron a lo largo de toda la vida. Así que la mayor parte de los seres humanos solo pueden dar razón de lo que la cotidianeidad es a través de los sentidos, de la empiria y en el mejor de los casos, del sentido común. Es decir, hay una especie de deslumbramiento sensorial, lo que oscurece, de alguna manera, los otros conocimientos que la realidad evoca, cuando se cierran los ojos, último sentido que se activa, y se escucha al oído, primer sentido que se activa y último que se pierde antes de morir; pero en ciertos momentos, hay que despojarse también de los sonidos, para entrar en la percepción intersensorial, para pasar después a la percepción transensorial y holística. Pero todavía más, hay ciertas intuiciones y empatías con la realidad en las que el inconsciente colectivo, la conciencia cuántica, la memoria ontológica y el propio re-conocimiento platónico se manifiestan. En todo este quehacer, el arquetipo, en cuanto constructo óntico-existencial-histórico-cultural-simbólico, es el gran proceso-instrumento-procedimiento para la recogida de datos.

De esta consideración se deriva otra: que la explicación (Erklaren), comprensión (Verstehen) y transformación (Praxis) requieran sólo parte del potencial de los arquetipos. En este caso, habrá que discernir qué nivel de profundidad de los arquetipos requiere cada investigación. Si el rango de la investigación es instrumental, quizá no sea necesario que los arquetipos se consideren. Si se trata de acceder a los significados y ya existe la necesidad de considerar algunos subyacimientos, habrá que habilitarse para sumergirse en algún nivel arquetípico. Si se pretende evidenciar el sentido profundo de la cotidianeidad del ser humano, habrá que habilitarse amplia y profundamente en la identificación, descripción y comprensión horizóntica de los arquetipos que subyacen a los comportamientos que se pretende interpretar.

Para los efectos del presente documento, los arquetipos son constructos óntico-existencial-histórico-cultural-simbólicos que tienen menor o mayor aplicación, dependiendo, de sus problemas/objetos de estudio y los objetivos de investigación. Así que a los criterios de suficiencia, preponderancia y pertinencia de contenidos y, congruencia y claridad en la forma, hay que agregar idoneidad de los arquetipos. De modo que cuanto más profunda sea la interpretación, cuanto más se hunda en la comprensión horizóntica del sentido, más profundo será el rastreo de los arquetipos y más sutiles tendrán que ser los métodos, técnicas e instrumentos.

La otra cuestión que hay que considerar, es la proyección epistemológica que cada investigación tiene. Hay estudios que parten de lo instrumental y que pretendan incursionar en el mundo de los significados y del sentido profundo y los hay que pretendan una comprensión profunda, para derivar implicaciones también profundas y de carácter pragmático e instrumental. En ambos casos, los arquetipos son un comodín en el que hay que hacer los ajustes, para que la investigación incida en lo que el investigador quiere o necesita.

Se puede afirmar, que la humanidad en lo general y los estudiantes en particular, tienen sus intenciones, sus métodos, sus instrumentos, la forma de concebir y enfocar los asuntos de estudio, la forma de asumir los saberes previos, la terminología y el propio discurso, insetos mayoritariamente dentro del campo de la precomprensión. No obstante si se tiene el rumbo claro para avanzar, los diversos procesos de una interpretación hermenéutica se van construyendo paulatinamente.

Así, la observación (introspectiva, objetiva, subjetiva, intersubjetiva o participante) será técnica hermenéutica siempre que se trate de ver profunda y meticulosamente.

Como los códigos pueden ser arquetípicos, inconscientes, convencionales o metalingüísticos, la interpretación en lo general y la traducción, la significación, la comprensión y la toma de sentido en lo particular son alcances epistemológicos hermenéuticos.

En este proceso todas las técnicas e instrumentos deben estar disponibles: el ensayo-error, la experimentación, los cuasiexperimentos; el planteamiento de hipótesis y establecimiento de supuestos hipotéticos; la comprobación (para el propio investigador), la demostración (para los demás); la medición de variables e indicadores; la traducción de categorías y subcategorías cualitativas a valores de la cualidad cantidad, las escalas estimativas; las listas de cotejo, las guías de observación, la encuesta, el cuestionario, la entrevista, la prueba; los test de todo tipo, incluyendo los proyectivos; las fichas de registro, el diario de campo.

Queda muy claro, que para poder acceder al conocimiento-comprensión-significado-sentido de una realidad compleja, se requiere de un intérprete capaz de desplegar todas sus facultades a lo largo y ancho de un horizonte existencial tan complejo como la realidad, y trabajo de campo operado a través de una instrumentación epistemológica universal, donde toda forma, proceso, técnica, instrumento, procedimiento de conocimiento-comprensión humana, tenga cabida.

Mientras los arquetipos dan razón de estapas prediferenciadas de la evolución, los filones o filias (León, 2001), dan razón de las etapas básicas de diferenciación, en términos de especie o raza, en cuanto categorías filogenéticas. Así pues, los arquetipos y las filias marcan un parteaguas convencional, donde por un lado se trata de comprender el sentido óntico, inmanente e indiferenciado y por otro el significado entitivo, trascendente y diferenciado. Arquetipos y filias será pues un eslabón evolutivo privilegiado en cualquier investigación hermanéutica, pero de manera especial en ésta.

Para cerrar este subapartado es necesario precisar que los arquetipos en cuanto horizonte- óntico-evolutivo se ubica entre los horizontes del Absoluto hegeliano y los filones de especies y razas diferenciadas. Por lo mismo, se explicita que en tanto que el horizonte de fusión-diferenciación arquetipo-filia está más al alcance de la empiria y la razón; el horizonte absoluto-arquetipo está más al alcance de la intuición, la percepción, la introspección, la conciencia celular y la memoria ontológica.

3.6 CRITERIOS METODOLÓGICOS

La hermenéutica como paradigma investigativo, tiene muchos apartados en común con otras formas de hacer investigación; pero también tiene algunos criterios que le son propios y que se insertan primordialmente en la metodología de trabajo. Entre ellos están los que se presentan en la siguiente figura y que posteriormente se describen.

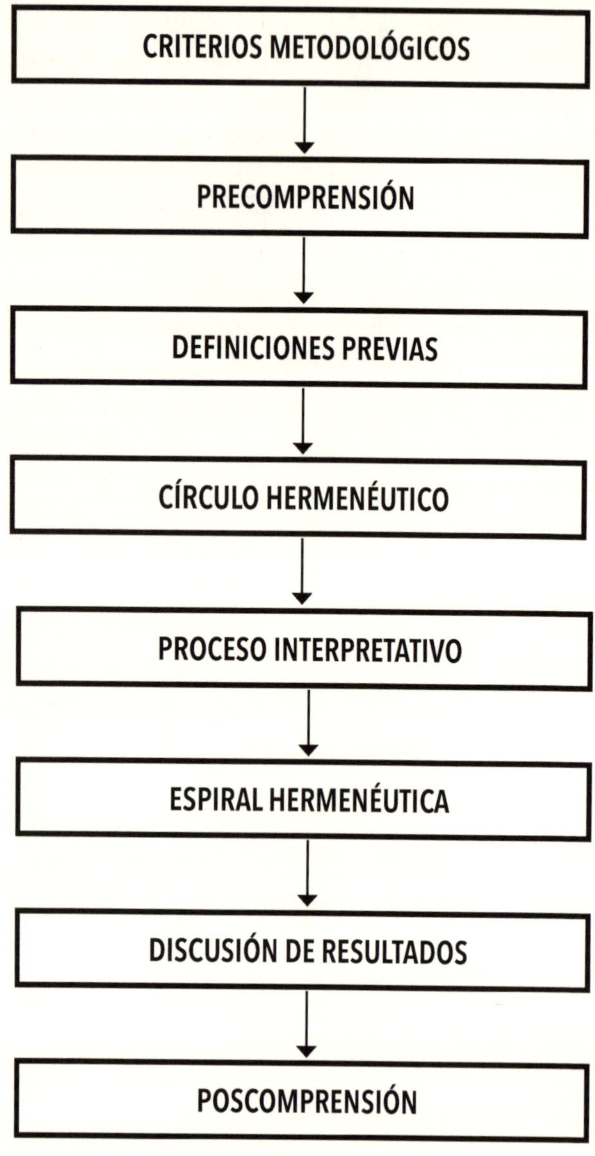

Figura 14. Criterios metodológicos de la Hermenéutica
Fuente: Elaboración propia

1.-Precomprensión

Es obvio que para que la precomprensión se suscite, debe haber antes una preautocomprensión y un ámbito objetual problemático, que haya desatado una serie de inquietudes por explorar, indagar, delucidar, describir, significar, interpretar y comprender, a fin de poder construir algún proceso interpretativo. Generalmente empieza por vislumbrarse en campo problemático o ámbito abjetual, en caso de la hermenéutica éste tiene que ver necesariamente con algún texto cuya interpretación implica algún tipo de problema.

Una vez que el investigador se visualiza frente al campo problemático, intérprete y texto se asumen como polos nodales, a partir de los cuales se desarrolla una dialéctica comprensiva, que hace posible la precomprensión. Hay discusiones respecto a los elementos o componentes que entran en juego en ella. Hay quienes (Scheleiermacher) plantean una precomprensión inmediata, a partir de la empatía y la intuición que se dan por la afinidad y sin que medie empiria o razón. Hay quienes incluyen arquetipos hiperuránicos (Platón) o del Inconsciente Colectivo (Jung).

Hay quienes consideran precogniciones ideológicas como las estructuras socieconómicas. Hay quienes incluyen los saberes previos (Heidegger, en Ortiz, 1998). Hay quienes incluyen dentro de la precomprensión la percepción, el insight, el presentimiento, la premonición, las corazonadas, los instintos, los impulsos las ideas repentinas, conjeturas, la memoria ontológica (Eranos, en Ortiz, 1998) o la conciencia cuántica (Bailey, 2005).

Dependiendo del texto de interpretación y de las pre-tensiones del intérprete, la precomprensión puede ser más o menos profunda; pero lo que sí se deja asentado, es que la precomprensión debe conceptualizarse flexible y abierta, hasta el momento en que el estudio se cierre, debido a la asunción de la apertura epistemológica de la Hermenéutica.

Al igual que se discute lo que la precomprensión incluye, también se discute si es instantánea o se da como un proceso. Quienes la consideran instantánea e inmediata, plantean que se da a partir de empatías, intuiciones, corazonadas, *insight*, instintos, iluminaciones, percepciones extrasensoriales, presentimientos, premoniciones e inspiraciones súbitas. Quienes la consideran como un proceso, admiten otros elementos como creencias, prejuicios, costumbres, tradiciones, mitos, saberes previos, prácticas artesanales, técnicas indagatorias, experiencia, intencionalidades, sospechas, miedos; esquemas ideológicos, arquetipos del inconsciente colectivo, genéticos, evolutivos de la energía, la materia y la vida o hiperuránicos.

Como resultados de la precomprensión se tiene: el nudo focal del campo problemático, un sentido co-implicado del nudo y dicho campo, una problematización en término de preguntas iniciales y un listado de pre-tensiones. La identificación del nudo focal consiste en atender la sospecha de cuál componente del campo problemático es el centro, origen o punto crítico o texto por interpretar.

El sentido co-implicado sugiere orientación, paradigma, enfoque, método de trabajo, posibles hallazgos y nivel interpretativo del texto, en el proceso global de la investigación. Las preguntas iniciales incluyen cuestionamientos en relación al propio sujeto investigador, el texto a interpretar, el autor y el método de trabajo. Las pre-tensiones constituyen puntos críticos del nudo focal y el campo problemático que después de convierten en objetivos, propósitos, categorías o indicadores.

Epistemológicamente, la precomprensión dota al investigador de una serie de datos diversos, de una pre-estructura, una dialéctica y criterios orientadores de la actividad interpretativa en lo general. Cada dato de la precomprensión se va fundiendo paulatinamente con los resultados de la comprensión comparativa, la cual realiza un recorrido histórico dialéctico de los significados culturales hasta llegar a posibilitar el despliegue del horizonte óntico-existencial-histórico-cultural-simbólico del texto y de su autor, para fundirlo con el del intérprete. Una vez iniciada la precomprensión, se empieza a explicitar la secuencia que ha de seguirse en la investigación desde la elaboración del proyecto hasta la configuración de una propuesta emergida de los hallazgos del proceso interpretativo. Hay un apartado de consideraciones y decisiones previas al proceso formal. Todas ellas tienen qué ver con lo que se menciona en el siguiente punto.

2.-Definiciones Previas

Como ya se ha mencionado, la Hermenéutica tiene como propósito central, la interpretación de textos. De modo que la primera consideración será justamente el decidir el texto o tipo de textos que se han de interpretar. Como se ha podido advertir a lo largo de las reflexiones hechas a partir de la breve historia de la hermenéutica, el texto tiene un concepto restringido y uno ampliado. Tradicionalmente se ha entendido por texto un escrito convencional consignado en un documento en el cual se ha usado un lenguaje articulado fonético y/o ideográfico. Con esta connotación se puede asumir como texto, cualquier libro, documento o escrito, en su sentido estricto. Pero en la connotación ampliada se puede considerar como texto a cualquier manifestación cultural que contenga un mensaje, sin importar el signo o el código empleado.

De modo que se puede hablar de un texto convencional (libro), instintivo (inconsciente), uno hablado (Oral), reproductivo (memorizado), habitual (costumbres), uno actuado (Teatro), representado (Artes plásticas, arquitectura, ruinas), vivido (vivencias en el sentido de Husserl), ritualizado (mítico), inédito (lo que el autor no dice deliberadamente u olvida decir), reprimido (callado por coacción), implicado (lo arquetípico y atemático de un texto), dionisíaco (música y danza), oculto (magia, el vudú, brujería), metafísico (Ontológico y/o teológico). De modo que, como lo señala Cassirer, la realidad ontologica de una vivencia no es otra cosa que aquello que ha logrado concretarse en forma de símbolos o lenguajes. La esencia, la existencia y la vida son un texto multifásico que hay que interpretar y la hermenéutica es el enfoque idóneo.

Una vez tomada la decisión de en qué textos se va a interpretar la vida y la existencia, se requiere abordar el asunto del énfasis investigativo. Este puede ser objetivista, subjetivista o intersubjetivista. Es objetivista, si la interpretación va a estar centrada en el mensaje que el autor quiso emitir, ni más ni menos. Esto quiere decir, que hay que contextualizar el texto en su contexto, para asumir el significado justo que el autor le quiso dar a cada término, a cada enunciado, a cada apartado y a todo el texto en lo general. Por ningún motivo hay que especular si el autor o si el texto tiene recovecos ocultos, insinuaciones, implicaciones o supuestos.

El trabajo interpretativo debe llevar exactamente al mensaje que se quiso dar y nada más. Claro que el mensaje se puede valorar (inter-praetium) en por lo menos tres niveles: El empírico o literal, que es reproduccionista, porque duplica el mensaje en sus propios términos; ideal o semántico, donde se elaboran las paráfrasis, porque el mensaje del autor, se traduce según las palabras del intérprete, pero respetando lo más fielmente posible, las ideas y conceptos del autor; liminal o del sentido, donde la interpretación se da en términos artístico metafóricos, donde las ideas se ilustran con imágenes; pero siempre buscando ser fiel a lo que el autor propone.

En énfasis puede ser subjetivista. En este caso, desde la traducción hasta la interpretación son más libres y el lector está en posibilidades de usar sus propios términos, sus significados y sus imágenes metafóricas. Es decir, en vez de contextualizar al texto en el contexto del autor, se contextualiza en el contexto del intérprete, aunque dicha interpretación tiene un proceso dialéctico de autor a lector, ésta siempre está centrada en el lector. Aquí también se puede realizar la interpretación en tres niveles: sintagmático con terminología literal y reproducción de ideas; el paradigmático con significados y conceptos centrado en el lector, e ideológico, centrado en los mitos, prejuicios e imágenes culturales del interprete.

En el énfasis intersubjetivista, se trabaja a partir de comparaciones entre los términos, significados, conceptos, constructors y procesos de autor y lector; pero siempre buscando algún equilibrio entre lo que el uno quiso decir y lo que el otro está comprendiendo. Los niveles son los mismos; el asunto es armonizar el trabajo interpretativo a partir de la refundición de los principios y postulados de uno con los del otro, pero siempre en el mismo nivel de análisis.

Resuelto el asunto del énfasis, continúa por hacer una consideración epistemológica sumamente importante. Del énfasis objetivista hasta el subjetivista, se despliega un horizonte de posibilidades, cuyos extremos son dogmáticos: la objetividad absoluta vs la subjetividad y el relativismo totales. Es importante que se subraye que los dogmas cierran el camino cuando el quehacer de los investigadores se orienta "En la búsqueda permanente de la verdad" (Postulado Popperiano). Esto implica que la univocidad, en cuanto que "...la verdad es única, eterna y inmutable" (según Parménides) y la equivocidad en cuanto que "el hombre es la medida de todas las cosas" (según Protágoras) y que la realidad fluye hacia formas nuevas y diferenciadas (según Heráclito)), son dos posturas dogmáticas en sus extremos y que se sugiere asumirlas moderadamente. En lo posible habría que moverse en el contínuum del horizonte de la equivocidad aristotélica en busca de una postura más equilibrada.

Para ello, además de mantenerse al margen de posturas dogmáticas, hay que superar la lógica aristotélica de visualizar parceladamente la realidad y la forma de acceder a ella. Ver al mundo en sus versiones física o metafísica se ha llevado hasta sus últimas consecuencias. Por ejemplo, ver la versión física del mundo, parcelado en fenómenos físicos, que no alteran las naturaleza íntima de la materia; químicos, los que sí alteran la naturaleza sustancial de la materia; biológicos, los fenómenos físicos y químicos que se dan en los organismos vivos; psíquicos, los fenómenos que se dan en la mente humana; los sociales, los que se dan en las interrelaciones que se suscitan entre los seres humanos. Otro tanto se puede decir de la versión de la metafísica y sus disciplinas. Esta forma parcelada de ver la realidad, por una parte, ha permitido el avance de las ciencias particulares; pero por otra, ha bloqueado el desarrollo de la visión global, compleja, holística y comprensiva del universo.

En la actualidad este reto debe concebirse y realizarse en términos muy concretos: superar las posturas excluyentes vengan de donde vengan. En términos de corrientes hay que revisar las propuestas del neopositivismo y los simpatizantes del Círculo de Viena, los logros mediadores de Popper, las posturas cualitativas y simpatizantes de la Escuela de Frankfurt, pero además darse la oportunidad de acercarse a las visiones óntico-epistemológicas del Círculo de Eranos, los del CERN y los de Bailey, sobretodo en aquellos postulados que buscan trascender posturas antitéticas tradicionales. De hecho uno de los hermeneutas más connotados de México y el mundo, Mauricio Beuchot (2002) ha propuesto la plurivocidad, como postura intermedia entre la univocidad y la equivocidad; la intersubjetividad, como mediadora entre la objetividad y la subjetividad; la analogía, entre la identidad y la diversidad; el dualismo, entre lo ideal y lo material; la interpretación, entre el empirismo y el racionalismo; el humanismo entre el teísmo y el ateísmo y, entre el elitismo y el socialismo.

La búsqueda de la armonía y el equilibrio no es precisamente sencilla ya que nuestro bagaje existencial juega un papel sumamente importante, y esto tiene qué ver con la historia de vida del investigador. El ambiente en el que se crece, la preparación profesional, la actividad laboral, la cotidianeidad, la cultura e ideología de la sociedad espacio-temporal en la que se dan las vivencias cotidianas, marcan al investigador óntico-existencial-histórico-cultural y epistemológicamente. Pero a estos factores hay que equilibrarlos a partir de visiones holísticas previas de carácter arquetípico. Todas las personas, en todas las culturas y en todos los tiempos han hechos sus formas de vida sobre subyacimientos arquetípicos, los cuales generalmente se asumen y viven acríticamente y de manera inconsciente.

El trabajo investigativo, según los eranosianos, debe orientarse deliberadamente a desentrañar los arquetipos sobre los que se concreta una totalidad de hechos cotidianos. Uno de esos arquetipos es el lenguaje, por ello, la hermenéutica está llamada a ser el horizonte óntico-existencial-histórico-cultural-simbólico que permita desentrañar el sentido profundo y la percepción comprensiva de la realidad, por encima de parcelas y contradicciones espacio-temporales.

Pero no basta con tratar de asumir una postura tendiente al equilibrio, sino que además de profundizar en lo atemático en búsqueda de arquetipos; hay que contextualizarlos para interpretarlos y comprenderlos y después recontextualizarlos para transformar al intérprete y al contexto donde éste se mueve. Además, este esfuerzo no puede circunscribirse a una actividad intrapersonal y totalmente subjetiva y relativista; sino que debe trabajar en procesos de interpretación intersubjetiva, que desemboquen en el despliegue de horizontes óntico-existencial-histórico-cultural-simbólicos, de los sujetos implicados en el proceso interpretativo. De entre las muchas actividades que pueden disparar procesos interpretativos plurivocistas debe de considerar los elementos de triangulación: empirista-racionalista y fenomenológica-hermenéutica, todo inserto en un marco multidisciplinario de discusión. Con este postulado, quedan marginadas las investigaciones personales y se argumenta la enorme importancia de los equipos de investigación, de los abordajes inter, multi y transdisciplinarios de los campos problemáticos, la intrumentación horizóntica que incluya una diversidad tan amplia de datos como las intenciones de la investigación lo requieran, de las metodologías colegiadas de interpretación de resultados y las coautorías de producciones documentales. Estos prerrequisitos garantizan un abordaje plausible del círculo hermenútico.

3.-Círculo Hermenéutico

La precomprensión aporta un pre-horizonte óntico-existencial-histórico-cultural-simbólico del ámbito objetual y del presunto nudo problemático del texto que se pretende interpretar. Éste a su vez, proporciona una primera traducción del texto en cuestión, en término de significados iniciales, una pre-fusión comprensiva de los pre-horizontes del intérprete y del autor y, una previa toma de sentido del texto en el contexto donde se construyó. Con esta información, se toman una serie de decisiones y de definiciones como las anteriormente mencionadas: tipos de textos de interés, énfasis de la investigación, profundidad de dicho énfasis, tendencia epistemológica (univocidad, equivocidad, plurivocidad), temáticas del marco de discusión y espectro atemático del mismo y, carácter de su entramado (intra, inter, multi, o transdisciplinario), línea hermenéutica (semiótica, semántica o pragmática). Con el bagaje de la precomprensión y todas estas decisiones tomadas, se puede emprender la tarea de trabajar en la comprensión comparativa, intersubjetivista y plurivocista.

Schleiermacher, teólogo alemán del siglo XIX; conceptualiza a la comprensión comparativa como un proceso interpretativo empírico, racional, consciente, intencionado y metódico. En relación a la comprensión adivinatoria o precomprensión, sustentada básicamente en elementos, atemáticos, atípicos, arquetípicos y filogenéticos, la comprensión comparativa tratará de cuestiones temáticas, típicas, diferenciadas, contradictorias, lógicas, racionales, conscientes y explícitas, que más que a pre-tensiones, tratan de responder a intencionalidades claramente establecidas. Y aunque no se plantea como una comprensión unilateral, sino que esta realizando correlaciones múltiples entre los indicios de la precomprensión, con los datos de la comprensión comparativa, hay que señalar que el círculo hermenéutico esta dado sobre procesos rigurosos, críticos, lógicos y racionales. Es decir, se retoman nuevamente los elementos de la precomprensión y se van empatando con los nuevos datos de la comprensión comparativa; pero ahora minuciosamente entretejidos de acuerdo a criterios de racionalidad.

La comprensión comparativa abre un abanico temático, donde se sistematizan conocimientos y datos observables, de la más diversa índole; pero invariblemente, todos avalados firmemente por algún criterio interpretativo riguroso ya establecido. Así, se hace acopio de conocimientos "objetivos", percepciones subjetivas sustentadas, apreciaciones intersubjetivas, traducciones lingüísticas, reglas gramaticales, comprensiones intertextuales históricas e intercontextuales, significados ideológico-culturales y sentidos óntico-arquetípicos. Todo ésto, con el propósito de hacer una traducción, de un código lingüístico a otro. Es preciso advertir, que dicha traducción debe hacerse incluso intratextualmente.

Desde la perspectiva de Heidegger, Herder, Hulmbolt y Cassirer (Ortiz, 1998) y de la indexicalidad etnometodologica de Garfinkel (Ritzer, 2001), cada término tiene en cada momento una sola denotación y por lo tanto un solo significado, una comprensión horizóntica y un solo sentido. Esta forma de ver las expresiones, avala lo que ya expresaba Heráclito: "Nadie se baña dos veces en un mismo río". Es decir, que cada palabra es la concreción específica y diferenciada de una entidad ontológica única e irrepetible. Por lo tanto esta forma de concebir la realidad es básicamente connotativa, ya que una misma palabra se refiere a un contínuum de significados diferenciados infinitesimalmente. Por lo mismo, la denotación es instantánea, ya que cada palabra solo podrá indicar una realidad efímera que no puede ser denotada nunca más. Por todo ello, la traducción es necesaria, aunque hay que decir, que desde esta perspectiva, tanto la codificación, como la decodificación, la significación, la comprensión y la toma de sentido, está dados más en criterios eventuales que en términos lingüísticos convencionales.

Si bien, cada vivencia, expresión, símbolo y sus categorías interpretativas, se dan en un tiempo, en un lugar y en una cultura, cada esencia de cada ente se actualiza a cada momento; de lo contrario dejaría de ser un ente nouménico, para convertirse en un haz de circunstancias fenoménicas (Kant, en Gutiérrez, 2006). Si el ser tiene los atributos de omnipresencia y eternidad, las categorías espacio-temporales son meras circunstancias y por lo tanto un ser es, materia, energía, arquetipo, ente filogenético, forma, idea, objeto, símbolo, subjetividad, intersubjetividad, un haz nouménico y fenoménico simultánea e incluyentemente. Sin la actualización del absoluto en cada ente individual, a lo largo de largo de la evolución cósmica (Hegel, en Guetiérrez, 2006), el ser-humano carecería de sentido.

De modo que un texto deja de ser una simple expresión lingüística para pasar a ser una concreación, compleja, diferenciada, específica mediante la cual, el ser absoluto se actualiza. Así, un hecho, una vivencia, un diálogo, una expresión son eventos instantáneos, con categorías interpretativas únicas y con un sentido ontológico irrepetible. Una expresión, no sólo es lo que se dice denotativamente, sino que incluye todo aquello que no se dice. Una melodía no es una secuencia simultánea y armónica de sonidos; sino que ontológicamente también es una sinfonía simultánea y armónica de silencios.

A este flujo ontológico de eventos es al que se enfoca el estudio consciente y deliberado del Círculo Hermenéutico. A él es al que se dirige todo el proceso que incluye el horizonte metodológico, la instrumentación del trabajo de campo y la interpretación de los resultados. La hermenéutica, más que ningún otro enfoque investigativo, asume deliberadamente y conscientemente, el resultado de las comparaciones súbitas, la asociación libre de ideas, conexiones de datos aparentemente ajenos, la integración lógica o fortuita de datos aislados (Schleiermacher, en Ortiz, 1998).

Aunque también problematiza en términos de reflexión, análisis, argumentación y demostración crítica, no desdeña unos datos a favor de otros, sino que trata de arribar a una refundición de datos que hagan inteligible la interpretación profunda de los textos, cualquiera que sea su naturaleza. Empatar la precomprensión con la comprensión comparativa requiere de una traducción. Ésta, según Beuchot, puede hacerse de diversas maneras, según el énfasis que se quiera dar a la investigación. Para el énfasis objetivista, de línea hermenéutica semiótica, es muy congruente hacer traducción literal. Para el énfasis subjetivista, de carácter equivocista, la traducción idónea es la metafórica. Y para el énfasis intersubjetivista, con línea hermenéutica semántica, como lo que se ha definido para esta investigación, la traducción recomendable es la parafrástica. Aunque esta sugerencia se sigue básicamente, esto no implica que no se vaya a poder utilizar en cierto momento alguna otra forma de interpretación.

Similarmente, las categorías interpretativas (significado, comprensión y sentido) deben ubicarse, en lo connotativo (considerando fundamentalmente los significados del autor y del intérprete), antes que en lo denotativo (asumiendo sólo el significado del autor) y en lo polisémico (considerando todos los significados diferenciados de un contexto), dejando abierta la posibilidad para aplicar una u otras, cuando sea necesario. Por lo tanto, la comprensión comparativa es básicamente constructista, porque se va tejiendo a partir de la conjugación dialógica con los significados, la comprensión y el sentido de autor e intérprete y, la arquetípica desde la precomprensión.

El proceso interpretativo tiene tres etapas: la contextualización del texto, su descontextualización y la recontextualización de las categorías interpretativas del mismo. Es decir, un término o expresión, tiene que contextualizarse en el tiempo, el lugar y la cultura en el que se codificó, para encontrar los elementos fenoménicos y arquetípicos en que se suscitó. Sólo de esta manera se puede aspirar a hacer una decodificación mínima necesaria para establecer un significado, una comprensión horizóntica y un sentido óntico-existencial-histórico-cultural-simbólico. Y es justamente el o los elementos arquetípicos los que fungen como cimiento subyacente, a toda la cadena de connotaciones diferenciadas infinitesimalmente (espaciales, temporales y culturales) de significado, comprensión y sentido de un término, que concreta y actualiza lo atemático del sentido ontológico del ser omnipresente y omniabarcante.

Una vez que se ha realizado la interpretación en la etapa de la contextualización, hay que proceder a la descontextualización.

Para ello, hay que proceder a despojar, en términos fenomenológicos, a la consciencia de los aprendizajes previos, poniéndolos, como recomendara Hussel, entre paréntesis. Al mismo tiempo, hacer una reduacción eidética, para desprender de la vivencia todo lo contingente y circunstancial. Después sacar de ese contexto, lo esencial del texto, a fin de tratar de aplicarlo a un nuevo contexto.

De hecho, las contextualizaciones y descontextualizaciones son más comunes de lo que se pudiera pensar. Cada vez que el significado de una expresión cambia o tiene una variación, se puede decir que el significado contextual se depura y se actualiza, solo para recontextualizarse en el siguiente instante y aplicarse nuevamente la construcción de un nuevo significado intersubjetivo. Y aquí hay toda una gama de posibilidades de cambio, variación o metafóricamente hablando, hasta mutación del significado de la expresión.

Así que tanto la descontextualización como la recontextualización pueden tener diferentes niveles de profundidad. Pueden ir desde una variación de un tiempo a otro muy cercano, o de un contexto a otro avecindado; pero también podría ser necesaria la transferencia, innovación o definitivamente la creación de un nuevo término, con un significado, comprensión o sentido inusitado. De hecho la Sociología Fenomenológica (Schütz, en Ritzer, 2003) y el Interaccionismo simbólico (Mead, en Ritzer, 2003) hablan de tipificaciones, recetas y del ingrediente biográfico del conocimiento, como formas en que un significado se descontextualiza y se recontextualiza. Los frankfuntianos hablan de la negociación de los significados, como un proceso dialéctico lingüístico (Ritzer, 2003).

Los estructuralistas hablan de esquemas de significados que se asumen inconscientemente y que subyacen al lenguaje como una forma de concreción cotidiana. Es importante que se considere el postulado de la superposición de la

Física Cuántica (Bailey, 2005) y del fenómeno de la realidad virtual múltiple sucitado a partir de la Función de Onda Bose-Einstein, según la cual, esta se colapsa en una realidad concreta, a partir de lo que el observador, mide, capta, percibe, intuye, piensa, imagina, fantasea según su historia de vida y la perspectiva que tiene de la misma. De modo que la realidad virtual se colapsa en forma de realidad vivencial de acuerdo a la capacidad de observar, pensar y expresar lingüísticamente lo que el ser humano es óntico-existencial-histórico-cultural-simbólicamente. De esta urdimbre de significados y de sentido se desprende un proceso interpretativo en el que si visualizan tres niveles indagatorios: el literal-objetivo-reproductivo, parafrástico-subjetivo-significativo, el interpretativo-intersubjetivo-de sentido y el crítico-reconstructivo-aplicativo.

4.-Proceso Interpretativo

La comprensión comparativa requiere de un proceso metodológico, para la interpretación del texto en cuestión. Este proceso interpretativo, propio de la comprensión comparativa del círculo hermenéutico se da metodológicamente mediante una secuencia que incluye: una pregunta, una respuesta, un juicio, una argumentación y una virtud interpretativa. En general ninguna pregunta de investigación es cualquier pregunta. Hasta vale aquí la reflexión de si cada pregunta es cualquier pregunta. Todas las preguntas profundas son un reto, están llenas de asombro y con profundo deseo de comprender a pesar de que algunas se hagan con desgano. Pero las preguntas que se hacen una y otra vez, sin que sean respondidas, corren el riesgo de asumirse como preguntas para las cuales no hay respuesta porque no se sepa, o porque son preguntas que nadie quiere contestar, porque sean tabúes o porque la cultura en que se suscitan, también se asumen como irrelevantes o preguntas que se hacen por mera curiosidad, pero que no tienen por qué responderse.

Hay que esclarecer, que toda pregunta llena de asombro, en realidad es una pregunta de indagación, porque buscar comprender. Toda pregunta que una persona hace, por primera vez, es una pregunta interpretativa; pero sino se contesta, termina por ser cualquier pregunta. Ser cualquier pregunta consiste en hacerse mecánica, acrítica y sin asombro, y por supuesto, sin esperar respuesta interpretativa. Es una pregunta acostumbrada, para la cual hay también una respuesta acostumbrada e intrascendente.

No hay preguntas triviales, hay trivialidad en la forma de hacerla, escucharla o contestarla. Por lo tanto, hacer preguntas interpretativas, es plantearlas con tal vehemencia, profundidad y asombro, como si esta cuestión se hiciera por primera vez, con toda la avidez por comprender. Una pregunta interpretativa es a la que Galileo se refería, cuando expresaba, que no se debe hacer insulsamente, en espera de que la naturaleza o en este caso, el texto, dé una respuesta cualquiera; sino que se debe hacer como lo hace un juez, que exige una respuesta y que ésta sea la genuina, la verdadera o al menos una que sea debatible en términos reales.

Una pregunta interpretativa es aquella, que se hace por primera vez y a la que subyace toda la inquietud y el conflicto cognitivo de quien quiere comprender; pero también, lo es aquella vieja pregunta que nadie ha osado contestar por ser atrevida, inusual e impertinente en la cotidianeidad cultural, y que se vuelve a replantear con toda la frescura e interés de la primera vez.

Una pregunta interpretativa puede ser cualquier pregunta a condición de que se le despoje de toda la displicencia costumbrista y el desdeño cultural por contestarla con la respuesta acostumbrada. Una respuesta interpretativa es aquella, a la cual, se le pondera etnometodológicamente, por cada término en que se plantea, por la amplitud y profundidad del silencio que hay entre palabra y palabra, por el matiz único e irrepetible del tono con que se expresa, por toda la carga de motivación que se vierte en la expresión concomitante del cuerpo que la acompaña y con toda convicción epistemológica de llegar al significado, comprensión o sentido profundo, filogenético, arquetípico o atemático.

En una pregunta interpretativa no sólo son importantes el qué, el para qué y el cómo; también es importantísimo el quién. Una pregunta sustancial puede hacerla cualquier persona si la hace de manera desacostumbrada. Una pregunta irrelevante que se ha escuchado muchas veces en términos variados, con diversas intenciones y por todo tipo de personas, indudablemente que mediante un profundo análisis, permite llegar a los cimientos inconscientes, arquetípicos y atemáticos que le subyacen; pero carece de la frescura de la vivencia fenomenológica de Husserl y por lo tanto su capacidad de respuesta y actualización ontológica se agota en lo cotidiano inconsciente y rutinario.

Pero si la pregunta la realiza una persona con la que hay una profunda empatía, la pregunta cala con su vehemencia, asombro, exigencia y avidez, las capas óntico-exitencial-histórico-culturales-simbólicas, para incrustarse en los niveles filogenético, arquetípico, atemático u ontológico profundo. Por otra parte, también una pregunta interpretativa suele emergen del investigador mismo. En otras ocasiones una pregunta interpretativa surge de la naturaleza, la sociedad o una persona con quienes haya una profunda empatía. El caso es que cuando de trata de una pregunta interpretativa, esta remueve los sedimentos existenciales más profundos, al grado que lo rutinario y cotidiano parece pasar desapercibido.

A esa pregunta interpretativa le siguen otras muchas igualmente interesantes, asombrosas, inquietantes, profundas y reveladoras de infinidad de indicios, vacíos, rupturas, o emergencias óntico-existencial-histórico-cultural-simbólicas. A este tipo de preguntas es a las que se refería Einstein, cuando afirmó que el avance de la ciencia se debe más a las preguntas geniales que han hecho los hombres audaces, que a las respuestas obtenidas. Igualmente, en los círculos de investigación se suele escuchar que un problema de investigación claramente enunciado, es la mitad de la investigación (Bunge,1990). En fin, en todos estos casos, una pregunta interpretativa, requiere de una respuesta interpretativa.

Una respuesta interpretativa, puede tener tantas variantes como la pregunta. Una misma pregunta puede hecerse de infinidad de formas distintas y únicas en sentido estricto. A esto se le puede denominar muy adecuadamente en hermenéutica, el horizonte óntico-existecial-histórico-cultural-simólico de una pregunta. A cada forma diferenciada individual o culturalmente de hacer dicha pregunta, se puede contestar con otro horizonte óntico-existencial-histórico-cultural-simbólico de respuesta. Un mismo individuo puede dar infinidad de respuestas consecutivas y diferenciadas infinitesimalmente, que van cambiando con su devenir existencial. Culturalmente las respuestas también varían de un individuo a otro, del grupo social a otro y, en cada instante existencial de cada uno de ellos.

Una pregunta interpretativa exige de una respuesta interpretativa y ésta está dada por datos sustanciales y categóricos igualmente asombrosos, reveladores, llenos de significados, con conexiones explicativas múltiples y masivas, con comprensiones horizónticas profusas, y sentidos que embonan tan amplia como profundamente, que apenas hay palabras para expresarse. Aunque la pregunta exige una respuesta categórica, rotunda y determinante, en realidad la respuesta total, está dada por todo el espectro de posibles respuestas emergidas del grupo social o la época cultural. Es decir, una respuesta no debe tasarse escuetamente a partir de los términos, los silencios, el tono, la expresión corporal que una persona proporcione; deben considerarse como parte de esa respuesta, lo que no se dijo incidental o deliberadamente por parte del sujeto investigado y lo que se dijo o dejó de decirse, óntico-existencial-histórco-cultural y simbólicamente.

A una respuesta interpretativa le corresponde a continuación un juicio interpretaivo.

El juicio interpretativo que se realiza al resultado de una indagación o a la interpretación de algún texto en cualquiera de sus versiones, es de carácter contextual. Es decir, la primera valoración que hay que hacerle a un texto, es intratextual y es la que se fundamenta en el horizonte óntico-existencial-histórico-cultural-simbólico en el cual se explicita, desde la perspectiva del intérprete. Ahí es donde los significados, la comprensión y el sentido del texto, encuentran su plenitud interpretativa, en cuanto manifestación en la que se actualiza la totalidad del ser. La valoración podrá tener diversos referentes no excluyentes, sino como elementos complementarios de la valoración total. El primer referente es necesariamente, el propio devenir del sujeto o del autor investigado. Este devenir tiene tendencia, secuencia, dirección, ritmo, intensidad, variación, codificación, terminología, lingüicidad, significado, comprensión horizóntica y sentido. Así pues, la primera valoración se realiza a partir de sus propios procesos.

En un segundo momento, hay que hacer también una valoración intercontextual, ya que el intérprete trata de comprender el contexto en que se explicita el texto, desde el referente de su propio contexto. Ahora hay que valorar las categorías interpretativas de un contexto con las mismas categorías, pero desde otro contexto. Con esa misma lógica, se hace otra valoración del horizonte óntico-histórico-cultural del texto y su autor, desde el horizonte óntico-histórico-cultural del intérprete. Aquí, finalmente se hace una valoración integrada de los cambios, giros, avances, retrocesos, reproducciones, innovaciones, creaciones de nuevos matices en los significados, en la autocomprensión de los propios procesos por parte del autor y la toma de sentido de cada diferenciación infinitesimal y sus cambios concomitantes y simultáneos en el intérprete. Pera ello no hay que olvidar que el significado es un atributo semántico de un término, el sintagma da razón de la relación que hay entre el segnificado de dicha palabra y los significados de las otras palabras con que tiene relación inmediata y, el sentido se refiere a la forma en que el significado de un término embona en la totalidad de un texto.

La argumentación, es el siguiente momento del proceso interpretativo. En tanto que el juicio conlleva un acto de valoración, que generalmente se da en-por-y-para el propio intérprete, la argumentación es para mostrar a otros los resultados de la misma interpretación. En este apartado es donde se centra la descontextualización, ya que se trata de trascender lo temático y diferenciado, lo histórico y cultural, para mostrar a los demás, lo que está más allá de sus propios contextos, historias y culturas; ésto es, lo filogenético, arquetípico e indiferenciado.

Es un proceso muy parecido a la reducción eidética de la Fenomenología de Husserl, porque se trata de despojar de lo meramente circunstancial a las esencias de las vivencias, para concetrarse en la actualización del ser por encima de tiempos, espacios y culturas. Metafóricamente, la descontextualización de los resultados de la interpretación de un texto, es despojar a la esencia del texto de los elementos específicos y diferenciados del contexto, para concentrarse en la comprensión del mismo, más allá de lo circunstancial. La Fenomenología hegeliana, es justamente la descripción del retorno de los entes al no-lugar, al no-tiempo, a la no-energía y a la no-materia que implica su fusión con el absoluto. Este proceso es precisamente lo contrario a la diferenciación cronotópica. Es lo equivalente a la refundición de una especificidad al ser total y a su verdad, la que contiene todas las verdades equívocas y la verdad unívoca inmanente y trascendente a la vez.

Finalmente, está la virtud interpretativa, en la cual se da la recontextualización. Es virtud, en cuanto trata de traducirse en una acción equilibrada entre los extremos contradictorios propios de la diferenciación de otro tiempo, otro lugar y otra cultura, de la cual se refundió para después difundirse específicamente de nuevo. Se ideologiza, se acultura, se historifica, se significa, se inserta en un horizonte de entes diferenciados, donde nuevamente a la cotidianeidad y lo rutinario, le subyacen lo filogenético, lo arquetípico y la totalidad del ser. No se pierda de vista que los significados son subsumidos por la comprensión horizóntica de los esquemas filogenéticos, éstos a su vez se refunden en los arquetipos y lo indiferenciado, donde los significados y la comprensión cobran su pleno sentido. Al momento de que la virtud interpretativa se da, se da también el proceso contrario: del sentido pleno se desglosa la comprensión horizóntica, para que ésta a su vez, pueda especificarse en significados únicos e irrepetibles dentro de un contexto óntico-existencial-histórico-cultural-simbólico.

Como se puede apreciar, la interpretación de un texto, es circular, por lo menos en dos modos. El primero, según Schleiermacher, por la circularidad del proceso que conjuga la precomprensión o comprensión adivinatoria a la comprensión comparativa, racional, intencionada, rigurosa de carácter analógico e intersubjetivo. El segundo, según Beuchot, por la circularidad del proceso de comprensión a través de la contextualización, descontextualización y recontextualización. Y más específicamente: los momentos de la pregunta, la respuesta, el juicio, la argumentación y la virtud interpretativa que se acaban de analizar.

5.-Espiral Hermenéutica

La espiral hermenéutica se orienta más a describir la forma en que los eventos se re-funden en el tiempo y en el espacio en esquemas filogenéticos, arquetipos y ontológicos y viceversa. Un texto con significados dados en un instante, son el resultado eventual de una serie de tendencias que se despliegan a lo largo del tiempo y del espacio, hasta con-fundirse en lo filogenético, lo arquetípico y lo ontológico. De modo que la Espiral Hermenéutica rastrea la forma en que un evento se va diferenciado infinitesimalmente en relación a sí mismo y en relación a su contexto que deviene. Mientras que el Círculo Hermenéutico trata de cerrar el proceso interpretativo a fin de arribar a la virtud interpretativa, es decir, aplicar recontextuamente resultados prácticos, la espiral se orienta más a la descontextualización y recontextualización de las esencias y a la comprensión de un sentido cada vez más trascendente del texto.

A diferencia del Círculo que tiende a clausurarse, la Espiral Hermenéutica, tiende a desplegarse, de modo que frente a cada pregunta interpretativa que se contesta, siempre hay una nueva pregunta, un nuevo juicio, un nuevo argumento y una nueva virtud que ensayar. La Espiral Hermenéutica se despliega a lo largo del espacio, el tiempo y la cultura, para describir, significar y comprender el sentido total de la forma en que las circunstancias se entretejen para posibilitar la diferenciación infinitesimal de los textos.

Esto permite a su vez, caracterizar el proceso mediante el cual, lo circunstancial se con-funde, para integrarse en lo filogenético, arquetípico y ontológico. Una vez contextualizada una interpretación y haber arribado a significados y a la comprensión en alguno de sus niveles contextuales, la espiral, se suele abrir hacia la descontextualización, en busca del sentido ontológico profundo, donde se pretende acceder a la comprensión de todas las comprensiones y al sentido absoluto de todos los sentidos.

La Espiral Hermenéutica es una ventana al infinito, es muy similar a la metáfora de la madriguera del conejo de Bailey (2005), donde se puede indagar tan profundamente como se quiera. Es decir, volviendo a Hegel, habrá que decir que el absoluto continúa en constante evolución y que en este contexto, cualquier texto, puede tener interpretaciones diferenciadas en tiempo, espacio, autor, intérprete en una trayectoria dialéctica infinita.

La Espiral Hermenéutica es todo un reto a la inteligibilidad del ser humano, ya que detrás de una interpretación, en cuanto acercamiento a una verdad, hay otra interpretación de mayor profundidad que obviamente se acerque más a la verdad en el sentido más profundo. Esto implica que ninguna experiencia de algún ser humano podrá agotar jamás el sentido profundo del absoluto; no obstante, ese absoluto se actualiza en ciertas vivencias (inmanencia), de modo que el ser humano tiene acceso a indicios del absoluto, pero no a su totalidad, porque eso, literalmente, destruiría su id-enti-dad (o sentido de trascendencia).

En la Espiral Hermenéutica, autor, texto y lector, entran en un vórtice de cambios vertiginosos donde el autor se convierte en texto e intérprete y donde el intérprete se convierte en texto y autor. En dicha vorágine autor, texto e intérprete se vuelven uno, para después explotar y hacerse añícos, sólo para volver a reestructurarse con un sentido diferente y cada vez más profudo. Es la disolución de un ente en el absoluto (éxtasis) o la inversión del absoluto en la id-enti-dad de un sujeto (iluminación).

Claro que esto no puede comprobarse o refutarse cabalmente, ya que una parte, jamás puede explicar a la totalidad, aunque la totalidad se actualice en todas y cada una de sus partes en cada vivencia trascendental. Y de una vez es necesario plantear que el Método Científico, según el canon de las Ciencia naturales y/o las Sociales, no tiene porque aspirar a hurgar en ámbitos que están más alla del espacio, el tiempo, la materia y la energía. Por lo tanto, mantenerse "En la búsqueda permanente de la verdad", implica aprender a sostener una actitud de prudencia epistemológica y por tanto, sujetar los resultados de cualquier investigación a una discusión de resultados.

6.-Discusión de Resultados

Mientras el Círculo Hermenéutico se orienta hacia la interpretación del texto en cuestión y la Espiral se despliega en busca del sentido absoluto, es necesario volver sobre el autor y el intérprete, pero ahora en cuantos sujetos capaces de autocomprenderse. No basta con que los protagonistas hermenéuticos interactúen intertextual e intercontextualmente, contextualizando, descontextualizando y recontextualizando significados, comprensiones y sentidos. Es necesario que sean capaces de autocomprender sus propios procesos. Para tal efecto, cada uno, puede explicitar de manera propositiva y activa, cuando sea posible, la autocomprensión de sus propios procesos y de los resultados de su autointerpretación. No hay que olvidar el postulado de Kant, que se refiere a la imposibilidad de que un observador pueda acceder al conocimiento y por lo tanto, a la comprensión del nóumeno de su autor. Obviamente, aquí hay que aceptar el postulado de Shopenhauer (Océano: 2002), que propone que el único ente capaz de acceder a la compresión de cada una de las dimensiones de su nóumeno y a cada uno de los recovecos de su fenómeno, es el propio autor. De modo que el informante clave privilegiado en la hermenéutica siempre es el propio autor.

La discutida proposición de Scheleiermacher, de que el intérprete se sumerja y aclimate a la esencia del autor, que metafóricamente se acerca a la cotidiana expresión de "ponerse en los zapatos del otro", plantea serios problemas epistemológicos. Sin que esto esté resuelto, hay que asumir, que un intérprete, siempre tiene acceso directo a un importante bagaje de información de un texto y su autor, a partir del cual puede entretejer su perspectiva interpretativa; pero siempre quedan dimensiones o rincones exclusivos del texto o del autor, que finalmente, también se pueden interpretar creativamente; pero cuyo contenido, estructura y lógica, solo pueden ser revelados cabalmente por el propio autor, en la medida que autocomprenda sus propios procesos.

La otra cuestión también discutible, es hasta qué punto el ser humano, puede autocomprender la totalidad de sus propios procesos y por lo tanto explicitar conscientemente dichas autointerpretaciones. La mayor parte de los psicólogos y los psicoanalistas en particular, afirman que hay una enorme zona del quehacer humano que cae totalmente en la inconsciencia y que jamás se podría autocomprender cabalmente y por lo tanto, tampoco se podría explicitar. Ontológicamente, cada ente diferenciado, conserva justamente esa cualidad, por contener una esencia y una gama de valores de categorías existenciales en exclusividad de manera única e irrepetible. Si esa exclusividad de un ente pudiera ser develada por otro, dicho ente dejaría de ser él mismo. Solamente Dios, según San Agustín, tiene las capacidades de inmanencia y trascendencia. Inmanencia porque tiene el poder de estar difundido en cuanto ser absoluto, en todos los entes y, trascendencia, porque es diferente a todos y a cada uno.

Solamente Dios, es ominiscente y solamente él lo puede comprender todo y explicitarlo; pero no hay mente humana capaz de concebir tal caudal de conocimientos. Por estas cuestiones, es que en esta investigación, se optó por la intersubjetividad y la plurivocidad. Una vez explicitada la interpretación intersubjetiva surgida de la interacción intérprete y autor, hay que avanzar hacia otro nivel de comprensión de mayor profundidad, donde el autor contraste los resultados de la interpretación intersubjetiva, con la percepción que tiene desde su propia autocomprensión. Esto discutido con el referente de la propia autocomprensión del intérprete. De modo que se está asistiendo a una tetrasubjetividad: la del autor, la del intérprete, la de la autocomprensión del autor y la de la autocomprensión del intérprete. Sin que esto pretenda llegar a la verdad absoluta, se tiene la convicción de que sus resultados tienen un mayor grado validez y confiabilidad, tanto para efectos de descontextualización como para la recontextualización de hallazgos.

Esto significa que el derecho que todo ser humano tiene a dudar de todo conocimiento establecido, según los escépticos, debe ratificarse. La Duda Metódica de Descartes iría en el mismo sentido. Kant con su Crítica a la Razón Pura y su Crítica a la Razón Práctica, generalizó el criticismo, como criterio de validez, confiabilidad y de higiene epistemológica de los procesos de conocer, sin importar paradigma, enfoque, método, tipo de investigación. Durante el Siglo XX, las Grandes Tradiciones Filosófico-epistemológicas tuvieron que asumir el criticismo como criterio obligado de higiene epistemológica. El Realismo Crítico de Roger Bacon, el Racionalismo Crítico de Popper, la Teoría Crítica de la Sociedad de Gadamer y la Escuela de Frankfurt y, la Dialéctica Crítica de Habermas, son testimonios fehacientes del criticismo en todas las connotaciones que dicho criticismo ha tenido en toda investigación científica.

De modo que toda investigación que pretenda pasar las exigencias de sanción de las instancias internacionales ya establecidas y de los criterios generales de exigencias teórico-epistemológicas de toda investigación científica, debe de algún modo abrirse a un marco de discusión de los resultados obtenidos. Es claro que este marco de discusión se debe integrar todos los avances de la ciencia y la tecnología. Las investigaciones del Círculo de Eranos en cuanto a los mitos, las religiones, la parapsicología y su acercamiento a los hallazgos del CERN y del grupo de investigadores de Física Cuántica coordinado por Bailey, son bienvenidos.

Planteamientos como: la célula tiene conciencia, que los electrones cambian su comportamiento al sentirse observados, que hay en todos los átomos y moléculas de nuestro cuerpo una memoria ontológica, que hay una superposición de todo lo que se vive aparentemente diferenciado a lo largo de las dimensiones del tiempo y del espacio, que el comportamiento de los pares de electrones fundamenta los fenómenos parapsicológicos, que nadie está solo y que en la base ontológica fundamental todos somos uno y, que el poder del pensamiento es determinante en la configuración de nuestros cuerpos, nuestras personas, nuestras sociedades y nuestra realidad, son postulados que deben entrar a ese marco de discusión.

Así que hay que asumir el marco de discusión como un criterio de validez y confiabilidad de los hallazgos de todo proceso investigativo. Esto quiere decir, que hay que dar un salto epistemológico de la comprensión basada en el significado intraobjetual a la comprensión holística del sentido profundo de la interpretación progresiva de la espiral hermenéutica.

7.-Poscomprensión

La poscomprensión parece no haberse planteado por hermeneuta alguno anteriormente, por lo menos, no con ese nombre. Aquí, la poscomprensión se refiere al trabajo epistemológico con el cual los significados, comprensiones y sentidos interpretados a lo largo de un proceso hermenéutico, se refunden a toda una percepción holística de un horizonte óntico-existencial-histórico-cultural-simbólico. Es necesario establecer que la poscomprensión no es una sumatoria, sino más bien una re-fundición total de los elementos aportados a lo largo de toda la investigación en sus diferentes momentos (precomprensión, comprensión comparativa, círculo hermenéutico, espiral hermenéutica y discusión de resultados).

Esta etapa final, necesariamente debe permitir al intérprete acceder a la inteligibilidad de la realidad compleja de un texto y con ella a la cosmovisión compleja de su autor, mediante el ejercicio del complejo de facultades del ser humano en cuanto intérprete y a través de la aplicación de un también complejo bagaje metodológico para abordar la compleja realidad del texto. Es decir, finalmente se tiene todo un horizonte teórico-epistemológico, lógico y metodológico, en el que adquiere sentido: la realidad, el autor que la vive, el signo que la codifica, el texto que consigna la percepción de la realidad, el intérprete que decodifica al texto, la confrontación de la subjetividad del autor con la del intérprete desde sus propios contextos, la valoración de la interpretación de esa realidad y la inserción de estos hallazgos en la cosmovisión del intérprete, del autor y de otros sujetos que sean autores e interpretes de textos, intertextos, hipotextos, hipertextos y sus respectivos contextos.

Ya se estableció que el texto, en cuánto expresión simbólica, tiene actualmente un concepto holístico. Cada manifestación ontológica de los arquetipos hiperuránicos platónicos, es simbólica y por lo tanto es un texto. Una experiencia de memoria ontológica de los electrones, una percepción de la conciencia celular, una manifestación del inconsciente colectivo, una manifestación del inconsciente de la libido freudiana, una asociación libre del inconsciente de Thorndike, también son simbólicos, por lo tanto son símbolos de la realidad y por lo tanto son textos que pueden interpretarse.

El contexto es otra forma de expresión simbólica, donde el texto adquiere sentido. La interpretación que Bailey y colaboradores (2005) hacen de la simbología de los contextos, desde la perspectiva de la Física Cuántica, todo un prodigio. La materia prácticamente no existe, los cuerpos no existen y por lo tanto no se tocan, la oscuridad no existe, los colores no existen, la muerte no existe, todos somos básicamente energía y lo que vemos, son fundamentalmente símbolos de diversas manifestaciones de energía. Estos hallazgos de la Física Cuántica empatan profusamente con los postulados de la Sociología Simbólica de Cassirer, la epistemología del Círculo de Eranos, la Fenomenología Social de Schütz y el Interaccionismo Símbólico de Mead de la Escuela de Chicago.

La textualidad y la contextualidad como categorías hermenéuticas, dar lugar a una serie de subcategorías que se han de considerar. Cuando los contenidos o postulados de dos textos se entretejen, emerge el intertexto. Cuando los contextos de dos textos se entretejen, emege el intercontexto. Cuando un texto se impone a otro, surge el hipertexto en cuanto discurso dominante y el hipotexto, en cuanto discurso dominado. Similarmente surgen el hipercontexto y el hipocontexto. La metatextualidad da razón de una visión que va desde la contextualidad, hasta la visión holística de la interrelación entre textos; en tanto y la metacontextualidad, dan razón de la interacción holística de contextos.

De acuerdo a esta plataforma conceptual, se puede establecer que la poscomprensión es la refundición final de autor, texto e intérprete un nuevo horizonte óntico-existencial-histórico-cultural-simbólico, lograda a partir de una vorágine que subsume textos, contextos, hipertextos, hipotextos y metatextos de el autor y el intérprete y sus respectivas subcategorías contextuales. Es decir es una fusión total de los horizontes óntico-existencial-histórico-cultural-simbólicos de los arquetipos de las subcategorías textuales y contextuales del autor y del intérprete. Esto implica que una interpretación no se concluye en el momento en que se desentrañan los significados y el sentido profundo de un texto contextualizado, descontextualizado y recontextualizado; sino cuando este proceso dialéctico, se inscribe en un proceso dialéctico más amplio donde se funden los horizontes óntico-existencial-histórico-cultural-simbólicos del autor y el intérprete. Es decir, se estaría hablando de una fusión total.

Es fundamental subrayar que esta fusión es un constructo que se elabora, siguiendo un proceso dialéctico, lo cual significa que cada cambio exige una vorágine de cambios, intercambios y choques de diferentes formas de energía diferenciada, para arribar a un estado de equilibrio de energía indiferenciada y fundamental, donde todo esta sobrepuesto, donde todo está en todo, donde todo está interconectado y donde el tiempo y el espacio sólo son variables o ¿Ilusiones?

A diferencia de un Marco Teórico convencional, el Marco de Discusión tiene ciertas características que lo identifican y que le dan una propia razón de ser. No es una recopilación de teorías compatibles que se enuncian congruentemente. No es una yuxtaposición de proposiciones, postulados y procesos de diversas teorías. Es un constructo de conceptos, definiciones, principios, postulados, proposiciones, conocimientos, argumentos y leyes que se elabora críticamente para responder a ciertas necesidades de fundamentación, valoración, innovación, interpretación, proyección, aplicación y teorización de un proceso investigativo complejo.

En un Marco de Discusión los postulados, principios y conceptos no simplemente se asumen, sino que se discuten, se replantean y en lo posible se reinterpretan y se recontextualizan. Como se sugiere que se desarrolle en términos de horizonte, no es posible soslayar las contradicciones emergidas del desarrollo diferenciado de las diversas disciplinas;

antes bien, se confrontan dialécticamente y se tratan de trascender, yendo a sus bases filogenéticas o arquetípicas.

El Marco de Discusión corresponde a ese sentido que tiene la hermenéutica de abordar realidades complejas, con el complejo bagaje de facultades humanas, mediante una compleja e incluyente metodología y obviamente un complejo constructo de criterios epistemológicos de aproximación al conocimiento de la realidad y por lo tanto, a la verdad. Si la Hermenéutica está abierta a toda posibilidad de la realidad, del intérprete y de la metodología, no podía estar cerrada a los diversos criterios de acercamiento a la verdad.

Y eso es precisamente el marco de discusión: una puerta abierta a valorar el acercamiento al conocimiento y a la verdad de los hallazgos de una investigación, desde cualquier punto de vista. De modo que el estado natural de un hallazgo hermenéutico, no es el de ser aceptado por más o menos personas o grupos, sino el de mantenerse en la mira de los críticos y en la mesa de discusión de todos los interesados en el tema. Desde esta perspectiva, no es un logro convencer, sino crear dudas, inquietudes, polémica y discusión.

De acuerdo con lo anteriormente dicho, el marco de Discusión cumple con tres funciones básicas en una investigación hermenéutica: provee de una plataforma teórico-epistemológica, para discutir los hallazgos de una investigación; aporta los contenidos para la identificación, definición o conceptualización de categorías y indicadores; con la fundamentación epistemológica permite definir, conceptualizar y diseñar métodos, procesos y estrategias de trabajo de campo; posibilita una selección idónea de técnicas instrumentos y procedimientos, para la recogida de datos; ayuda a elaborar esquemas, organizadores de datos y a establecer una lógica para el análisis e interpretación de resultados; aporta los elementos indispensables para abrir una discusión permanente de la validez de los resultados; proporciona, a la par con la fundamentación epistemológica, las premisas necesarias para la teorización de hallazgos, y postula el constructo teórico-metodológico para la propuesta (Chalmers, 1992).

El gran sentido del marco de discusión, es de carácter epistemológico. Se trata de poner en la mesa de análisis, todo el proceso investigativo; pero en especial, contrastar los resultados de la investigación con las teorías ya establecidas y el plantemiento de nuevas teorías. De modo que un marco de discusión postula un análisis epistemológico-crítico-dialéctico de los resultados de una investigación como un criterio que pretende poner a prueba todo hallazgo y por lo tanto, garantizar un proceso investigativo limpio y una higiene de los hallazgos y sus interpretaciones.

En las investigaciones hermenéuticas, hay mínimamente, tres ámbitos que se han de revisar, ya que definen los niveles de la realidad, en los que hay que trabajar necesariamente, dichos ámbitos son metateóricos, porque están más allá de la teoría misma. Como tales, postulan los criterios con los que se ha de definir, establecer y validar una teoría y sus respectivas aplicaciones. Estos ámbitos son: óntico-existencial, socio-axiológico y gnóseo-apistemológico. El óntico-existencial, porque toda búsqueda se inicia en el ser absoluto, para luego desplegarse en un espectro exitencial cronotópicamente diverso. De ahí se pasa al ámbito socio- axiológico, el cual se concreta en el hacer-pensar-decir-convivir-histórico (Dilthey) y cultural (Antropológico) del ser humano. Finalmente se considera el ámbito gnóseo-epistemológico, en el cual el ser humano en cuanto individuo, grupo, sociedad o civilización establecen formas y criterios para llegar al conocimiento de esa realidad.

Se trata de poner en el escenario todos los elementos, óntico-existenciales y los socio-axiológicos y los criterios gnóseo-epistemológicos que requiera la profundidad de la interpretación hermenéutica que se pretenda hacer. Es decir, se tiene que desplegar el horizonte óntico-existencial-histórico-cultural-simbólico del texto y los contextos del autor, del intérprete y del contexto donde dichos horizontes emergen y se funden.

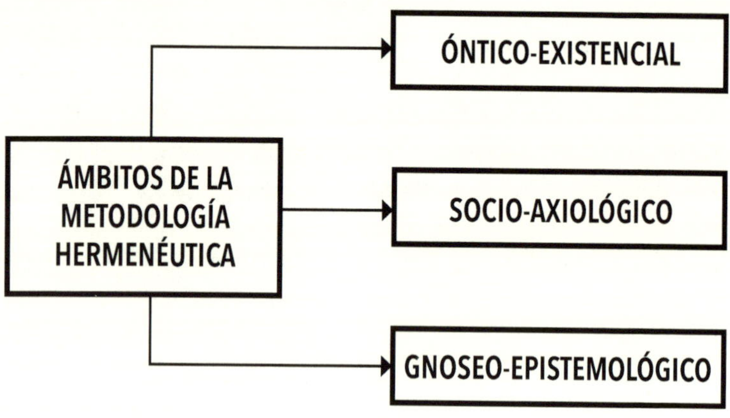

Figura 15. Ámbitos de la Metodología Hermenéutica
Fuente: Elaboración propia

3.7 ÁMBITO ÓNTICO-EXISTENCIAL

La Ontología es la disciplina filosófica que estudia el ser, en cuánto sustancia o esencia de la realidad y los entes que la conforman. Son de su competencia, cuestiones relacionadas con el ser absoluto en cuanto totalidad de todo lo existente. Igualmente se interesa en los entes, en cuánto manifestación específica o concreta que existen en un tiempo, un espacio, una cultura y una simbología. De igual manera se ocupa de la evolución del ser absoluto y los entes concretos y sus intercambios, transcisiones, transformaciones, transmutaciones, translocaciones y transposiciones.

Sólo para puntualizar se recuerda que ha habido a lo largo de la evolución humana diversas respuestas al cuestionamiento de ¿Cuál es la esencia del mundo y de las cosas? Los idealistas dijeron que la esencia de todo era la idea, en donde la idea era sinónimo del ser absoluto, eterno e inmutable (Dios), del cual procedían las esencias también ideales de todas las cosas, las cuales constituían a ese todo absoluto. Para identificar ese todo absoluto, Parménides utilizó la metáfora del Esfero o cuerpo ideal, perfecto, compacto, denso, donde el todo absoluto y los entes que lo conformaban existían indiferenciadamente; donde el espacio, el tiempo y el movimiento no existían.

Por más que esta idea parezca primitiva, en realidad es arquetípica. De hecho la teoría de La Place, del origen del universo, a partir de la gran explosión (Big-Bang) de una Supernova Gigante acaecida hace 15 mil millones de años, hace alusión a un cuerpo perfecto constituído de alguna sustancia homogénea, a la manera del esfero de Parménides, que pudo haber sido alguna forma primigenia de donde se diferenciaron como manifestaciones antitéticas la materia y la energía, a la manera del estallamento ontológico de Heráclito. El esfero-ser-absoluto de Parménides estalló, según Heráclito y de ese entallamiento emergieron el ser (entitivo), el pensar, el decir y el hacer. El ser se disoció, a su vez, en ser-en-sí-para-sí, en ser-con-y-para-los-demás y en ser-con-y-para-el-absolto. El pensar se disoció en reflexionar, analizar, argumentar e imaginar. El decir se disoció en en una mutiplicidad de lenguajes e idiomas. El hacer se disoció en técnica, arte, tecnología y praxis. Por cierto que el sentir, no se tipificó como forma o contenido del ser.

Pareciera que el sentir se incluyó en la disociación ontológica. Weiss (2004) afirma que la forma más sutil de energía que existe, es el amor que lo cubre todo; ésta no puede ser captada por instrumento creado alguno, sólo puede ser captada por la conciencia espiritual del ser humano. De este dicho entallamiento y sus disociaciones surgieron lineas de evolución.

Actualmente se ha confirmado la creencia arquetípica de que provenimos de las estrellas, ya que en realidad todos los elementos químicos que conforman la tierra, los seres vivos y el propio ser humano, fueron configurados por un proceso de fusión nuclear durante los primeros tres minutos después del Big Bang, el Hidrógeno, el Litio y el Helio: después se fueron configurando al interior del colapso de enanas rojas (del Berilio al Oxígeno), de gigantes azules (del oxígeno al platino) y de vórtices espectaculares del choque de dos estrellas frías de neutrones, donde se dieron las condiciones de densidad y temperatura necesarias para que se fusionaran los átomos de hidrógeno hasta constituir los átomos de oro según Carl Sagan.

Pero aún más, toda la energía que se utilizó para el surgimiento y el desarrollo de cada ser vivo, viene del sol y se ha concretado en cada ser vivo, gracias a una prodigiosa sustancia llamada clorofila. Las metáforas de que venimos del cielo o que el sol es nuestro padre y la tierra nuestra madre, son en realidad arquetípicas. Toda materia orgánica se configura con los elementos químicos mínimos de Carbono-Hidrógeno-Oxígeno-Nitrógeno (CHON) que provienen de la madre tierra y se combinan, gracias a la energía solar acumulada en las hojas verdes de las plantas y árboles, virtud la clorofila. Es decir, la tierra pone la materia y el sol pone la energía para que la materia orgánica y por lo tanto, la vida humana, se posibiliten. Así que los potulados de que "venimos de las estrellas" y de que "nuestro padre es el sol y la tierra es nuestra madre", no son metáforas, sino posulados arquetípicos.

Por su parte, la multidimensionalidad del espacio propuesta por Riemann matemático del siglo XIX, dio pie para que más recientemente hubiera científicos que propusieran la tesis de que dicha supernova tenía una multidimensionalidad arquetípica (de diez dimensiones), de la cual se diferenciaron un espacio tridimensional antropológico (largo, ancho, alto), a la medida del ser humano; un espacio heptadimensional a nivel atómico, el cual coincide con las siete orientaciones de los orbitales electrónicos px, py, pz, dxy, dxz, dyz y f (x2-y2), gracias a los cuales un número finito de electrones moviéndose a la velocidad de 250 mil kms/seg, cubren un espacio físico, dándole al átomo un carácter compacto, que desde el punto de vista de la teoría corpuscular de la materia, realmente no tiene más que simbólicamente, porque es más espacio que materia; pero que energéticamente es un ente compacto, denso, homogéneo y eterno (Ley de Lavoisier) muy similar al esfero de Parménides.

Desplegando el horizonte óntico-existencial, pareciera como si el esfero parmenidesiano estallara como lo enunciara Heráclito, permitiera iniciar un proceso cósmico de diferenciación que arribó a una relatividad antropológica, según el postulado Protagoriano de que "El hombre es la medida de todas las cosas", que bien podría parafrasearse como "Cada cabeza es un mundo", para asumir finalmente que el absoluto-ontológico ha encontrado en la dialéctica una forma de perfeccionarse a través de la confrontación con los entes-existenciales, según la dialéctica hegeliana. Toda esta trama de posiciones se despliega paradójicamente en un horizonte de posibilidades subjetivas que se manifiestan en un espectro óntico-existencial-histórico-cultural-simbólico.

Pero vayamos más lejos: El estallamiento ontológico planteado por Heráclito, como un principio primigenio de la evolución, es toda una metáfora arquetípica de la moderna teoría del Big Bang. Si a dicho entallamiento lo combinamos con la propuesta de Anaximandro, quien sostenía que el origen de todo era el ápeiron (lo indeterminado), estaríamos considerando que ese absoluto primigenio no debía ser energía ni materia, formas ontológicas que de alguna manera están determinadas; sino una entidad absoluta tan compacta y densa como la vibración y tan eterna e inmutable como la luz. Así que los átomos serían formas de evolución cósmica que tendrían comportamientos diferenciados en sus componentes con un claro sentido espacial, temporal (y cultural), ya que si los electrónes se sienten observados cambian su comportamiento (Baliley, 2005).

El universo está compuesto de partículas (más de 36 hasta ahora identificadas), de naturaleza diferenciada que se despliega prodigiosamente en el tiempo (evolución) y en el espacio (traslocación). He aquí una razón arquetípica para que la única constante que exista dentro de la Teoría de la Relatividad sea la luz, y de que su velocidad sea una constante universal y obsérvese, la velocidad como una producto determinado, estable, constante, eterno e inmutable, a lo largo del tiempo (que por cierto es variable y se dilata) y del espacio (que es variable y se contrae) según la Teoría de la Relatividad.

Es así donde cobran relevancia las contradicciones de Zenón, discípulo de Parménides y autor de muchas célebres Paradojas, como la de Aquiles y la Tortuga. Según ellas, el tiempo y la distancia y por supuesto, la evolución, no existen. La luz es eterna, no cambia, siempre será la misma a lo largo del tiempo y del espacio y el devenir; éstas son sólo circunstancias, donde la esencia de la energía se manifiesta. Por eso tiene tanto sentido ontológico la luz como constante universal. Parece que Einstein jamás hubiera comprendido al tiempo y al espacio como variables, sin visualizar la luz como constante universal, en los niveles cósmico y atómico. La luz no se disipa, por más que exista y se desplace; está en todas partes, es continua, lo cubre todo, porque el vacío es sólo aparente y las distancias o separaciones entre una manifestación material y otra, realmente no existen. Weiss postula que todo está constituido por una energía fundamental como la luz y la forma más sutil de ésta, es el amor.

A la Ley de Lavoiser habría que ampliarla y en vez de afirmar que "la materia y la energía no se crean ni se destruyen, sólo se transforman", habría que enunciarla como: La materia (determinada) es una forma diferenciada de energía (indeterminada) que se concretó para existir en las dimensiones (variables) del tiempo y del espacio, pero donde la luz (el amor), como sustancia primigenia universal es la constante que lo cubre todo, le da consistencia a toda manifestación material, en el tiempo y en el espacio. La oscuridad no existe, es una ilusión; los colores no existen; las imágenes ópticas no existen; las impresiones de los sentidos tampoco existen. Básicamente todo está constituido por luz y por sus manifestaciones energéticas y materiales que se dan en el tiempo y en el espacio.

Así que el mito de que somos hijos de la luz (en cuanto manifestación ontológica fundamental, perfecta, eterna e inmutable) y que provenimos de un mundo ideal (como el Topus Uranus), después existimos en un mundo de apariencias (de colores y sombras inexistentes) imperfecto (porque es sólo el "reflejo" del verdadero mundo de la luz), perecedero (porque sus formas concretas tienen que morir para poder transformarse en otras), mutable (porque toda manifestación material de la energía cambia con el tiempo y el espacio) es mucho más que eso. Y curiosamente, como seres básicamente conformados de luz, contenemos atemáticamente el conocimiento aquetípico del todo, que es la verdad, única, eterna e inmutable de ese mundo único, eterno e inmutable de luz.

En cuanto seres perecederos, transitorios, mutables, limitados y concretos, sólo se tiene acceso parcial de la verdad absoluta, a la cual cada ser humano se acerca, a través de una intuición empática que metafóricamente se denominó "recordar", pero que en realidad es un proceso más complejo, porque implica una serie de acciones como: la codificación (simbolización), la traducción, la interpretación, la significación, la comprensión, la toma de sentido y la aplicación; es decir hacer una interpretación hermenéutica.

En este punto, la metáfora de Hermes adquiere dimensión y sentido. De modo que se trae atemáticamente todo el conocimiento; pero para volverlo temático, hay que insertarlo en un esquema convencional llamado existencia, historia, cultura, ciencia y método científico, a través de los atributos válidos en la totalidad concreta del mundo imperfecto y simbólicamente material y antropológico. Así que el mundo de la luz (Topus Uranus), es el único verdadero y es eterno e inmutable, para el cual no existe, ni el tiempo ni el espacio. Por lo tanto su conocimiento matemático y holístico es también único, eterno y inmutable, y todos los que existimos como concreciones de ese ser absoluto, somos depositarios de dicho conocimiento, el cual obviamente no es aplicable en términos concretos como tal; sino que también tiene que reconstruirse a partir de una totalidad concreta de formas simbólicas, materiales y antropológicas, inmersas en una evolución que se despliega a través del tiempo y del espacio y mediante los atributos que le dan sentido aparentemente propio a una existencia simbólica y fenomenológica.

El ser humano no podría irrumpir en el universo, si antes no hacía acopio de todos sus saberes. Weiss (2007) establece muy recientemente que la evolución cósmica de cada ser humano y del universo exige de todo tipo de cosmovisiones, cronotópicamente subjetivas, pero también de la percepción transpersonal de la unicidad de la luz, del amor y del espiritu. Se insiste en el postulado inaplazable de la necesidad de trabajar en la Teoría General Unificada. Ese constructo universal de conceptos, signficados y sentidos acerca de la comprensión de la evolución cósmica de cada ente y del absoluto.

La personalidad arquetípica de Hermes alude a la compleja labor de interpretar el significado que tienen las percepciones sensoriales (empíricas), las intuiciones extrasensoriales y empatías extrarracionales, las reflexiones y argumentaciones racionales y la revisión crítica y dialéctica de las construcciones óntico-existencial-histórico-cultural-simbólicas de las sociedades humanas, y la toma de sentido de todo ello en el horizonte atemático y holístico al interior de la evolución de absoluto.

El mito del Andrógino es una metáfora arquetípica, al igual que Adán y Eva y su concreción evolutiva del paramecio. La luz en cuanto absoluto, se fue diferenciando y concretando en formas de materia, con contenidos dialécticos de energía. De modo que su homogeneidad dio paso a la diversificación. De la luz aparecieron formas concretas de energía y de materia. La luz, en cuanto sustancia primigenia tuvo una primera concreción en forma de vibración (energía), densidad (materia), aire (espíritu) y agua (conciencia). Pero además la luz se polarizó en forma de energía positiva (protones) y negativa (electrones) y la dialéctica cósmica se desplegó sobre las leyes básicas de atracción (amor) y repulsión (odio). Esta es la propuesta arquetípica de Empédocles, que fue asumida posteriormente por Aristóteles y que este transformó en multicausalidad (causas: material, formal, eficiente y final). La multiplicidad de causas corresponden además, a los atributos arquetípicos de la divinidad creadora de todo lo existente: omnipotencia (energía), omnipresencia (totalidad), omniscencia (conciencia) y esencia perfecta y pura (espíritu).

Actualmente se sabe que los elementos químicos se formaron al colapsarse en el interior de las estrellas las diferentes partículas subatómicas porque sólo ahí dieron las condiciones de temperatura y presión para que la fusión de átomos de hidrógeno fueran dando origen a los átomos de las diversas sustancias químicas. Pero esto es, en cuanto a los arquetipos que dieron origen a la concreción de las formas materiales. En cuanto a la espiritualidad y la conciencia, al igual que la teoría de la multidimensionalidad debió haberse distribuido como inconciencia (nivel material), preconciencia (animal), conciencia (ser humano) y conciencia cósmica (Absoluto). Otro tanto, aconteció con la dimensión espiritual. De hecho Demócrito planteó a muy temprana hora que a cada átomo material le correspondía un átomo espiritual o ¿No sería alrevés?

Por cierto, el Dr. Masaru Emoto de Japón, ha demostrado que la materia no es ajena a la espiritualidad, antes bien, parecede ser un reflejo de la espiritualidad. Ha hecho interesantes experimentos donde demuestra como los cristales de agua que ha sido expuesta a oraciones, alabanzas, imágenes bellas, expresiones de benevolencia, manifestaciones de amor y algunos otros símbolos positivos, se ordenan en esquemas simétricos, llamativos y bellos; en tanto que los mismos cristales, expuestos a expresiones que denotan maldad, toman formas abigarradas y carentes de sentido (Emoto, 2002).

Ya Pitágoras lo había dicho, cuando habló de la música como una expresión de la armonía de las esferas celestes entre lo cósmico, lo antropológico y lo atómico. Los teosofistas propusieron posterioremente, que la música, tiene dos componentes: el sonido que hace vibrar los tímpanos de los oídos y los silencios que hace vibrar las ondas energético-ontológicas del alma. (Blavatsky, 1975: 25) De ahí que durante la Edad Media, los alquimistas y magos consideraran a la simpatía cósmica como una coordinación arquetípica que permitiera comprender lo micro, lo meso, lo macro y lo megaconcretado. Sin esta similitud, muchos descubrimientos científicos que se dieron a partir de una comprensión iluminativa de sentido, jamás se hubieran tenido sentido.

Algunos ejemplos ilustrativos han sido: el descubrimiento del núcleo atómico por Rutherford, a partir de la intuición del átomo como un microsistema planetario; los estadios del desarrollo de la inteligencia por Piaget, no se hubiera dado, sin los conceptos de desequilibrio, asimilación, acomodación, equilibrio y adaptación, estudiados en una amiba; la saturación del último nivel de energía en un átomo con ocho electrones al combinarse, para formar un compuesto.

Lo establecido por Rydberg no se hubiera dado, sin la consideración del hexaedro, con ocho vértices como el poliedro idóneo, dado un espacio tridimensional; la telefonía inalámbrica no se le hubiera ocurrido a Marconi, sin el concepto arquetípico de telepatía; las proporciones entre la mente conciente e inconciente, no hubieran sido visualizadas tan claramente por Thorndike, sin la metáfora del iceberg; la teoría corpuscular u ondulatoria de la luz, jamás hubieran tenido la nitidez sin la aplicación de las analogías del disparo de un proyectil o de la transmisión de la energía por medio del movimiento ondulatorio del agua en un estanque.

Las órbitas elípticas de los planetas no hubieran sido descubiertas por Keppler y las formas de los REEMPES u orbitales al interior de los niveles de energía de los átomos, sin las secciones cónicas de Apolonio; a Aristóteles jamás se le hubieran ocurrido la clasificación de las ciencias en Físicas y en Metafísicas, ni las categorías universales como únicas, eternas e inmutables, sin el Esfero de Parménides y sin el Entallamiento Ontológico de Heráclito; el mismo Demócrito no hubiera concebido el concepto de átomo sin el precedente del esfero; ni Newton, ni Leibniz hubieran creado el cálculo diferencial e integral, sin las paradojas de Zenón; Einstein, jamás hubiera accedido a la intuición de la luz como constante universal y del espacio, el tiempo y la masa como variables al acercase a la velocidad de la luz, sin el arquetipo de un absoluto, único, eterno e inmutable frente al que otros atributos concebidos como constantes desde otro referente, se comportarían como variables.

La visión antropocéntrica ha sido tradicionalmente el punto de partida para hacer las reflexiones filosóficas acerca de la esencia del mundo, la realidad y el hombre mismo.

Desde esta perspectiva, vale afirmar que la realidad es la que se presenta a nuestro sentido común como existente, y sus características son las mismas que esa presencia nos permite ver. De ahí se deduce que dichos elementos, objetos o cosas de la realidad, son convertidos en símbolos para ser aprehendidos, pensados, conocidos, comprendidos, ya sea asumiendo una actitud pasiva frente a los estímulos de esa realidad (empirismo) y bien, que sean los modelos construidos o heredados de la mente humana (racionalismo), los que se impongan a la concepción, conocimiento o interpretación de dicha realidad. De modo que la realidad es tal cual se presenta al sentido común y el hombre utiliza símbolos para representarla y trabajar en abstracto con ella.

De acuerdo a la postura que aquí se ha asumido, la realidad no es justamente la que se presenta a los sentidos, sino que está constituida por una naturaleza trascendente, que está más allá del sentido común, y de la cual, nosotros mismos somos símbolos, en cuanto concreciones imperfectas, temporales, espaciales, finitas, sujetas a un proceso evolutivo de apariencias; de ello se infiere lo que realmente somos. Todo está dado por un nudo único, eterno, perfecto, inmutable de una forma primigenia de luz (el amor) donde se dan la conciencia y el espíritu.

La metáfora del Topus Uranos de Platón, está lejos de quedar descalificada; antes bien, se ha fortalecido a partir de una serie de descubrimientos científicos y teorías óntico-existencial-histórico-cultural-simbólicas de la sociedad, y de los aportes de metodologías de investigación como la Fenomenología Hermenéutica del Círculo de Eranos (Ortiz, 1998), los hallazgos de la Física Cuántica del CERN y Bailey (2005) y los postulados de la reencarnación de Weiss (2004).

La concepción platónica del ser deja una indeleble estela de aportaciones, de las cuales no logra desprenderse la Filosofía a lo largo de su historia y en ciertos momentos se ha reafirmado. Plotino planteaba el postulado del Uno, como esa entidad primigenia en cuanto principio y fin de toda forma de ser; San Agustín, la retoma con la doctrina de la iluminación que se puede alcanzar a través de la introspección, hasta diluirse en Dios, en cuanto Ser Absoluto. Kant, propone los juicios a priori, como elementos imprescindibles e innatos de todo conocimiento científico. Husserl retoma este principio con lo que llamó las esencias apodícticas, y Heidegger, con la captación de la esencia del ser.

Obviamente el ser no está sujeto a las circunstancias de tiempo, de espacio, de modo y de evolución. Está más allá del status, de la profesión o rol que se desempeña, de las ideas, principios y valores que se asuman, de cualquier rasgo psicológico. Por lo mismo no es accesible por los sentidos, la razón, el análisis, el método científico, sino a través de ciertas manifestaciones íntimas y profundamente espirituales. Algunas de ellas son: la experiencia estética, la comunicación interpersonal profunda de carácter emotivo y empático, la comunicación intrapersonal o encuentro con la totalidad de sí mismo, la experiencia de la intimidad religiosa, el instinto trascendental de la existencia eterna.

3.8 ÁMBITO SOCIO-AXIOLÓGICO

Una vez que se ha planteado el asunto ontológico como fundamento esencial de cualquier tipo de investigación, es necesario calar profundamente en la forma de cimentar la indagación del quehacer típicamente humano y que nos lleva ineludiblemente a la cuestión axiológica. El ser está más allá del tiempo, del espacio, de las circunstancias, de los modos y formas evolutivas. Después de la atemporalidad, ahistoricidad, aespacialidad y permanencia de la esencia, lo más estable y duradero, son los valores. Kant hace una importante distinción en Fenómeno y Nóumeno, donde el primero es la apariencia que es captada por los sentidos y que es susceptible de razonarse y de explicarse y/o comprenderse; mientras que el Nóumeno es la esencia de las personas y las cosas, y que no está al alcance de los sentidos ni de la razón. Por lo tanto él se define como agnóstico; pero propone la posibilidad de hacer ciencia a través de la explicación de los fenómenos.

Más tarde Dilthey señala que la vida (Fenómeno-nóumeno-misterio) sólo se puede explicar por medio de la razón; pero sólo se puede comprender a través del despliegue holístico de todas las facultades del ser humano que bien podría equipararse al horizonte óntico-existencial-histórico-cultural simbólico que se ha venido postulando en esta tesis. Un ser-en-sí (cosa), no se puede conocer en su esencia, según Kant, aunque se podría reconocer arquetípicamente, según Platón; un ser-en-sí-para-sí, sólo se puede conocer a sí mismo por medio de la introspección según San Agustín y Shopenhauer; un ser-para-los-demás, muestra una apertura que permite acceder a su conocimiento, por medio de la concreción óntico-existencial-histórico-cultural en forma de símbolos y su traducción a través de la comunicación y su interpretación según la fenomenología hermenéutica del Círculo de Eranos.

De modo que los valores, en cuánto manifestaciones observables e intuibles, constituyen el ámbito más profundo al cual se puede aspirar a comprender, a través del método científico convencional. Aquí hay un nudo gnóseo-epistemológico qué resolver, ya que hay que ubicar el plano axiológico del ser humano entre lo nouménico y fenoménico de Kant; entre lo hiperuránico de Platón y lo existencial

(Heidegger), lo histórico (Dilthey), lo ideológico-cultural (Gramsci-Gadamer) y lo simbólico (Cassirer).

En fin, los valores en cuanto indicadores de las unidades objetuales de esta investigación, se ubican en el dominio de los horizontes óntico-exitencial-histórico-cultururral-simbólicos de los tesistas, el intérprete y de la institución en que se ubica el nudo focal y el ámbito objetual, motivo de estudio. Es decir, los valores son el ámbito natural de las explicación-comprensión-arquetípicas de las investigaciones hermenéuticas. Su naturaleza óntica posibilita que se arraiguen en la esencia de las unidades objetuales en que se manifiestan. En cuanto expresiones de entes que se diferencian cronotópicamente en una dimensión existencial, los valores se concretan en un texto y en un contexto específico, donde es posible interpretarlos y comprenderlos en diferentes niveles holísticos de sentido.

Dichos valores adquieren significado y/o sentido en contextos histórico-culturales en términos de códigos o esquemas de ponderación, donde se ordenan o categorizar según historias y experiencias de vida personal inmersa en un ámbito socio-histórico-cultural. Los valores en cuanto vivencias, son visibles o intuibles en su significado o su sentido profundo, en forma de imágenes, signos y símbolos, susceptibles de interpretarse y comprenderse.

Interpretar viene del latín inter-praetium, que significa literalmente precio o valor sostenido o compartido entre dos o más sujetos. Esto significa que el interpretar es confrontar escalas de valores (denotación literal, significados y sentidos) a fin de comprender, en términos de fusión de horizontes (Heidegger) un texto. El entramado de términos de una estructura lingüística está jerarquizado. Sus redes semánticas se desprenden directamente de una escala de valores, ya que estos funcionan como un referente para derivar significados de todos y cada uno de los términos de una lengua.

Los valores son entidades que surgen primigeniamente de la esencia misma del ente, en cuanto ser específico; pero su asunción tiene un componente óntico y otro existencial-histórico-cultural-simbólico concretado constructivamente por una cultura histórica y social determinada. Es decir, cada término lingüístico tiene un significado único, eterno e irrepetible que surge de un componen arquetípico de origen ontológico y otro de tipo existencial-histórico-cultural-simbólico que se concreta en un contexto axiológico determinado por un tiempo y un espacio específicos. Es en cieto modo la indexicalidad de los etnometodologos.

Por ejemplo el amor es una manifestación holístico-emocional (Goleman, 2004) de un ser que se entrega óntico y/u holísticamente a otro donde ambos evolucionan, se diferencian, se especifican y se concretan óntico-existencial-histórico-cultural y simbólicamente en el tiempo y en el espacio. Esta forma específica de concreción de un valor, matiza los significados de todos los términos que tienen relación inmediata con el valor concretado en un significante. Pero de alguna manera es también la actualización de un valor unívoco, eterno e inmutable de arraigo ontológico.

De modo que el amor en cuanto emotividad holística de entrega de un ser a otro ser, parte de lo ontológico que es único, eterno e irrepetible, evoluciona en lo existencial entitivo y se despliega en lo histórico, cultural y simbólico en cada persona. Y así como el amor, la justicia, la verdad, la prudencia, la justicia y todos los valores universales, cósmicos, naturales, humanos e individuales emergen, evolucionar, se diferencias y se concretan de la misma manera que el amor. La educación en cuanto proceso de asunción de valores sigue la misma secuencia.

Hay una fuerte discusión de si los valores se maman, se imitan, se asumen o se construyen. Si se maman son de origen óntico-axitencial. Es decir, se desglosan de lo que el ser humano es en-sí-para sí-con-y-para-los-demás.

Si se construyen, el proceso es inverso, es decir, que son las acciones cotidianas las que determinan los significados de los valores y la escala en que ellos se han de ordenar. Kant demostró que los juicios a priori son tautologías, que éstas son cíclicas y que por lo tanto no permiten avanzar en la comprensión del universo en toda su complejidad. Popper, demostró igualmente, que la inducción, tampoco es concluyente, porque es imposible demostrar inductivamente cualquier hipótesis. De modo que el problema no es deductivo ni inductivo, sino que es dialéctico. La dialéctica nos diría que hay tensiones entre las tesis y las antítesis axiológicas y que los valores emergen de las confrontaciones entre lo ontológico y lo evolutivo existencial y, que lo histórico, lo cultural y lo simbólico tienen qué ver en la comprensión arquetípica de los valores.

Con esto se estaría asumiendo la tesis de que el ser-absoluto se despliega óntico-entitivamente a lo largo del horizonte existencial-histórico-cultural-simbólico, para concretarse en un tiempo y un espacio finitos para evolucionar. En esta etapa de evolución, el ser-absoluto se vierte en cada ente, para actualizarlos y darles sentido cósmico. Finalmente cada ente se diluye en el infinito para dar un nuevo impulso al proceso dialéctico cósmico, tal como lo postula Hegel.

Para Weiss (2006), la evolución espiritual de las almas requiere de lecciones que sólo se pueden aprender (educación no convencional) en la existencia humana.

Trabajar con el cultivo y/o construcción de un valor, es estar asumiendo toda una gama congruente y concomitante de actitudes, una orientación para el desarrollo de aptitudes, hábitos específicos que establecer, habilidades que desarrollar, destrezas que acondicionar y conocimientos que asumir y/o construir.

Es de esperar que conforme el individuo se desarrolle intrínseca y en ocasiones, desordenadamente desde los referentes sociales, la sociedad debe revisar sus parámetros y ampliarlos y/o constreñirlos según lo requiera una sana evolución social. La mayor parte de las veces, la sociedad impone un orden (Etapa Convencional) porque resulta más laborioso revisar y redefinir, que refrendar un orden o dictar reproductivamente mandamientos añejos, so pretexto de que son concreciones específicas de valores consagrados culturalmente. Así que a esas dos contraposiciones de desarrollo intrínseco individual y de evolución congruente y saludable de una sociedad, donde invariablemente ambos resultan violentados, el primero, coartado y la segunda, deteriorada, debe emerger una síntesis creativa e innovadora (Etapa posconvencional) donde los individuos puedan desarrollarse plena y saludablemente y la sociedad pueda evolucionar hacia formas cada vez más justas y emancipadas. He aquí pues, la cuestión de los valores como contenido educativo.

Se sabe que son atributos de los valores: la bipolaridad, la trascendencia, la preferibilidad y su objetividad. De los valores humanos que más se prefieren en la formación humana son: la libertad, la justicia, la democracia, la paz, la solidaridad, la creatividad, la felicidad y la verdad. Finalmente los valores se concretan en actitudes y virtudes. Estas son acciones equilibradas dadas entre dos extremos viciosos. Hay virtudes en el pensar, en el decir, en el convivir y en el hacer.

Los valores como orientación, premisa y condición de una práctica educativa, es un asunto; la axiología como fundamento metateórico de una investigación, en lo general y de una investigación hermenéutica en lo particular, tiene consideraciones adicionales por hacer. El valor gnóseo-epistemológico medular de cualquier investigación es la verdad. Pero para que este valor se instale en las personas se requiere: "Sean en número de cinco las virtudes por las cuales, afirmando o negando, el alma alcanza la verdad, a saber: arte, ciencia, prudencia, sabiduría e intuición" (Aristóteles). Estas cinco virtudes nos dan razón de otros tantos valores. El arte implica la belleza, el placer y la creatividad; la ciencia, requiere de racionalidad, voluntad, fortaleza, perseverancia; la prudencia exige equilibrio, armonía, integridad y la justicia; la sabiduría requiere imaginación, fe, apertura, holismo, sutileza, inteligibilidad, la perfección; la intuición necesita de sensibilidad, empatía, imaginación, fe, comprensión, toma de sentido. Todos estos valores, deben coronarse en la práctica investigativa con el valor del amor a la sabiduría, o sea la Filosofía.

La hermenéutica, de manera específica exige la asunción práctica de algunos valores en especial. Como se trata de interpretar textos en su diversidad de formas, con diversos énfasis, con diferentes niveles de profundidad, con diversos alcances epistemológicos, serán especialmente valiosos: la comunicación en general y la lingüística en lo particular con sus cuatro posibilidades, el hablar, el escuchar, leer y escribir y la literatura con su postulado del goce estético. El habla expresiva, elocuente y eficaz; la escucha atenta, holística y fina; la lectura literal, significativa y contextual; la escritura, profunda, ontológica, una totalidad concreta.

Y claro, la expresión y apreciación literaria, invita a la interpretación metafórica (Ricoeur, 2002), como versión (del vertir) del lector sobre el autor. La traducción debe alcanzar niveles de sutileza intelectual, explicativa o aplicativa. La subjetividad y la intersubjetividad son categorías privilegiadas. La inclusividad metodológica y la apertura temática son virtudes prioritarias en la Hermenéutica. La triangulación horizóntica con lo arquetípico atemático y con la metadisciplinariedad postemática, es un criterio trascendental de interpretación en el nivel de toma de sentido.

La lingüicidad de ser, como concreción temática y su comprensión como fusión de horizontes existenciales, es el criterio orientador fundamental del proceso investigativo. La precomprensión, es criterio de validez interpretativa y pauta de valoración de todos los saberes previos y arquetipos predecesores a una concreción lingüística del ser. La contextualización, descontextualización y recontextualización, son etapas consistentemente valiosas en una interpretación que vaya de lo semiótico, pase por lo semántico y arribe a lo pragmático. La univocidad, la equivocidad y la plurivocidad son referentes indispensables, para dar consistencia a la orientación del proceso metodológico. La posibilidad de realizar diversas interpretaciones, lejos de ser una inconveniencia, se asume como una oportunidad de cruzar hallazgos de diversas intersubjetividades, para construir un espectro horizóntico de interpretaciones, que permitan reconstruir a partir de lo temático, lo arquetípico del ser atemático. Se asume el reto del Círculo de Eranos, en el sentido de incursionar en lo arquetípico para acceder a una comprensión del ser holístico indiferenciado donde las contradicciones entre mito y ciencia, lo dionisíaco y lo apolíneo, lo cualitativo y lo cuantitativo, lo subjetivo y lo subjetivo se puedan comprender y/o resolver. Se asume el proceso de inspiración, con sus diversas variantes (la iluminación, el éxtasis, experiencia totalizadora, dilatación del conocimiento, disolución del absoluto, exaltación creativa, actualización de lo irracional, y las nociones que de ella emerjan, como elementos a considerar en el proceso interpretativo.

El ideal axiológico del investigador hermenéutico se da entre el ideal del Philosophes del Enciclopedismo, el concepto de Sublime del Romanticismo y el concepto de hombre simbólico Cassireriano. Todo entretejido en un constructo axiológico holístico, por la destreza, la habilidad, la sutileza, el saber y el arte de interpretar de la Hermenéutica, fiel al arquetipo de Hermes y al reto de trascender las posturas antitéticas del Círculo de Eranos.

En los niveles de la Física Cuántica sucede algo similar: cuando las partículas asumen toda una gama de posibilidades en lo que denominan función (Einstein-Bosé, en Bailey, 2005), la cual postula que la realidad es un caos y los acontecimientos son eventos, en tanto que la medición u observación de una partícula, la obligan a colpasarse en un hecho concreto. Chopra (2006) y Weiss (2006) plantean lo mismo en los niveles de evolución cósmica, en donde básicamente el ser es espíritu, el cual encuentra en la concreción de vida, una posibilidad de seguir creciendo en términos de id-entidad y de ser absoluto, tal como los propusiera Hegel.

Todas estas posibilidades axiológicas, consideradas en el horizonte epistemológico que se abre entre la univocidad y la equivocidad, traducidas, interpretadas y comprendidas en, por y a través del espíritu paradójico y arquetípico de Hermes y de una perspectiva investigativa inclusiva, abierta, trascendental, abarcativa de lo físico y lo metafísico concretado en la Hermenéutica.

3.9 ÁMBITO GNÓSEO-EPISTEMOLÓGICO

¿Por qué ámbito gnóseo-epistemológico? Así como la hermenéutica tiene apertura temática e inclusividad teórico-meodológica, en la cuetión del conocimiento, no podía incribirse exclusivamente en lo epistemológico. Hoyos Medina (2001), plantea que la Epistemología en cuanto "Filosofía de la Ciencia", se ocupa de las cuestiones relacionadas con la producción del conocimiento al interior de las parcelas de la realidad que se enmarcan según los objetos de estudio de las ciencias particulares. La Gnoseología en cuanto "Teoría del Conocimiento", estudia las cuestiones relacionadas con la posibilidad y producción del conocimiento en lo general, más allá de las parcelas científicas. La Hermenéutica por definición y por el espíritu de Hermes, cruza justamente los planos de óntico-existencial-histórico-cultural-simbólicos del acontecer humano. Por tal motivo, una fundamentación de la forma y modo del conocer en la hermenéutica, no puede ser exclusivamente epistemológica. Desde el momento en que la interpretación de los textos, conversaciones, contextos, hechos, acciones, interacciones y vivencias se ven desde lo ontológico, necesariamente, esta investigación se sale de lo epistemológico de las ciencias particulares, para abrirse a un marco más amplio, el inter, macro, mega y transdisciplinario, como es el marco gnoseológico y aún mas allá.

El desarrollo del proceso de investigación queda conformado por elementos que responden a los ámbitos antes descritos. Es así como la metodología hermenéutica cuenta con un proceso preciso y puesto en práctica por quienes esto escriben, sin embargo; en el surgimiento del nuevo paradigma, es prudente el solo detenerse a enunciar el proceso metodológico de acuerdo a la figura anterior. Quedan todavía pendientes discusiones a partir del contenido del Capítulo 4 que puedan afinar la propuesta inmediata.

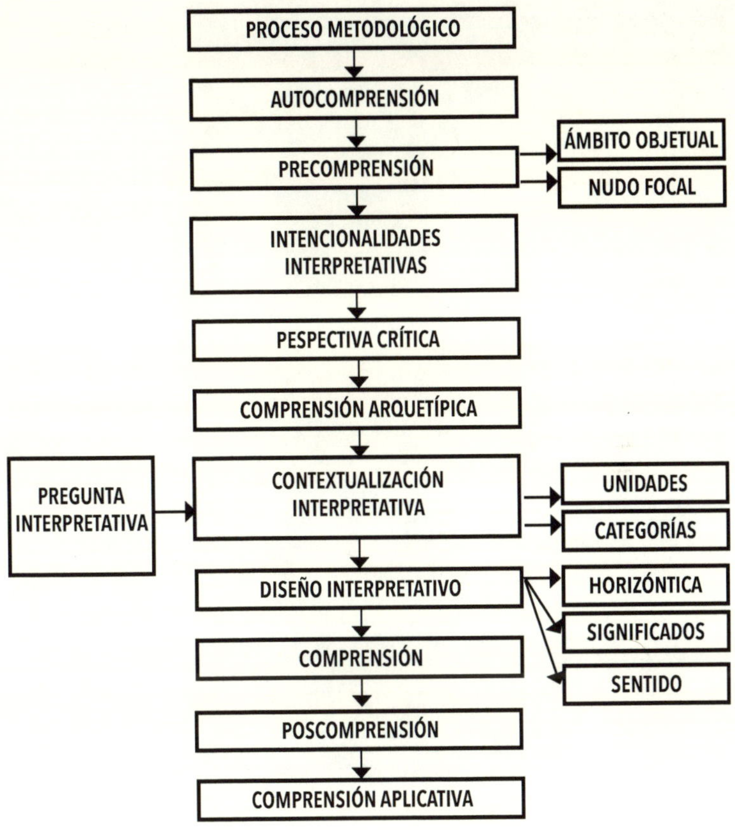

Figura 16. Proceso metodológico de la Hermenéutica como transiciòn al surgimiento del Paradigma Emergente
Fuente: Elaboración propia

CAPÍTULO IV

El Paradigma emergente

4.1 EPISTEMOLOGÍA DEL SENTIDO

Después de todas las indagaciones teóricas, epistemológicas y de campo que se han realizado, no se puede menos, que plantear una Epistemología del Sentido. Si bien, el lector se ha podido percatar que la realidad tiene muy diversas concepciones, muy diversas formas de que el investigador o intérprete de la realidad se visualice, al igual que la forma o métodos de abordar su conocimiento y/o interpretación. Es innegable que toda realidad, que se pretenda como tal, está finalmente constituida de energía.

La misma materia que durante muchos años se consideró como la constante ontológica del mundo, resulta que es de naturaleza atómica y el átomo, es un pequeño corpúsculo (protón) cargado básicamente con energía positiva rodeado por un enorme campo electromagnético de carga negativa desplegado por una partícula pequeñísima de naturaleza cinética, es decir, que no puede existir más que en movimiento, que se mueve a más de 250 mil km/seg. La naturaleza del átomo o de la energía que lo conforma, está muy lejos de poder percibirse, con los órganos convencionales de los sentidos. En cambio, éstos, sí perciben el color, la oscuridad, la sombra, la solidez de un cuerpo, su temperatura, el sabor y la fragancia, que son desde la perspectiva atómica, inexistentes o productos de una simple ilusión. Toda supuesta realidad puede, definirse sólidamente como una eventual forma de energía o más concretamente, como una eventual nube de partículas subatómicas.

No obstante, no es posible negar a cualquier ser humano, como decía festivamente, un estudiante, que disfrute de los resultados indagatorios de sus sentidos: "Aunque un cuerpo femenino, no sea más que una nube de electrones, me encanta abandonarme a la maravillosa ilusión de acariciarlo". Es decir, que los órganos de los sentidos carecerían de sentido, si no tuviera significado el ver, oír, tocar, oler o saborear. Es decir, las percepciones sensoriales tienen sentido, porque los órganos de los sentidos están hechos para eso. Por lo mismo, los órganos de los sentidos pierden su sentido, si se les pretende aplicar para acceder a información no proveniente de sensaciones.

Similarmente podría argumentarse a favor del pensamiento. El concepto, es abstracción inductiva de un número mayor o menor de casos específicos, no podría ser elaborado más que por el raciocinio. El número, por ejemplo, como abstracción de una serie infinita de conjuntos que pueden entrar en correspondencia biunívoca, es completamente ilustrativo. Pero sería improcedente que se tratará de arribar a la entidad de número por los sentidos, como que si se tratara de percibir la fragancia de una flor con el raciocinio. Es decir, cada facultad humana, tiene un ámbito de la realidad a cuyo conocimiento puede acceder con cierto grado de exclusividad y donde tiene, por decirlo así, sentido propio, porque está posibilitada para ello.

Por otra parte, hay también otro ámbito de la realidad que puede compartirse, y donde diversas facultades pueden incidir incluyentemente. Estas facultades se combinan en esquemas de carácter arquetípico, donde no pretenden acceder a zonas exclusivas de la realidad, sino a campos donde pueden conformar facultades de carácter genérico u holístico. Lo arquetípico media entre lo atemático, indiferenciado, implícito y global, y lo temático, diferenciado, explícito y específico. Los órganos de los sentidos y el raciocinio, son facultades diferenciadas, temáticas, explícitas y específicas. Cada uno está especializado para captar una forma concreta de realidad de manera exclusiva.

Pero al mismo tiempo, forma parte de un esquema arquetípico donde conjunta e inclusivamente con otras facultades diferenciadas permite abordar el conocimiento de formas más globales de la realidad. Por ejemplo, las creencias, mitos, culturas o ideologías, en cuanto formas de conocimiento, requieren de los sentidos, de la razón, de intuición, de fe, de prácticas, rituales y liturgias. La lucha por mantener viva una cultura, no es solo el resultado de la convicción de que es una digna forma de vida, sino que en cierto modo es la racionalización del instinto de conservación de una identidad y finalmente de un código genético. Para que una forma de vida diferenciada tenga sentido, debe reconocerse como una identidad y por lo tanto, reconocer los atributos propios y diferenciarlos de otras formas de vida o de existencia. Y esto es arquetípico.

Sin las capacidades intrínseca de reconocerse y extrínseca de diferenciarse, ninguna forma diferencial de vida, tendría el sustento ontológico de sentido para existir ¿Qué caso tendría tener ojos si la realidad energética y eventual de los objetos y los acontecimientos resulta ser invisible a la capacidad de ver? Tener ojos y ver solo ilusiones, sería una aberración de diferenciación ontológica.

La existencia diferenciada de entes adquieren sentido en tres dimensiones: la intrínseca, la extrínseca y la trascendencia e inmanencia ante el absoluto. La intrínseca nos da razón del sentido que tiene un ente en función de sus atributos propios, únicos y exclusivos; es decir, es el sentido que lo constituye ontológicamente como entidad y su sentido es la id-entidad. La extrínseca, se refiere al sentido que adquiere una entidad, en función de las diferencias que tiene con otras entidades y su sentido es la alter-idad. La trascendencia con el absoluto, habla del sentido que tiene un ente, cuando este se ubica como parte y factor de una totalidad con sentidos diferenciados de id-entidad y alter-idad.

Metafóricamente se podría decir, que es como diluirse en el absoluto para ocupar el lugar exclusivo respecto a la totalidad y asumir la tarea de ser mejor, para que el absoluto sea más absoluto. Finalmente el sentido de inmanencia da razón del hecho de que un ente diferenciado, por pequeño que sea, resume la complejidad de la totalidad y esta puede actualizarse en dicho ente. Es como si la totalidad se vertiera en una entidad limitada, para actualizarse completa y cabalmente en ella.

Un apartado del reconocimiento del sentido en todas sus manifestaciones, es el nosotros en sus ilustrativas metáforas del ying y el yang chinos o el andrógino platónico. Tanto la id-entidad, como la alter-idad sólo pueden ser reconocidas cabalmente a través del nosotros. Es decir, el paso de la identidad a la alteridad y de esta al sentido de trascendencia y al sentido de inmanencia, tiene que pasar por el reconocimiento de uno mismo a través de la alteridad más parecida a nosotros. Esa es justamente, nuestra alma gemela. ¿Almas andróginas y gemelas son sinónimas? Habría que analizar si las almas andróginas, la otra mitad de la naranja s concibe dialécticamente o como mitades idénticas de una totalidad. El ying y yang chinos son almas dialécticas, en tanto los productos de una clonación serían almas gemelas. Los individuos monocigóticos estarían orientados hacia la gemelitud. Platónicamente, una alma gemela es nuestra otra mitad; para los padres de la Iglesia, sería nuestro prójimo, justamente, el más próximo a nosotros; psicoanalíticamente sería quien estuviera más cercano o paralelo a nuestra historia de vida y que obviamente resonaría frente a nosotros.

La cuestión es que la entidad es algo tan presente que no puede reconocerse como id-entidad sin la contraparte de la alter-idad.

Es así que la Epistemología del Sentido, postula que el ser humano tiene acceso a diversas concepciones de realidad y cuenta con facultades que pueden acceder al conocimiento exclusivo de algún apartado de la misma. Que cada facultad es prioritaria en su terreno exclusivo, pero que también puede participar con otras facultades en el conocimiento de otras formas más complejas de realidad. Pero que en cualquiera de los casos, hay cierto conocimiento absoluto, cuando se trata de aplicación de una facultad a su terreno exclusivo y conocimiento relativo, cuando se participa con otras facultades en el conocimiento de otras realidades. Pero en todos los casos, el sentido funciona como un gran bagaje de realidades y de forma de acceder a su respectivo conocimiento; en cada caso, hay también patrones propio que obviamente tienen sentido, en cuanto que son referentes para establecer atributos de identidad o de alteridad en lo entitivo diferenciado o de trascendencia o de inmanencia en lo ontitivo indiferenciado.

Cada ser humano, por ejemplo, tiene un sentido intrínseco, en cuanto que es una entidad diferenciada con atributos propios y tiene la capacidad de reconocerse como tal. Pero además tiene un sentido extrínseco en cuanto a alteridad, con atributos comunes y/o diferentes a otras entidades también diferenciadas y con atributos propios. De aquí que los seres humanos – todos los entes de todo el cosmos- tengan la doble posibilidad de comunicación consigo mismos y con los demás: la comunicación hacia fuera (extrospección), por medio de sus facultades diferenciadas y hacia adentro (introspección) por medio de sus facultades comunes indiferenciadas y arquetípicas.

Si una de las dos faltara, al hombre le sería imposible el conocimiento y la interpretación. Chomsky (1995) plantea que si el hombre es capaz de crear diferentes lenguajes y sus respectivos códigos, es porque comparte con todo ser humano la capacidad indiferenciada de simbolización y por lo tanto de codificación y decodificación. Es bien reconocido el principio convencional, insuficientemente injustificado de la diferencia entre el genio y el loco. El primero es aquel ser humano capaz de incursionar por nuevos caminos de la realidad y de implementar nuevas formas de conocerla y/o interpretarla; pero además, con la capacidad de poder regresar a compartir sus hallazgos codificados y susceptibles de ser decodificados y por lo tanto, compartidos por sus congéneres. El loco también es capaz de aventurarse por las más extrañas veredas de las concepciones más inusitadas de la realidad e incluso a interactuar con ellas de la forma más exitosa e innovadora; pero si no es capaz de codificar y decodificar sus hallazgos, de modo que puedan ser compartidos por sus congéneres, todo lo que haga sería intraducible y la semejanza o el terreno común sobre el que habría que pisar para poder compartir sus hallazgos, se rompería.

El circuito del habla (emisor-código-mensaje-receptor y su proceso inverso) está inconcluso. Esto solo nos da razón de lo que se emite y lo que se recibe de ida y de vuelta; pero hay cantidad de procesos que cumplen con estos requisitos y sin embargo no comunican. Si es posible discernir cuando un circuito completo de comunicación realmente comunica de otro que es simulación, es porque hay una facultad arquetípica que permite constatarlo. Para los parapsicólogos es cuestión de percepción extrasensorial. Para los boquímicos es cuestión de feromonas. Para Masaru Emoto, es asunto de la resonancia. Para los eranosianos será un arquetipo que subyace a la diferenciación de lenguajes diferenciados.

La comunicación fundamental es por naturaleza, es una facultad, como su nombre lo indica, de carácter atemático, indiferenciado y arquetípico, porque se sustenta, precisamente el terreno común, donde se comparten capacidades primigenias de codificación y decodificación, de simbolización y de traducción y significación de símbolos. El sentido es un subsuelo donde el ser es básicamente arquetípico e indiferenciado. Pero también es, metafóricamente o quizá literalmente, un universo de sentido, de donde el ser humano parte para establecer procesos de diferenciación, que finalmente serán codificados entitivamente y decodificados para compartirse con los congéneres. De modo que en tanto la codificación y decodificación se dan por las capacidades de simbolización e interpretación, el sentido se reconoce por el terreno común, sobre el que los seres humanos se mueven.

Investigaciones neurológicas recientes, han mostrado como el ser humano empieza a tener sentido acerca de un evento inusitados, mucho antes de que tenga un trazo, un sonido, una superficie, un sabor o una fragancia con la cual pueda simbolizarlo. Es más, el sentido visualmente es uno, si solo se ve un color; pero el sentido es otro, si además el color se manifiesta con sonido; pero el sentido de un evento se va haciendo más complejo y más completo, cuando el color y el sonido van compaginados con un olor, un sabor, tacto, secuencia, armonía, correspondencia, empatía, resonancia. Es decir, que el sentido es un código común primigenio, innato, indiferenciado que precede a cualquier evento diferenciado, a su simbolización y a su interpretación.

Desde esta perspectiva, todo lo que el hombre crea o inventa, es una simbolización potencialmente traducible e interpretable, porque parte de una facultad común de sentido de carácter filogenético. Es decir, que es la evolución del sentido primigenio, el que da origen a una innovación de carácter diferenciado que se desarrolla a partir de la combinación probabilística de la acción intencionada y volitiva del ser humano, con los componentes dialéctico y azaroso del devenir. Sin un sentido previo, la codificación quizá podría hacerse; pero sería imposible de constatarse, por falta de un código primigenio y por lo tanto, de decodificarse. Sería como un mensaje que se contesta desde afuera, pero que no tiene una constatación desde dentro.

Un circuito completo de la comunicación tiene las dos dimensiones hermenéuticas (introspectiva-intrínseca y extrospectiva-diferenciada). Es más, el sentido es un código primigenio, del cual emergen la simbolización y la interpretación, los lenguajes diferenciados, los procesos convencionales de codificación y decodificación, y a donde vuelven a arribar todos esos procesos.

Desde el punto de vista hermenéutico, el significado se ubica en el nivel de los diferenciado; la comprensión en lo filogenético, y el sentido en lo indiferenciado arquetípico. Por lo anteriormente expuesto, no son los significados, los que hacen posible la comprensión y esta, la que posibilita el encuentro con el sentido, Es al contrario: es el sentido quien permite que se dé la comprensión y que esta posibilite los significados diferenciados. Cuando avanzamos de los significados a la comprensión y al sentido, es en un proceso de reconocimiento. Porque el sentido fue, precomprensivo, si vale el calificativo, precedió a la comprensión y a los significados y posteriormente lo volvemos a encontrar; pero ahora para efectos de reconocimiento. Por lo tanto, la precomprensión parte del terreno del sentido, solo para después de hacer un recorrido de conocimiento e interpretación hacia fuera en el proceso de comprensión comparativa diferenciada, para regresar en la poscomprensión al reconocimiento del sentido primigenio.

De modo que mientras en un proceso interpretativo, se parte de un sentido precomprensivo indiferenciado, para avanzar hacia un sentido reconocido diferenciada y temáticamente, para finalmente contrastar este sentido reconocido diferenciadamente con el atemático en la poscomprensión; la búsqueda o construcción del sentido en el proceso evolutivo de la vida precede al lenguaje que es un proceso diferenciado. Hay sentido primigenio precomprensivo (noción ontogénica) de madre mucho antes de que haya la palabra mamá. Hay psicomotricidad mucho antes de que se tengan expresiones relacionadas con el desarrollo. Hay una lucha heroica por la vida, mucho antes de saber que hay vida y que hay muerte. Pero también, hay un sentido difuso, arquetípico, de una existencia posterior a la muerte.

En este sentido, es profundamente arquetípica, la Ley de la Conservación de la Materia y la Energía. Igualmente hay tanto sentido en la lucha instintiva por mantener vigente la consciencia mental. La inconsciencia, para nada es un estado mental donde la gente no sabe lo que pasa. Habrá que no confundir la falta de expresiones diferenciadas para referirse atemáticamente a hechos específicos, con el no saber qué sucede en esos hechos. En la inconciencia la mente asiste a un sinnúmero de eventos de las más diversas naturalezas, que se entremezclan, justamente porque dicho estado, ocupa un estrato indiferenciado convencional.

Sin embargo, ahí como durante el sueño, la mente es capaz de reconocer acontecimientos diferenciados; pero estos van integrados a entramados holísticos, al igual que en el mito del Laberinto de Creta, donde curiosamente la madeja de Ariadna, permite a Teseo no extraviarse. Ese hilo legendario, es una ilustrativa metáfora de la codificación lingüística y la posibilidad de decodificación. Pero también una advertencia, que un entramado denso, requiere una madeja suficiente (código), para entrar, no perderse y salir. Psicoanalíticamente, dicho hilo es una metáfora del cordón umbilical, el cual debe estar atado a sola una madre, o a una sola versión primigenia de la realidad. No obstante que también se establece el nosotros androginoide como ideal, también, se plantea que la separación del mismo y la ella. Es como si el reconocimiento de una posible mitad, tras otra, fuera aportando elementos que finalmente con-figurarían a esa auténtica mitad; pero a la vez, es como si cada encuentro, también fuera aportando a nuestras entidades diferenciadas, elementos que también nos fueran configurando a cada uno como la entidad auténtica correspondiente, a esa apetecida mitad.

Mientras nuestras facultades diferenciadas van descubriendo nuevos elementos que nos hacen crecer como entidad, nuestras facultades arquetípicas van dando pautas para el reconocimiento del sentido en todas sus versiones de dichos elementos. Ese crecimiento de las entidades hacia la configuración del sentido de una autenticidad hemisférica trascendente, pareciera imposible de alcanzarse en una vida. Pareciera que la configuración de un andrógino con un sentido para espacio-temporal, no podría prolongarse más de una vida, porque correría el riesgo de estancarse en lo rutinario; pero tampoco sería conveniente que se pulverizada a lo largo de la vida, porque se quedaría en lo diferenciado. Las contradicciones en la configuración de un andrógino, son retos que obligan a los entes en cuestión a revisarse exhaustivamente, para continuar su desarrollo.

El Renacimiento visto desde la perspectiva de la Física Cuántica y la Teoría de la Relatividad, tiene como arquetipo fundamental, la transposición de las partículas atómicas y subatómicas; es decir, el salto de una dimensión (cronotopo) a otra, o bien, la existencia simultánea en dos o más dimensiones (ubicuidad). Esto significa que tanto el nacimiento, como el desarrollo de la vida y la propia muerte, deben redimensionarse a partir de estos postulados.

El hecho de que el sentido preceda a las formas convencionales de comunicación y la emergencia de los lenguajes diferenciados, es un fuerte argumento de que puede haber facultades de comunicación, indiferenciadas y arquetípicas de las más variadas naturalezas. La atracción repulsión entre partículas subatómicas, los tropismos, los instintos, el código genético, el genoma humano, el germoplasma han explicado muchos fenómenos que tienen claros patrones arquetípicos, que van más allá de simples mecanismos y que a pesar de tanta reticencia de los científicos, acusan cierta in-tensión y cierta intencionalidad, cierta discriminación, reconocimiento y hasta cierta inteligibilidad. Los mitos, las religiones, la parapsicología y la alquimia hicieron otro tanto, en otros ámbitos.

Mientras los primeros hallazgos tuvieron connotaciones mecanicistas, de reacción química o de instinto biológico; las segundas llevaron sus hallazgos al campo de la magia. Ambas han marginado la posibilidad de que haya facultades pre-diferenciadas y arquetípicas de comunicación, que por su naturaleza, se resisten por un lado a los procesos de explicitación diferenciada y por otro a una comprensión horizóntica óntico-histórico-cultural de carácter simbólico.

Hay pues, metafóricamente, toda una Antártida que no está emergida como para ser vista con las facultades diferenciadas de conocer hacia fuera; pero que tampoco, está en las profundidades magmáticas del ser absoluto, como para ser inalcanzable más que por iluminación. Hay facultades arquetípicas de comunicación más allá de los lenguajes diferenciados, pero también más acá de la iluminación y la revelación divinas, que son accesibles al ser humano, en el terreno del sentido, que por cierto subsume los campos psicológicos de la consciencia, subconsciencia e inconsciencia. El sentido está ahí, indiferenciado, indecible, sin parcelar, implícito; pero accesible a la comprensión óntico-histórico-cultural, en términos simbólicos y frecuentemente en códigos metafóricos.

Esto da razón de lo que podríamos llamar una memoria y una consciencia ontológicas. Esto significa que si se han podido tipificar las conciencia e inconsciencia psicológica es porque hay conciencia e inconciencia ontológicas. Ese sería la gran bifurcación entre las teorías psicoanalíticas de Freud y Jung. Al parecer los complejos y fijaciones freudianos se rompen al pasar de un cronotopo existencial a otro, en tanto que los arquetipos siguen vigentes. Esto significa que en el momento en que alguien muere, en términos convencionales, se finiquita la cuenta freudiana; pero continúa la contabilidad existencial jungiana. La vida y la muerte son conceptos y empirias newtoniano-freudianos; el brincar probabilísticamente de un cronotopo a otro o de desplegar la existencia a lo largo de diversos cronotopos existenciales, para acercarse a la comprensión del sentido de la evolución dialéctica del absoluto (tesis) versus persona (antítesis) en busca de un absoluto más perfecto y una persona más cronotópica, son constructor relativistas-inciertos-simbólicos y espirituales.

El sentido es la vinculación entre la inmanencia y la trascendencia ontológicas en ser humano y la contingencia en que se actualiza el ser absoluto en una vivencia. Aristóteles planteó el asunto del Acto y la Potencia como dos versiones del ser. Con la potencia se refería a todo lo que el ser primigeniamente tiene como posibilidad de ser. Con el acto se refería a lo que el ser efectivamente llega a desarrollar de esa posibilidad de ser. La cuestión parece no tener mayor problema si se considera que el acto es un proceso simple de actualización del ser y que se va dando acumulativamente a lo largo de la evolución de los entes.

Esto se complica si no se le ve como una actualización acumulativa; sino como una actualización que deviene dialéctica y emergentemente. En el primer caso, lo que el ser es en el momento actual conlleva todo lo que se ha traducido en acto en algún momento de la evolución del ente en cuestión. Quien fue niño en algún momento, acumula esa actualización para su bagaje existencial y aunque continúe madurando y asumiendo nuevas formas de desarrollo, su capacidad para ser niño nunca la abandonará. Es más, la asumirá recurrentemente a lo largo de su evolución, cada vez que se le presente una situación vivencial similar a las que vivió de niño.

En el segundo caso, si bien lo que se vivió de niño, pasa a formar parte de una forma activada de ser y ha pasado a la memoria existencial y puede volverse a revivir en cualquier momento; no es simplemente una mera reproducción de un acto desplegado ante una situación tipificada. Es el resultado de una compleja trama de vivencias que no solo se acumulan, sino que se combinan continuamente de múltiples formas con todas las demás vivencias para hacer de cada acto, algo único e irrepetible.

El ser humano, una vez que ha sido niño, lo volverá a ser cada vez que sea necesario, pero combinando dialécticamente cada nueva experiencia. Así que cuando se sea adolescente, se ha de ser niño-adolescente, después niño-adolescente-joven, después niño-adolescente-joven-adulto. Cabe advertir que no es una simple sumatoria de experiencias, porque mientras la historia de vida se escriba, en cada etapa de evolución del ser humano, emergen de los arquetipos nuevos elementos que redimensionan y recombinan todo lo vivenciado hasta entonces. Una pregunta totalmente válida ¿Qué elementos o criterios de la evolución del ser humano al saltar de un cronotopo a otro sobreviven? ¿Hay tareas o deudas en términos de evolución cósmica que se tienen que asumir vida tras vida?

De ser cierta la segunda opción, ya se tienen algunas cuestiones más ¿Qué facultades contiene la existencia humana y cuáles son sus posibilidades? Especulando estaríamos hablando de diversas categorías de memoria: la ontológica, la de la energía como sustancia universal que está más allá del tiempo y del espacio, la cronotópica que incluye las dimensiones de carácter físico, la química según la cual la existencia se da como un evento de atracciones y repulsiones microcósmicas, la genética donde toda forma de vida se sujeta a las prescripciones reproductivas de la especie y a la variación ante las contingencias del medio ambiente, la memoria preconsciente del instinto de supervivencia, de conservación y de reproducción; las memorias inconsciente, subconsciente y consciente; dentro de esta última, se tienen las memorias instantánea, la verbal a corto plazo y la semántica o a largo plazo.

No es coincidencia que muchas teorías postulen que el ser humano realiza consciente e intencionadamente muy pocas acciones, mientras muchas otras las realiza obedeciendo a impulsos preconscientes, irracionales, imprevisibles atemáticos e indiferenciados. Incluso estaríamos hablando de una facultad ontotípica, con una connotación mucho más amplia y compleja a la que tradicionalmente se ha asignado a la memoria, como proceso mental.

¿Hay una memoria diferente para los atributos del ser que se han traducido en vivencias? Pareciera ser que hay eventos en la vida del ser humano, donde lo contingente se trasciende, para incrustarse en una vivencia donde el ser potencial se actualiza en acto. El ser es acto antológicamente cuando la potencia se actualiza en una vivencia; pero donde simultáneamente, se eleva por encima de lo rutinario de la cotidianeidad. Por lo tanto el ser en cuanto acto, pasa de la inmanencia a la trascendencia, pero donde a la vez, todos los niveles de la memoria están en armonía y posibilitan una vivencia y que por lo tanto no es un acto cualquiera que se pudiera suscitar aislada o contingentemente.

¿Una vivencia es simplemente una manifestación de una potencia que se activa o es toda una actualización de una trama compleja de posibilidades activadas? La vida del hombre parece estar constituida por toda una gama enorme de manifestaciones, que por cierto no están más que burdamente tipificadas. Acto, actuación, actitud, actualización, acción, actividad, experiencia, vivencia no tienen una denotación difusa y se definen o conceptualizan indistintamente. Una parte de la connotación que se les asigna es hasta cierto punto una mezcla de contenidos arquetípicos, filogenéticos y temáticos.

La vivencia es un evento trascendente, donde se combinan memorias y toda una gama de posibilidades armónicamente activadas mediante las cuales la inmanencia potencial se actualiza instantáneamente. El ser en cuanto potencia inmanente en cada ente, no puede separarse del acto trascendente, ni siquiera del acontecer contingente; sino que debe permanecer como un faro intermitente que da rumbo al vivir, tanto en la vivencia trascendente como en la cotidianeidad.

¿La esencia de un ente se desglosa en acto y potencia o se queda en la potencia? ¿Asume una forma en la potencia y otra en el acto? ¿O se mantiene en la potencia y solo en ciertas vivencias trascendentales se actualiza totalmente? Muy pocos visionarios han logrado reconocer ese atributo desde el punto de vista filosófico, aunque es tan común desde lo teológico. El ser tiene la facultad de desplegarse, sin romperse y manifestarse en toda su complejidad en los hechos diferenciadamente más sencillos. Esto se puede comprender mejor, si se considerar que el ser es antes, más allá y después de todo lo diferenciado temporal y espacialmente. La rutina existe, porque lo diferenciado carecería de sentido si la trascendencia del ser entitivo y la inmanencia del ser potencial absoluto permanecieran presentes en lo contingente.

Un importante arquetipo podría ser, las diferentes formas en que el hombre se desplaza. Los electrones se distribuyen en torno al núcleo de manera arquetípica: Una carretera de doble sentido, no es otra cosa que la orbitación con giro de spín de Schroedinger. Un electrón viaja en un sentido y el otro, en otro sentido. Pero hay diversas formas de orbitar (siete niveles) en torno a un núcleo (familia o mujer): (primer nivel de energía) caminando, rodando o viajando en algún vehículo terrestre; después (segundo nivel) los medios de transporte aéreos mecánicos; después, los medios mentales psicológicos; después los medios parapsicológicos perceptivos físico químicos como la resonancia o las feromonas; después la empatía epistemológica y /o gnoseológica; la empatía andrógina u ontológica; finalmente, la disolución en el absoluto y/o la inversión del absoluto en una unidad entitiva.

La persona humana es altamente compleja, ya que integra los niveles: físico, químico, biológico, psicológico, social, cultural y espiritual ¿Será casualidad que sean siete los niveles ontológicos y siete los niveles de energía del átomo? La materia no es más que energía y la energía no es más que pensamiento y que el pensamiento no es más que espíritu. Nuestra vida o cualquier otro evento, no son

más que una concreción de una infinidad de posibilidades potenciales, cuya realidad está determinada por la voluntad de ser de cada ser humano, de lo que piensa de sí mismo, de lo que piensa de la realidad, de quienes le rodean y del cosmos. Se infiere en términos de Hegel que "En la medida en que cada ser humano sea más él mismo, existe la probabilidad de que Dios sea más Dios". Se analiza el asunto del bio-traje, con sus cuatro capas: física, química, biológica y psicológica. Se llega a la cuestión de que detrás del bio-traje no hay nada que no sea espíritu. Este, parece ser el agente, que finalmente que configure en cada ser humano la experiencia de ser observador.

El comportamiento humano está determinado por el pensamiento. Un optimista o un pesimista, envían mensajes, vía neuronas, al hipotálamo, donde se configuran péptidos que son disparados a través del torrente sanguíneo a cada célula del cuerpo, lo que ocasiona que el comportamiento de las células determine en su conjunto, lo que el organismo de un ser humano es concretamente. Esto fundamenta que el comportamiento social se configura a partir de los comportamientos de los individuos. Paralelamente se plantea que hay forma en que los comportamientos sociales inducidos por los individuos, influyen la configuración de los pensamientos individuales, en término de significados, comprensión y sentido. Un postulado trascendental es que vivimos en una cultura de la vejez, porque los seres humanos envejecen porque dejan de producir péptidos proactivos, para asumir que ya es tiempo de envejecer y que por lo tanto las deficiencias de líquido sinovial, de insulina, y de cualquier otra sustancia de autorregulación es natural.

No se olvide que recientes hallazgos de cosmografía (Carl Sagan) señalan que cada uno de los átomos que constituyen nuestro planeta, los seres vivos y el ser humano se configuraron en las estrellas. En las enanas rojas se configuraron los átomos del hidrógeno al oxígeno; los de mayor número atómico al oxígeno y hasta casi el oro, se configuraron en las gigantes azules; pero solo en los choques de las estrellas frías de neutrones hubo las condiciones de atracción y temperatura para que se configurara el oro. Los choques de estas estrellas son tan escasos, que por eso mismo el oro es tan escaso en el universo. Pero además, los metales preciosos, tienen un valor, supuestamente intrínseco. Esta percepción es arquetípica, ya que algo en el ser humano ha provocado que se tenga al oro y a los metales preciosos como materiales con un valor propio. Dicha percepción sería inconcebible sin la memoria ontológica. De cualquier modo, los átomos constituyen metafóricamente el elemento tierra de la teoría cosmogónica de Aristóteles. Por lo pronto, la tierra y el agua provienen del cosmos.

Siguiendo el razonamiento de Aristóteles, se puede afirmar que la energía que ha posibilitado que la vida evolucione, proviene del cosmos, esta vez, del sol. Los cloroplastos acumulan la energía solar, para luego aplicarla a la elaboración de la materia orgánica a partir del nitrógeno y los micronutrientes, con el bióxido de carbono de la atmósfera.

El aire de Aristóteles no es otra cosa que la combinación de los otros tres elementos. Hidrógeno cósmico, vapor de agua, óxidos y anhídridos producto de diversas combustiones.

Al final, las religiones que plantearon que veníamos de las estrellas y que éramos hijos del sol, no lo sostenían metafóricamente. Efectivamente las cosas son así. La energía y materia que nos constituyen, son de índole cósmica y solar.

Nietzsche deja importantes impresiones de carácter filosófico, epistemológico, existencial y vivencial. Por ejemplo, desconfiaba de los filósofos actuales; prefería siempre remontarse a la filosofía griega, es especial a los presocráticos. De hecho su lenguaje paradójico, parece haberlo tomado de Heráclito. Aunque no congeniaba con el idealismo platónico, sí aceptaba que hubiera almas gemelas, o como él decía, "cerebros gemelos" y con la evolución cósmica del ser humano, hacia la perfección y el superhombre. Shopenhauer, el filósofo pesimista e irracional, fue su guía. Lo que debe impulsar al hombre hacia el superhombre, debe ser la voluntad de vivir. Para ello el hombre debe tocar tierra en lo más profundo.

Como Diógenes, propone, que el hombre debe luchar por tener una vida auténtica, más allá de los convencionalismos. Su famosa escala de evolución es un prodigio de emancipación personal. Ir de recién nacido, a través de la imitación, hacia el camello, implica asumir profundamente los convencionalismos; ir del camello, a través de la fuerza y la disciplina hacia el león, es emancipación; pero ir de león hacia el renacimiento, a través de la creatividad, el ser-en sí-y para-sí, es un prodigio. La voluntad es el motor que le permite afirmar que "lo que no te mata te hace más fuerte". La libertad se conquista solo si el hombre pone sus decisiones por encima de sus miedos, sus prejuicios, sus ídolos y la comodidad.

La ruptura emocional que se ha sufrido, ha roto esquemas muy añejos. Pero ha permitido también descubrir cómo se habían vuelto a asumir, el apego a personas, sentimientos prácticas y condicionamientos. De hecho todas rupturas que se han dado por este lado, han sido debidas a que no se tolera ser relegado en aquellos espacios y tiempos a los que pertenecen. Esto, obviamente es un fuerte condicionamiento. Habrá que luchar con toda la voluntad por reconquistar la emancipación. Solo con ella, es posible el auténtico amor y la verdad. Mientras se sea esclavo de una relación, actividad, hábito o convencionalismo, no puede haber más que simulación.

4.2 ESENCIALES DEL PARADIGMA EMERGENTE

El Paradigma Emergente se ha venido anunciado desde la última década del siglo pasado. Sin embargo, por más que ya se habían señalado algunas de sus características, no se vislumbran sus postulados. Se sabía que debía subsumir todas las capacidades y los logros alcanzados previamente y trascender todas las limitaciones de los paradigmas vigentes. Lo primero implicaba que debía ser capaz de explicar, en términos de causa-efecto, como lo hacía la investigación cuantitativo-positivista; debía proporcionar los criterios y elementos para comprender, en términos de significados, como la investigación cualitativa-interpretativa; debía generar procesos dialécticos de transformación, en términos de praxis, como la investigación sociocrítica y, como la hermenéutica, debía tener la virtud de poder poner a los textos en sus contextos, para acceder al sentido profundo y trascendental del mensaje del autor.

Además de ser capaz de explicar, comprender, transformar y dar sentido trascendental al asunto estudiado, el paradigma emergente debía de superar las limitaciones de los ya establecidos, como: la exclusividad de sus visiones, los criterios intradisciplinarios de validez y certeza, la estrechez de sus campos problemáticos y sus objetos de estudio, la incapacidad de conjugar e integrar datos y resultados de los diferentes paradigmas, las enormes áreas de la realidad que aún persisten sin estudiar, la sujeción de los procesos indagatorios al dogma cultural, la imposibilidad de hacer investigaciones de los problemas globales y planetarios y, las limitaciones de la propia teoría de paradigmas.

La exclusividad de las visiones paradigmáticas es una reliquia de los añejos principios de la Lógica Formal, según la cual, algo sólo puede ser idéntico a sí mismo (identidad); nada puede ser y no ser al mismo tiempo (No contradicción); algo necesariamente, es o no es, pero no puede quedar indefinido (Tercer Excluido). De dichos principios se desglosan una serie de teoremas y corolarios que marcan los conceptos de conocimiento, realidad, sujeto cognoscente, método científico, ciencia y paradigma, con todas sus implicaciones.

Para ilustrar de qué manera marcó la Lógica Formal al conocimiento científico, considérense los siguientes ejercicios de aplicación de sus principios a algunas categorías epistemológicas. Por ejemplo, si se aplica el principio de "Identidad" al concepto de realidad entonces se estaría estableciendo categóricamente que un objeto real A sólo puede ser idéntico a sí mismo. Es decir, no habría otro objeto real B, en todo el universo que fuera idéntico a A. Por lo tanto un objeto sólo puede estar en un lugar y en un tiempo determinado, lo que implica que no podría estar en diferentes lugares y tiempos a la vez. Pero además, se estaría avalando el atributo físico de la impenetrabilidad, según la cual, dos cuerpos no pueden ocupar el mismo espacio al mismo tiempo; es decir, no pueden estar superpuestos.

Si se aplica el principio de "no contradicción" al sujeto cognoscente, se puede inferir que una persona no puede ser juez y parte de un hecho o proceso. En caso de la observación, un investigador no puede ser observador y sujeto observado a la vez. Desde esta perspectiva, la observación participante sería una falacia, ya que quien ve prejuiciosamente está ciego ante el prejuicio que filtra sus observaciones. En otras palabras, nadie puede sustraerse a su historia de vida, para hacer observaciones neutras de los demás y menos de sí mismo.

Si se aplica el principio de "Tercer Excluido" al concepto de paradigma de investigación, se puede afirmar categóricamente, que todo proceso de investigación está dentro o fuera de uno de los paradigmas ya establecidos, pero no puede quedar indefinido. Justamente, la noción de exclusividad paradigmática viene de este principio. La Complementariedad paradigmática y las investigaciones multimétodos, se mueven de un paradigma otro, obedeciendo a éste postulado.

Es decir, se plasma el proyecto según los postulados de un paradigma y ya que esté ubicado, para enriquecer el trabajo de campo, pero sin salirse del esquema original, se pueden aplicar técnicas e instrumentos de otros enfoques de investigación. Las investigaciones multimétodos hacen algo parecido: plasman el proyecto según las prescripciones de un formato y después van entretejiendo métodos de diversos paradigmas, pero sin salirse de la perspectiva de referencia donde se inició la investigación. En consecuencia, la exclusividad paradigmática es una derivación directa de los principios de identidad, no contradicción y tercer excluido, de la lógica formal.

Con estas aplicaciones ilustrativas de los principios de identidad, no contradicción y tercer excluido de la lógica formal, se tiene una idea aproximada de la forma en que ésta ha marcado la estructura y funcionamiento del dogma cultural vigente. De hecho, todo el comportamiento habitual de cada persona, se desglosa fundamentalmente de dichos principios.

Después de precisar cómo afecta la visión de la realidad la exclusividad de las visiones paradigmáticas, vale el esfuerzo revisar cómo los criterios intradisciplinarios de validez y certeza, han obstaculizado el desarrollo del paradigma emergente. El punto es aquí ¿Quién tiene el derecho de establecer los criterios de validez y/o certeza? ¿Los oriundos que están dentro del paradigma produciendo el conocimiento y están totalmente implicados en el proceso o quienes están fuera y pueden asumir de mejor manera la neutralidad? Así que los criterios de validez y/o certeza del conocimiento entran en debate, porque no se puede estar dentro y fuera de los procesos a la vez, y menos se puede permanecer indefinido.

Los oriundos argumentan a su favor, que sólo con-viviendo los procesos es como se genera el conocimiento, es como se puede asistir a los mil y un recovecos infinitesimales que pueden arrojar la información necesaria, para establecer si un conocimiento es válido y cierto. Contra los externos, argumentan que sólo pueden percibir lo que es observable a simple vista y pueden acceder limitadamente a datos no visibles. De modo que se pierden la información valiosa de los matices finos, los suspiros discretos, las taquicardias instantáneas, las corazonadas, las intuiciones, las dudas inconclusas o silenciadas y los pequeños ensayos y errores que preceden a un hallazgo trascendental. En otras palabras, se dispone de limitada información y ésta sólo les da la opción de suponer relaciones y correlaciones entre las cosas y hechos y, explicarlos en términos de causa-efecto, pero que no les permite comprender.

Los externos sostienen, por su parte, que los criterios de validez y certeza carecen de sentido, si no se les concibe como una necesidad social. En efecto, el oriundo tiene mucha más información que es muy importante para él mismo, pero que en muchas ocasiones es irrelevante para los demás. El dato valioso, para el observador externo, es aquel que es relevante para el observador y el sujeto que es observado. De esa coincidencia surgen los convencionalismos y los puntos de encuentro para emprender acciones. Si bien, para una sociedad es importante todo lo que sucede en lo más recóndito de cada individuo, no se puede abandonar a comprender exhaustivamente lo que sucede en cada uno, porque su prioridad es lo que sucede entre los individuos, más que, lo que sucede en el fondo de cada subjetividad.

Además, un observador bien entrenado, quizá logre hacer fenomenología de otros sujetos; pero es imposible que haga observaciones neutras de sí mismo. La ceguera paradigmática consiste en que el sujeto está incapacitado, sin ayuda externa, a reconocer los prejuicios que filtran su percepción de la realidad. Quien sufre astigmatismo jamás lo entendería si no tuviera imágenes de contraste de esa misma realidad. Ciertamente, a nadie le fue dado ver la realidad con ojos ajenos; esto es algo que se aprende posteriormente. Después de todo a nadie le fue dado tomar como punto de referencia, las percepciones ajenas, si no es para generar procesos dialécticos y visiones holísticas.

Por otra parte, hay muchos hallazgos en todas las ciencias que ponen en tela de juicio los criterios de validez y certeza que se venían asumiendo. Sirvan de ejemplo algunos descubrimientos que se han dado en la Física. La Mecánica Clásica de Newton estableció que el tiempo, el espacio tridimensional y la masa, eran constantes; por lo tanto, a partir de esos factores, se podían realizar todos los cálculos de lo que sucedía en el universo. A principio del siglo pasado Einstein, descubrió que a velocidades cercanas a las de la luz, el espacio se contrae, el tiempo se dilata y la masa se incrementa a medida que aumenta la velocidad. Por esos mismos años, Heisenberg estableció el Principio de Incertidumbre, según el cual, no se puede medir el impulso y determinar la posición de un electrón al mismo tiempo. Si se medía el impulso, la posición se volvía azarosa y viceversa. Pero además, hubo otros, como Riemann, que descubrieron que el espacio es multidimensional; no tridimensional como se había aceptado.

Estos hallazgos además de muchos otros, pusieron en tela de juicio los criterios empírico-racionales de la percepción de la realidad y por lo tanto, los criterios de validez y certeza del conocimiento acerca de la misma.

La estrechez de los campos problemáticos y sus objetos de estudio, es otro de los puntos críticos de los paradigmas vigentes. En las investigaciones empírico-analíticas se tiene que hacer un riguroso recorte de la realidad y establecer claros criterios de inclusión y exclusión de su muestra, para poder medir las variaciones en sus problemas de investigación. En las cualitativo-etnográficas, no se hacen recortes tajantes del objeto de estudio, pero si se sigue un proceso de focalización cada vez más profundo de las categorías de análisis, de modo que al final, se tiene que tomar la decisión de centrar el proceso interpretativo en torno a unos significados y no otros, lo cual es una forma de recortar el proceso interpretativo.

En la investigación acción, igual, se tiene que decidir la profundidad de sus procesos de transformación y hacer recortes forzados en los flujos de la realidad dialéctica para realizar las valoraciones colegiadas y tomar decisiones. Aún en la dialéctica crítica no se puede estar en la tesis y antítesis al mismo tiempo, aunque sí es posible bogar en una postura intermedia entre esas posiciones contrarias. Por otra parte, los seguidores ortodoxos de esta forma de investigación, sólo aceptan los cambios que se producen mediante acciones contrarias, que inciden en el mundo histórico-material de los equipos de trabajo. El postulado más dogmático de la investigación acción, es la imposibilidad de que el cambio de un grupo se dé a partir de la acción de un solo individuo.

Otra de las limitantes de los paradigmas vigentes es la incapacidad de conjugar e integrar datos y resultados de las diferentes formas de investigación. Ha sido un debate arraigado donde se discute si es más importante la cantidad que la cualidad o viceversa. También se ha discutido si es posible cuantificar todo o si todo es cualificable. Se ha olvidado que Aristóteles y Kant consideraban a la cantidad y a la cualidad dentro de las categorías lógico-ontológicas de cada ente. Igual se ha olvidado que Marx postuló la ley dialéctica de que la cantidad se convierte en cualidad y viceversa. Por otra parte, los matemáticos afirman que hasta los fenómenos más complejos, escurridizos e instantáneos se pueden cuantificar, siempre que se tengan las facultades, técnicas e instrumentos necesarios, para dar seguimiento a los factores que los constituyen.

Los criterios rigurosos y exclusivistas de demarcación de las parcelas científicas han generado dominio y control sobre ciertas áreas de la realidad, en términos de propiedad privada. Los oriundos de esas parcelas, se asumen con el derecho a hacer y deshacer dentro de su predio. Los foráneos sólo pueden ingresar, incursionar, vagabundear y husmear con el permiso de los nativos. Por lo mismo, sólo pueden discutir, opinar y aportar a la cultura nativa, si cuentan con la autorización y han sido iniciados en las claves para la decodificación de sus más recónditos significados. Pero nuevamente, se tiene que estar dentro o fuera, no dentro y fuera a la vez.

Por este motivo, hay muchas parcelas de la realidad y temas de estudio, que por resistirse a la razón y a los sentidos, han sido declarados como inescrutables, fantásticos, imaginarios, míticos e inexistentes. Se pasa por alto, que muchos científicos ocultaron hallazgos que tuvieron en esas áreas fantasmales, para no ser víctimas del escarnio y de la santa inquisición sociocultural.

Por otra parte, la mayoría de todos los filósofos y científicos establecieron postulados con fuertes implicaciones dogmáticas. Por ejemplo, los efectos del postulado de Aristóteles fueron determinantes: Nada hay en el entendimiento, que antes no haya pasado por los sentidos. De modo que toda realidad debe estar al alcance de los sentidos.

Pero Leibniz no estaba convencido y apuntó: Nada hay en el entendimiento que antes no haya pasado por los sentidos, excepto el propio entendimiento y sus leyes. Po lo tanto, existen ámbitos de la realidad que sólo pueden captarse por las facultades del entendimiento. Para refrendar esta postura, Kant afirmó que la razón es el único criterio que puede garantizar que un conocimiento es auténtico. Hegel cierra la discusión declarando que todo lo racional es real y que todo lo real es racional (Panlogismo).

Por lo anterior, se puede inferir que los científicos han producido el conocimiento, bogando entre el dogma empírico-racional, del cual se desprenden las parcelas proscritas y los temas prohibidos. Para que algo exista tiene que ser percibido por medio de los sentidos convencionalmente aceptados y/o debe ser accesible al escrutinio de la razón. Si una presunta realidad no está al alcance de los sentidos y no es razonable, entonces no existe o es incognoscible.

En todas las épocas, los recovecos y desiertos inhóspitos que no podían captarse por los sentidos y por la razón, se descalificaban asumiéndose como inexistentes o ajenos a la realidad visible e inteligible; por lo tanto carecía de sentido su explicación, comprensión y transformación. El problema no radicaba en la existencia o inexistencia de otras dimensiones y campos de la realidad, ni en que los sentidos y la razón fueran las únicas facultades cognoscitivas, porque había otras. El problema era la cerrazón y la actitud dogmática que se asumía.

Las enormes áreas de la realidad que aún persisten sin estudiar, ha sido otra de las grandes limitaciones de los paradigmas en crisis. Es obvio que muchos filósofos y científicos desde la más remota antigüedad han contribuido a este estado de cosas. Los dogmas de todos los tiempos han cerrado caminos y horizontes al crecimiento científico y tecnológico. Incluso se tiene la impresión de que aún los grandes genios, para desplegar su potencial explicativo, creativo e innovador, tienen que cubrirse las espaldas con supuestos y dogmas tan categóricos como los resultados de sus indagaciones. Tal parece que a toda gran teoría corresponde un sistema de supuestos y dogmas, que estarían negando categóricamente la posibilidad de la teoría contraria.

Algunos ejemplos ilustrativos fueron: Gorgias, quien afirmaba; Nada se puede conocer y que si algo se pudiera conocer, no se podría expresar y, que si se pudiera expresar, no se podía comprender. Platón estableció que había dos mundos: el material y el Topus Uranus. Aristóteles negó la postura de su maestro y planteó que el único mundo que había era el que se puede captar por medio de los sentidos y se podía conocer por medio de la razón. Kant señaló que todo ente tenía Nóumeno y Fenómeno; el Nóumeno era incognoscible y lo único que se podía conocer era la parte fenoménica, que estaba al alcance de los sentidos. Hume sostenía que no se tenía acceso a datos que permitieran afirmar o negar la existencia de Dios y del alma. El mismo Einstein negó el principio de incertidumbre, afirmando que no creía que a Dios le gustara jugar a los dados. Cuando se anunció el postulado del "entrelazamiento cuántico", volvió a expresar que él no creía que el universo se moviera por una espeluznante acción a distancia.

El estudio de los procesos de culturización, de aculturación y de las interacciones interculturales, metaculturales y transculturales ha dado luz acerca del efecto paradigmático del dogma cultural, en la producción del conocimiento y en el establecimiento de los criterios de validez y certeza. Actualmente se sabe que las creencias, los mitos, los prejuicios, los supuestos, las prácticas, las nociones, métodos, procesos y paradigmas que configuran una cultura, marcan contundentemente las formas de producir y validar el conocimiento. Este comportamiento, es procedente en sí. El riesgo está en asumir posturas dogmáticas y arremeter intolerante y aniquiladoramente contra quienes se atreven a hurgar en campos desacostumbrados y proscritos por el dogma cultural.

La concepción del ser humano como un ente atrapado por las dimensiones del tiempo, del espacio y con un conjunto de facultades cognoscitivas desplegadas a partir de una visión egocéntrica del cosmos, ha parcializado su percepción de la realidad. De modo que sus procesos de conocer se dan en un espacio tridimensional y un tiempo inevitablemente progresivo, en los que se mide y cualifica, gracias a sus atributos empíricos y racionales del ser humano. Por consiguiente, lo que se sale del espacio tridimensional, del tiempo progresivo, de las percepciones empíricas y del entendimiento racional, ha quedado inscrito a visiones parcializadoras del cosmos. Con ello, la humanidad, a pesar de tener otras facultades cognoscitivas, ha asumido dogmáticamente que la única realidad que existe y puede ser conocida, es la que está al alcance de los sentidos y la razón.

Por éste camino lo más que se ha podido avanzar se localiza en los campos de carácter intrapersonal, intradisciplinario e intracultural. Es decir, han predominado los procesos endogámicos de la reflexión en lo individual, lo empírico-racional en la ciencia y la asunción excluyente y acrítica de los significados y el sentido en lo cultural. A pesar de que nunca se ha negado la necesidad de trabajar más en lo interpersonal y lo transpersonal, para detonar procesos inter, meta y transdisciplinarios, surge la arrolladora emergencia de la globalización, impulsada por los medios electrónicos de comunicación, exigiendo que se avance decididamente en el estudio de la inter, meta y transculturalidad.

No obstante que los aportes, en estos campos, son todavía modestos, ya se tienen ilustrativos indicios del poder del "dogma cultural", el cual se construye en cada individuo a través de improntas (Rapaille). El dogma cultural es tan contundente que puede exacerbar el funcionamiento de una facultad humana y literalmente suprimir otra; puede hacer que una parte de la realidad sea visible y otra sea imperceptible; puede crear realidades, a partir de la nada o hacer que una realidad manifiesta, sea imperceptible.

Por otra parte, el poder avasallador del dogma cultural y el mito de la democracia, han cerrado puertas al desarrollo científico. El poder de la masa crítica de las creencias, mitos y miedos de la sociedad ha sido un arma de dos filos. Porque a sabiendas que se podía activar y potencializar para generar cambios trascendentales en el desarrollo humano y espiritual del homo sapiens-sapiens, se ha agotado en intentos de controlarlo, manipularlo y extraviarlo, en una jungla de intereses ajenos a la búsqueda permanente de la verdad.

Otra de las limitaciones de los paradigmas establecidos en el campo de la investigación, está dada por la propia teoría de Kuhn. Es decir, el partir de los supuestos de que un modelo (Racionalismo) que ha sido capaz de subsumir y trascender los alcances de los modelos anteriores y que es avalado por los hallazgos (Empirismo) de una comunidad científica, es también una limitante que condiciona al proceso de integrar la Teoría del Campo Unificado. Asumir que un paradigma entra en crisis cuando sus postulados ya han sido trascendidos por nuevos hallazgos y cuando ya no responde a las necesidades de la sociedad y de la misma comunidad científica que la sustentó, también es una limitación. El hecho de que un paradigma sea incluyente respecto, a los modelos trascendidos y, excluyentes ante los modelos con los que compite por el predominio, deja la teoría de Kuhn dentro de la lógica empírico-racionalista.

Lakatos da un paso hacia la ampliación de la visión paradigmática, cuando afirma que un paradigma dominante no suple ni suprime a otros; sino que todos los paradigmas conviven y siguen vigentes en sus respectivos rangos de la realidad. En cierto modo, comparte en el ámbito de los paradigmas, la misma postura que Feyerabend, con su anarquía epistemológica. De acuerdo con ésta, no hay jerarquías entre los diversos conocimientos y saberes. Tan importante es el conocimiento que emerge de un laboratorio donde hay un riguroso control de variables, como el conocimiento que subyace a la práctica de un campesino, ganadero o artesano en su respectivo ámbito de trabajo.

Por su parte, Edgar Morin plantea que un paradigma, que ha probado su capacidad explicativa, comprensiva y transformadora de la realidad, representa culturalmente mucho más que eso. Con ello, deja entrever que el concepto de paradigma está limitado o insuficientemente desarrollado.

De acuerdo con lo ya mencionado, el Paradigma Emergente (dicho provisionalmente) debe tener ciertas características. Se sabe que debe trascender las parcializadoras visiones excluyentes (objetiva o subjetiva) de la realidad y de este modo, partir del supuesto fundamental, de que la univocidad y la equivocidad son elementos constitutivos de una misma metodología para el abordaje de la realidad compleja. Debe integrar todas las facultades cognoscitivas del ser humano, incluso aquellas que la ciencia convencional había catalogado como inexistentes, incomprendidas e imprevisibles. Debe superar la enorme tentación de la univocidad y la racionalidad.

El nuevo paradigma debe ser abierto en todas sus dimensiones y categorías. Esto significaba que no debe excluir ninguna realidad, por escurridiza, incierta, fortuita y mágica que pueda parecer. Tampoco debe marginar ninguna facultad cognoscitiva del ser humano, por irracional e inusitada que sea. Más que discernir las teorías en términos de congruencia racional, debe trabajar sobre procesos analógicos no excluyentes. Debe también sacudirse el dogma cultural de base materialista. Superar el concepto de hombre, como entidad limitada por la piel, que nace, crece y muere y se interrelaciona con sus semejantes y el mundo mediante normas, esquemas y medios convencionales.

Por fortuna, ha surgido la Física Cuántica con un bagaje de postulados que trascienden y subsumen las capacidades explicación, comprensión, interpretación y resolución de problemas de los paradigmas vigentes. Las implicaciones de dichos hallazgos son tan trascendentales que se están revisando, replanteando y creando nuevas propuestas gnoseo-epistemológicas, que van más allá de la teoría paradigmática. Además, estos hallazgos están generando una prodigiosa producción inter, meta y transdisciplinaria, cuyos resultados todavía son impredecibles.

4.3 POSTULADOS PARA EL PARADIGMA EMERGENTE

Los principales postulados que han surgido de la Física Cuántica y de algunas teorías inter, meta y transdisciplinarias son:

1.- La realidad total, en su nivel fundamental, (Escala de Plank) que se encuentra localiza en el cronotopo infinitesimal de 10-33 cms y 10-43 segs, está plegada sobre sí misma, en una superposición de infinitas posibilidades, donde el tiempo y el espacio no existen. Esto significa que todos los entes están entretejidos, ocupando el mismo lugar al mismo tiempo. Pero además, están en todas las dimensiones y en ninguna a la vez. El postulado de la Superposición Cuántica, rompe con los principios de identidad, no contradicción y tercer excluido de la Lógica Formal.

2.- *El cosmos es básicamente energía e información.* Menos de un 4 % de cuanto existe en él está constituido por materia visible, que no es otra cosa que una forma muy densa e inercial de energía. El 22 % es materia oscura que se distribuye por el cosmos en forma de grandes grumos invisibles al ojo humano y que ejercen una fuerza de gravedad negativa sobre los cuerpos celestes. El 74 % es energía oscura que lo cubre absolutamente todo. Es la base etérea, donde interactúan la energía, la información, la materia visible y la oscura; donde se despliegan el tiempo y el espacio, las once dimensiones y los múltiples y diversos universos (Multiverso). Tanto la ínfima cantidad de materia visible, como la materia oscura y la energía oscura, están pletóricas de información. El vacío realmente no existe con la connotación de ser un espacio-tiempo desprovisto de toda forma de materia y energía. La energía e información del punto cero, que corresponde a ese supuesto vacío, es en realidad la superposición de cantidades inmensas de energía e información no manifiestas o en estado potencial.

3.- *Cada ente (persona, animal, planta o cosa), en su nivel fundamental, es un vórtice de energía e información,* al que se le ha denominado "función de onda", porque contiene una gama enredada de infinitas posibilidades, para configurarse materialmente en una y/o todas las dimensiones de la realidad. Si de la imagen No. 98 se abstrajera el pequeño vórtice marcado por la flecha, este se vería metafóricamente como un punto vibrando en la superficie de un líquido. Cada onda estaría emitiendo energía e información, que se puede manifestar en una o más dimensiones como ente, constituido por materia, energía e información.

4.- *El cosmos está constituido básicamente por energía e información* donde se mueve una ínfima cantidad de materia. Esto significa que el mundo material que perciben nuestros sentidos es el resultado de un proceso de interpretación, porque en realidad los objetos materiales no existen. El cuerpo de una persona es, en realidad, una nube antropomórfica de electrones que viajan a más de 250 mil km/seg y dan la impresión de ocupar espacios enormes. Cuando dos cuerpos chocan, en realidad ni se han tocado, ya que los electrones de uno repelen a los electrones del otro. De modo que las interacciones entre sujetos, en realidad son simbólicas, porque jamás se llegan a tocar materialmente. Los que chocan, se tocan y se repelen, son los campos de energía de un cuerpo y otro. Además, un cuerpo (humano o el planeta tierra), está rodeado por campos electromagnéticos que se prolongan más allá de lo que se ve ordinariamente. Por lo cual, una persona en cuanto campo de energía e información, no está delimitada por su piel, sino por los flujos y reflujos de las vibraciones de su campo electromagnético.

5.- El matemático Riemann descubrió que *la realidad tiene por lo menos 11 dimensiones.* Más tarde este hallazgo fue refrendado por Físicos como Einstein, Gribbin y recientemente Michio Kaku. La interpretación que hacen los sentidos de la realidad tiene un rango muy estrecho, donde sólo se pueden percibir tres dimensiones espaciales (largo, ancho y profundo). Einstein agregó el tiempo, como una cuarta dimensión, que ya no es accesible a los sentidos; pero sí a la razón. De la quinta dimensión en adelante aún la razón se queda corta y hay que hurgar con otras facultades humanas (intuición), los instrumentos matemáticos con la más poderosa capacidad de abstracción y la más moderna tecnología de punta. En consecuencia, a estas alturas del desarrollo científico y tecnológico de la humanidad, es innegable que el cosmos es muldimensional y por ende, la multidimensionalidad humana es una asombrosa realidad.

6.- *La luz tiene el doble comportamiento de onda-partícula.* El Consejo Europeo de Investigaciones Nucleares (CERN) tiene identificadas, hasta el momento 13 partículas primordiales, con las que se constituyen los átomos de todos los elementos químicos conocidos, en virtud de cuatro fuerzas fundamentales. Pero en la base de la Escala de Plank, en lugar de partículas se encuentras finísimos filamentos de energía que es el constitutivo básico con el que se configuran las 13 partículas primordiales y todo lo existente (Schwarz). De modo que esas finísimas cuerdas que se comportan como ondas y bajo ciertas condiciones, pasan a comportarse como partículas.

Así, en la cotidianeidad de la vida, la realidad micro, meso y macrocósmica tiene ese doble comportamiento. Continuamente hay flujos de energía que generan partículas materiales y partículas materiales que se convierten en flujos de energía. La información que se va generando a lo largo de esos cambios, es la que permite darles seguimiento.

7.- *Efecto observador:* Los entes, en cuanto funciones de onda, son susceptibles de convertirse en partículas, en virtud de la mediación intencionada de alguna forma de energía. Se tienen identificadas algunas formas de energía que el ser humano emite y que son la causa de que la función de onda colapse en partículas de materia. Algunos seguidores de Niels Bohr sostienen que los pensamientos, las emociones, las expresiones verbales, las intenciones, las creencias y las convicciones, son formas de energía que transforman las ondas de luz en partículas de materia.

    Las implicaciones de esta postura son impresionantes, ya que se está planteando que la energía y la información de que se constituye al ser humano, puede literalmente configurar la realidad material y su propio cuerpo. Es decir, la realidad material no existe en sí y por sí misma. Es el resultado de la interacción de las diferentes formas de energía que emite el ser humano y la que constituye el cosmos en su nivel fundamental.

8.- *El entrelazamiento cuántico* afirma que si dos electrones están enredados y se les separa a miles de kms, su comportamiento es tal, que si se le cambia el giro de spin a uno, el otro lo asume instantáneamente, como si el tiempo y el espacio no existieran. Esto fue comprobado en repetidas ocasiones por el Físico Inglés John S. Bell. Con mucha prudencia, hubo científicos que afirmaron que eso sucedía con partículas pequeñas, pero que no operaba en otras dimensiones. Einstein mismo, llegó a expresar que no podía aceptar que en el funcionamiento del cosmos hubiera una espeluznante acción a distancia. Los psicólogos en cambio, empezaron a vislumbrar en ese hallazgo un fundamento científico muy sólido, para las desacreditadas facultades parapsicológicas. Pero el dogma cultural descalificó todo intento por empatar el entrelazamiento cuántico con las facultades parapsicológicas.

Fue hasta finales del siglo XX, que el mexicano Issac Goiz, descubridor de la Terapia del Par Biomagnético, demostró cómo una persona se puede entrelazar cuánticamente con otra con sólo pensar en ella. Pero además, demostró cómo el terapeuta puede extraer la información que hay en el ADN y el Campo Cuántico de un paciente, mediante un código binario. Luego fue más lejos y puedo diagnosticar el estado que guarda la salud del paciente en el cuerpo de otra persona (antena). Mediante el mismo código de comunicación, logró restablecer el equilibrio electromagnético del campo cuántico del paciente con pares de imanes colocados en puntos estratégicos. Con ello se neutralizaron las condiciones favorables para la proliferación de microorganismos patógenos (virus, bacterias, hongos y parásitos) y se invirtió la polaridad de los mismos, para anular sus efectos nocivos.

Lo más sorprendente es que la comunicación que se puede establecer entre un terapeuta y el Campo Cuántico (incluido ADN) de un paciente, no se circunscribe al asunto de la salud, sino que puede aportar datos acerca de información genética, del inconsciente personal, del inconsciente colectivo y transgeneracional. En realidad todavía no se vislumbra la profundidad a la que puede llegarse por este medio de comunicación.

9.- *En el nivel fundamental la realidad está constituida por energía e información*. Esto significa que la energía es portadora, receptora, emisora y se comporta de acuerdo a la información que contiene. Es decir, la energía y la materia se mueven siguiendo ciertas leyes porque tienen conciencia. De modo que las partículas materiales y las ondas de energía conservan la información de su esencia, su gestación, su trayectoria, de los cambios que han tenido y de los tiempos y lugares que han recorrido. Esa información la van intercambiando con los cuerpos y partículas con que se encuentran o con los que se entrelazan a distancia.

El húngaro Ervin Laszlo, Físico, Matemático y especialista en Informática afirma que hay una conciencia cuántica que recibe, conserva, actualiza y transmite toda la información que se genera en el cosmos. Ha calculado que el ser humano tiene sensores para recibir 400 mil millones de bits/min de información, de la cual, sólo procesa conscientemente 2 mil bts/min. La pregunta obligada es ¿Dónde está toda la demás información? Es obvio, que la naturaleza no pudo haber creado un sistema poderoso de sensores para recibir información inútil, inconsciente y caótica. Esta enorme cantidad de información se remite a la Consciencia Cósmica.

10.- *La comunicación entre el cosmos y los entes y entre unos entes con otros, es múltiple.* Puede darse a través del entrelazamiento, portales cósmicos, agujeros de gusano y vía fotónica. Una forma de comunicación que se da entre objetos y seres vivos es la fotónica-ADN. El ruso Vladimir Poponin demostró que hay comunicación entre los fotones y el ADN. Posteriormente el alemán Fritz Albert Popp, demostró también la existencia de los biofotones.

De acuerdo a estos hallazgos, los fotones y biofotones, en el momento en que son emitidos, llevan la información actualizada del estado que guardan los objetos, los seres vivos y las personas. Ordinariamente los fotones y biofotones se encuentran en el medio ambiente moviéndose de manera aleatoria. Cuando ADN de las células se conecta con ellos decodifica la información que contienen y la incorpora al campo morfogenético de cada célula y de ahí, al campo cuántico del organismo que las contiene. Esta información se traduce en forma de intuiciones, corazonadas, percepciones, actos fallidos, fantasías, sueños y ocurrencias que se captan en el cerebro, el corazón, la glándula pineal y el sistema endócrino (chacras).

11.- *La realidad es holística y fractal.* Karl H. Pribram, médico y psiquiatra austriaco, radicado en USA, después de hacer numerosas investigaciones, descubrió que la realidad es hologramática y fractal. Es decir todo está en todo porque como es arriba es abajo y como es adentro es afuera (Hermes Trismegisto). El todo está contenido totalmente en cada una de sus partes. Cada célula de un organismo contiene toda la información del organismo que la contiene. Un biofotón contiene toda la información que guarda el campo magnético y el cuerpo de una persona. Una persona contiene en su campo magnético y su cuerpo, toda la información del cosmos. Conocer al cosmos ayuda a conocer los más recónditos rincones de la conciencia humana y conocer el cuerpo humano, permite conocer las galaxias más alejadas de nuestro planeta.

Este postulado propone una nueva lógica para acceder al conocimiento de la realidad, más allá del dogma empírico-racional: la lógica analógica. Y en vez de aplicar escuetamente los sentidos convencionales, impulsar el desarrollo de las facultades parapsicológicas, que reporten información proveniente de la quinta dimensión en adelante. No quiere decir que no se apliquen los sentidos y la razón; antes bien, que se apliquen analógicamente empatando la información que reportan con la que reportan otras facultades.

12.- *Campos morfogenéticos*: El científico Rupert Sheldrake ha propuesto la existencia de campos morfogenéticos. Éstos son estructuras primigenias que proveen de la energía y la información que requiere el desarrollo de un nuevo ser, desde la fecundación, su desarrollo y la desestructuración del cuerpo físico. El comportamiento de un organismo es el resultado de la interacción de los campos de energía e información de cada célula, tejido, órgano, aparato y sistema. Los chacras de la filosofía yoga, son auténticos vórtices de intercambio múltiple de energía e información del organismo con el medio ambiente.

El cuerpo humano está rodeado permanentemente por su campo morfogenético (aura), el cual cambia de color de acuerdo al interactuar con los campos morfogenéticos de otras personas. El corazón tiene un enorme campo de energía e información conocido como "Tubo Toro". El cerebro intercambia energía e información a través de canales para ondas beta, alfa, theta y delta. La glándula hipófisis es el vórtice que armoniza el funcionamiento de todos los demás. La glándula pineal conecta los vórtices de los chacras a portales interdimensionales (Wilcock).

El estado que guarda un organismo a cada instante es el resultado del intercambio de energía e información que se da entre los campos morfogenéticos de cada ser vivo y con los sistemas físicos. De modo que cualquier desequilibrio se manifiesta como una enfermedad desde el punto de vista del dogma cultural. Así que para recuperar la salud, es necesario reequilibrar la armonía del campo morfogenético.

De acuerdo con esta teoría, no es el cuerpo material el que produce el campo cuántico de una persona; es el campo cuántico (morfogenético) quien genera la transformación de un cuerpo humano, desde que se constituye como cigoto (célula huevo) hasta su desintegración (muerte). Es decir, que primero se configura el campo cuántico con toda la información necesaria y después inicia el desarrollo orgánico, incluida la fecundación, de un cuerpo humano hasta su muerte.

13.- *El ADN es un programa bioinformático* que recibe, conserva, interpreta y emite información actualizada de manera continua entre los sistemas físicos y biológicos y entre unos sistemas biológicos con otros. El ADN recibe, conserva, interpreta, decodifica, recodifica información que proviene de los fotones que proceden de todos los cuerpos del contexto terrestre, del sistema solar o de los espacios galácticos e interdimensionales. De igual forma recibe, conserva, interpreta, decodifica y recodifica información que portan los biofotones que emiten otros seres vivos.

Pero además, es el ordenador que recibe, organiza, codifica, interpreta, decodifica y transmite la información general del organismo. Y la pone a disposición de cada interesado en forma de intuiciones, corazonadas, percepciones y actos inexplicables. Tiene un lenguaje binario, como se puede comprobar por medio del Par Biomagnético. Un terapeuta le hace preguntas y el ADN contesta a través de una reacción de alguna parte del cuerpo. Por ejemplo se le pregunta por cada tejido u órgano. Si hay algún reservorio de virus, bacterias u hongos, una pierna se contrae. Pero después para identificar el tipo de bacteria, se le pasa una lista para que haga un auténtico cotejo. Cuando se menciona la bacteria en cuestión, la pierna se vuelve a contraer. Hasta se le puede preguntar en qué lugares y cuánto tiempo hay que colocar los imanes para neutralizar el efecto de la bacteria en cuestión.

14.-*Hiper-percepción:* De todo lo anterior se infiere que además de los cinco sentidos que ordinariamente se aceptan como canales de la percepción convencional, se tienen otras facultades mejor conocidas como "parapsicológicas", que reportan en términos de hiper-percepción, una gama de importantes datos, que aluden a los atributos y características de la nueva visión de la realidad.

Como ya se mencionó, el cerebro es capaz de intercambiar información a través de cinco tipos de onda: gamma, beta, alfa, theta y delta. Las primeras se caracterizan por propagarse a 30 o más htz/ seg y las emite el cerebro en estados de ansiedad y estrés. Las ondas beta, se propagan en ondas que van de los 13 a los 29 htz/seg y el estado cerebral es el de vigilia, el trabajo, el estudio y la convivencia cotidiana. Predomina el hemisferio cerebral izquierdo sobre el derecho. Las ondas alfa se propagan por ondas que van de los 8 a los 12 htz/seg El cerebro está en estado de relax, tranquilo y consciente de todo lo que sucede. Este estado es propicio para la creatividad y el disfrute artístico. El hemisferio cerebral derecho empieza a dominar sobre el izquierdo.

A los 7.8 htz/seg., el cerebro se sintoniza con la resonancia Schumann de la tierra. Cuando esto sucede se está en armonía con los portales interdimensionales que se abren entre la tierra y el cosmos. Es en esos momentos, que el cerebro está totalmente receptivo y puede acceder a la información que traen las diversas formas de energía del espacio intergaláctico profundo.

Las ondas theta oscilan entre los 7 y los 4 htz/seg. El estado de sueño tranquilo del cerebro es propicio para el desarrollo de las facultades propias de la hiper-percepción e hipercomunicación. Las facultades parapsicológicas se avivan. Las conexiones dendríticas se realizan por la mediación de los iones de calcio (en vez de iones de sodio), a la manera de una banda ancha entre neurona y neurona (Teorema König-Guerrero). El cerebro está totalmente receptivo, la memoria es fotográfica y el aprendizaje alcanza una eficacia del 100 %. Finalmente están las ondas delta, cuya frecuencia oscila entre uno y 3 htz/seg. El estado del cerebro es el del sueño profundo. No se sueña y si se sueña, no se recuerda nada en absoluto.

15.- *Lógica analógica:* Al igual que hay otras facultades parapsicológicas para acceder a los datos de la realidad cuántica-holográfica, también hay nuevas formas de estructurar los procesos intelectuales con que se construye el conocimiento. En vez de la lógica formal en que se sustentan los procesos cognoscitivos, meramente racionales, se sugiere aplicar la lógica analógica más propia para configurar procesos "cognitivos", cuyas bases epistemológicas articulan factores tanto intelectuales como emocionales.

Por otra parte, en el espectro de las leyes de la libre asociación, la Lógica Formal, sólo se ocupa de la ley de identidad (A=A) y la de negación (A no es B) y sus corolarios. Si A=B y B=C, entonces A=C (Transitividad). Si A=B, entonces A+C=B+C. Si A=B, entonces (A)(C)=(B)(C). Si A=B, entonces A/C=B/C. A+B=-B+C. Si A=B A2=B2. Si A=B, entonces A1/2=B1/2. Hay algunos apartados, donde se aborda la ley de orden, en forma de relaciones "mayor que" o "menor que". Igualmente se ha abierto un capítulo dentro de la Geometría para el estudio de la "semejanza". Ambos se han quedado dentro a la lógica matemática.

Las leyes de semejanza, de contigüidad, de orden, de contraste se han dejado de lado como elementos cognitivos de origen emocional, sobretodo en su aplicación lingüística. Ha sido la hermenéutica quien de manera más decidida ha integrado la comparación, la metáfora, la parábola, la elipsis, la sinécdoque, la hipérbole y otras figuras retóricas, en los procesos de comunicación e interpretación. Pero sigue habiendo mucha resistencia para integrarlas como parte del proceso cognitivo desde la perspectiva de la Lógica Formal. Los constructores de la Lógica Analógica son quienes han emprendido la tarea de articular los recursos de ambas lógicas en una gran red metodológica en la producción del conocimiento.

Algo similar ha sucedido con la incorporación de las inteligencias múltiples asociadas al hemisferio cerebral derecho, como son: la musical, la kinestésica y la social. Esta falta de armonía interhemisférica del cerebro, ha impedido que las inteligencias múltiples asociadas a las operaciones superiores del cerebro (visión holística, creatividad, capacidad moral, aptitud para la felicidad, desarrollo armónico e integral de todas las facultades del ser humano) como son la inteligencia ecológica y espiritual, también se desarrollen.

16.- *Fenomenología hermenéutica*: Aunque una nueva metodología de investigación para construir conocimiento científico, a partir de la nueva visión de la realidad (Teoría de la Participación) y las nuevas facultades cognitivas (hiper-percepción e hipercomunicación) que se pretenden poner en juego, está lejos de constituirse, sería recomendable integrar la capacidad descriptiva y explicativa de los modelos matemáticos, la lógica analógica, los más modernos instrumentos de observación, las tecnologías de punta de la información y la comunicación y una metodología que integre en torno a la fenomenología hermenéutica, toda la gama de posibilidades de técnicas e instrumentos.

Se propone que sea la Fenomenología, porque el emanciparse del dogma cultural, requiere de una convicción profunda y categórica, para descubrir que la versión convencional de la realidad, está lejos de ser auténtica. Es a través de una observación fenomenológica que se tendría la oportunidad de desenmascarar la realidad acostumbrada y crear la posibilidad de crear la realidad, tal como lo plantea el "efecto observador" de la Física Cuántica. Hermenéutica, porque esta metodología tiene la apertura y la inclusividad suficientes, para estudiar cualquier realidad, con cualquier método, proceso e instrumentación y poniendo en juego todas las facultades cognitivas humanas.

Pero además, la Fenomenología-Hermenéutica tiene el rango metodológico suficientemente amplio, para hurgar en el fondo de la realidad, tan profundamente como sea necesario. Los test psicoanalíticos son ideales para extraer del inconsciente personal la más diversa información. El biomagnetismo, recupera en términos binarios, la información que contiene el ADN, acerca del estado que guarda el organismo y el campo cuántico. El ADN y los fotones y biofotones, establecen intercambio de información entre seres vivos y todos los objetos del contexto. La biodescodificación, es capaz de rastrear los programas que se han instalado en las personas por los antepasados. Los arquetipos jungianos, permiten acceder a la información que guarda celosamente el inconsciente colectivo. El entrelazamiento cuántico, hace posible intercambiar cualquier tipo de información instantáneamente, mediante las facultades parapsicológicas. La conciencia ampliada y los estados alterados de conciencia, permiten establecer contacto inmediato con cualquier ente, en términos de superposición cuántica. Mediante la hipnosis es posible desprogramar y reprogramar las facultades todavía desconocidas del mal llamado ADN basura (95% del código genético).

17.- *Simetría del Tiempo:* La tridimensionalidad coincidente del espacio, ha dejado en el ser humano, una profunda marca en su forma de percibir la realidad. La existencia de un punto en el que convergen las tres dimensiones, ha dado como obvia la simetría del espacio. El cruce de una dimensión por otra, crea las condiciones para que cualquiera se pregunte si el espacio se prolonga indefinidamente hacia un lado y hacia otro. Como no se alcanzan a vislumbrar límites en ambas direcciones, la inferencia de la simetría del espacio, es casi, obligada. De modo que el acceso al conocimiento de la realidad también es simétrico.

La percepción del tiempo, en cambio, parece ser progresiva y la simetría es menos obvia. Si el análisis se realiza en el rango de una vida, se suele pensar que cada día que pasa, es un periodo que hay que agregar a la vida; pero también es un periodo menos de vida. En el rango de las primeras causas y las últimas consecuencias de la vida, sí hay simetría, porque las primeras se encuentran tan alejadas como las últimas. El problema es que mientras es muy factible tener acceso al conocimiento del pasado, porque se tienen datos empíricos; eso no es posible respecto al futuro, porque no se tienen datos empíricos del mismo.

Sin embargo, la Física Cuántica en su nivel fundamental, ha demostrado que el acceso epistemológico a la dimensión temporal también es simétrico. Es decir, que la realidad se mueve simétricamente respecto al pasado y el futuro. Se han hecho muchos experimentos donde el acceso al conocimiento del futuro es tan factible como al pasado. Pero además, se ha descubierto que hay tejido neuronal cardíaco y que éste es capaz de acceder al conocimiento del futuro. De modo que las corazonadas, las precogniciones, las anticipaciones y profecías, podrían tener su sustento en las facultades neuronales del corazón.

18.- *Programabilidad humana:* Al contrario de cómo se suele pensar cuando se asume que el desarrollo del ser humano es el resultado de su interacción con su medio social y natural, es muy probable que su desarrollo esté programado. Durante el desarrollo de las culturas de la antigüedad, las culturas clásicas y la Edad Media, se asumió que la percepción que el hombre tiene de la realidad estaba mediada por deidades (musas, por ejemplo). La revolución comercial, industrial, científica, tecnológica y social (Francesa), crearon las condiciones para establecer el supuesto de que el hombre tenía acceso directo a la realidad, sin mediación alguna. Tocó a las corrientes racionalista, criticista y dialéctica evidenciar que la percepción de la realidad está mediada por: las propias estructuras mentales (Kant), la historia de vida (Husserl), la cultura (Gadamer), los traumas y fijaciones de la infancia, los programas de la familia (Biodescodificación), el inconsciente colectivo (Jung), la ideología (Marx), Teorías inconscientes (Chalmers), los Paradigmas (Kuhn) y el dharma y el karma (Hinduismo).

Gracias a los avances científicos en relación al genoma humano, se sabe que solamente está activado el 5% del ADN. Esto implica que hay una enorme gama de posibilidades genéticas y facultades sin desarrollar. Por otra parte, hay evidencias científicas de la enorme gama de formas de comunicación que el ser humano establece y que son inconscientes. La Física aporta valiosa información acerca del espectro de la luz, el espectro acústico, la gama de sabores, fragancias y la sensibilidad táctil. Por otra parte, la psicología brinda información acerca de los estrechos rangos y limitaciones en que funcionan los órganos de los sentidos. La investigación parapsicológica tiene serias evidencias de la existencia y funcionamiento de otras facultades. Muchos psiquiatras, por medio de la hipnosis, han logrado desprogramar y reprogramar el funcionamiento de los órganos de los sentidos y de las facultades psicológicas y parapsicológicas.

Estos argumentos implican que la visión que tiene el hombre de sí mismo y la realidad está definitivamente mediada y por lo mismo, delimitada a ciertos rangos de funcionamiento. Así pues, el ojo humano está programado para captar sólo una parte del amplio espectro de la luz, que va del infrarrojo al ultravioleta. Pero además, esta captación está programada para que la perciba de manera preferente al ojo humano. Cuando este órgano falla, entonces entran otras facultades a percibir de manera diferenciada dicha gama de luz. También se tienen documentados muchos casos en que la desprogramación o reprogramación del funcionamiento del ojo humano lo puede inhabilitar para ver algo o habilitar para ver lo que antes no podía ver o percibir imágenes mediante otro órgano. Lo mismo sucede con otras facultades.

De hecho, la Programación Neurolingüística se plantea el reto de establecer nuevos programas de comportamiento humano en cualquiera de los ámbitos de la vida humana. De igual manera están en plena discusión la existencia de agendas ocultas para el control y la enajenación a través del miedo, el terror y el manipuleo temprano del comportamiento infantil. Hay grupos, a quienes se ha calificado de herejes modernos, que se atreven a señalar que el ser humano es el producto de un programa de hibridación de seres interdimensionales.

19.- *Desarrollo Espiritual*: La noción cuántica de función de onda, plantea que cada ente es, fundamentalmente, energía e información en un estado indefinido dimensionalmente. Esa decir, que no existe de manera específica, en dimensión alguna. Es hasta que la función de onda colapsa, que a dicho ente se le puede localizar en una o varias dimensiones. Desde esta perspectiva, los tres constitutivos fundamentales de todo ente, en cualquiera de sus manifestaciones son: información, energía y materia (o antimateria). De modo que es viable suponer que dichos constitutivos van variando en cualidad o en proporción de un grupo de dimensiones a otro.

Esto hace posible que haya entes muy densos, donde la energía está concentrada principalmente en partículas materiales. En cambio, pueden existir entes cuyo constitutivo fundamental sea la información o la energía más sutil. Por lo tanto no tienen manifestación material. Pero además, la existencia de portales interdimensionales dejan entrever la posibilidad de que haya entes que pasen de una condición a otra; es decir, de manifestaciones de alta densidad a las de densidad muy sutil.

Llama la atención la asombrosa coincidencia entre las once dimensiones que se han inferido matemáticamente, con las dimensiones que han enunciado los místicos que existen en el desarrollo espiritual. De igual manera queda claro que para un ser humano, que existe en un cronotopo de cuatro dimensiones (tres espaciales y una temporal), su prioridad es el desarrollo humano. Pero éste queda definitivamente inscrito en el amplio y profundo rango del desarrollo espiritual.

El desarrollo humano empieza, en el momento en que una función de onda se colapsa en el cigoto que dará origen a un ser humano y termina en el momento en que la función de onda se repliega y el cuerpo queda inerte. Pero el desarrollo espiritual se prolonga a lo largo de todas las manifestaciones interdimensionales que tiene una función de onda.

20.- *Existencia de una supraconciencia:* Durante siglos, las religiones organizadas han estado sosteniendo civilización tras civilización, el arquetipo de la existencia de un ser o muchos seres inmortales, ominiscentes, omnipresentes y omnipotentes. Sin importar en este momento discutir si es uno o más, es necesario subrayar que se ha documentado una gran cantidad de experiencias místicas, de conciencia ampliada y de conciencia alterada, que han proporcionado mucha información, hasta ahora descalificada, so pretexto de que eso no es ciencia. Pero a raíz de que la materia se volvió incierta, probabilística y azarosa, los científicos tuvieron que reabrir el tema y hurgar en su interior con las nuevas herramientas de la ciencia y la tecnología.

Hasta el momento ha habido muchas posturas que retoman la cuestión de la existencia de una supraconciencia, pero ya con bases científicas. Teilhard de Chardin hablaba de la evolución del cosmos como un proceso de complejidad conciencia. Sus seguidores asumieron el postulado de la existencia de la noosfera, que es la envoltura de la tierra, donde la información que producen los seres humanos se va integrando y está a disposición de la especie humana en forma de inconsciente colectivo. Más recientemente, Ervin Laszlo ha sido más categórico, cuando afirma que hay una conciencia cuántica que recibe, conserva, organiza, la información que se produce en el cosmos. Henry Corbin (2005), miembro del Círculo de Eranos, es quien postuló en 1977, de forma categórica, la existencia de una Supraconciencia.

Tocó a Michael Behe y Stephen Meyer, reunir a una docena de científicos en California, para debatir la vigencia de la Teoría de la Evolución de Darwin. De ahí salió el proyecto de diseñar con toda la tecnología actual, el axón de una de las bacterias más sencillas que existen. Contando con todos los adelantos de la tecnología actual, el proyecto fructificó, después de un intenso trabajo interdisciplinario. Una de las conclusiones del Proyecto fue que hasta en los organismos más pequeños hay un nivel de "complejidad irreductible".

Es decir, que cuando se trata de la vida, hasta lo más simple resulta tan complejo, y que esa complejidad ya no se puede reducir. Articular felizmente comportamientos tan complejos en organismos aparentemente simples, es imposible, contando sólo con el azar. Al cerrar el proyecto les resultó inevitable asumir el postulado del "designio inteligente", en la configuración del cosmos, el surgimiento de la vida y el comportamiento de las partículas más pequeñas y las energías más sutiles.

4.4 COMPARACIÓN PARADIGMA ACTUAL-NUEVO PARADIGMA

Después de hacer un rápido recorrido por los principales postulados que emergen de la Física Cuántica y muchas otras ciencias afines, es tan obvia una comparación entre los dos grandes paradigmas que aspiran a describir, explicar, comprender y dar sentido trascendental a la realidad cósmica, humana y cuántica. Deepak Chopra (2006) aborda sólo diez puntos críticos de la discusión. A partir de sus planteamientos se ha construido el siguiente cuadro comparativo.

SUPUESTOS DEL PARADIGMA ACTUAL	SUPUESTOS DEL NUEVO PARADIGMA
1. Existe un mundo objetivo, independiente del observador, y nuestros cuerpos son un aspecto de ese mundo objetivo.	1. El mundo físico, incluidos nuestros cuerpos, es una reacción del observador. Creamos el cuerpo según creamos la experiencia en nuestro mundo.
2. El cuerpo está compuesto por masas de materia, separadas entre sí por el tiempo y el espacio.	2. En su estado esencial, el cuerpo está compuesto de energía y de información, no de materia sólida. Esta energía e información es un afloramiento de infinitos que abarcan el universo.
3. Mente y cuerpo son cosas separadas e independientes una de otra.	3. La mente y el cuerpo son inseparablemente uno. La unidad que soy yo, se separa en dos corrientes de experiencia. Experimento la corriente subjetiva como ideas, sentimientos y deseos. Experimento la corriente objetiva como mi cuerpo. Sin embargo, en un plano más profundo, las dos corrientes se encuentran en una sola fuente creativa.
4. El materialismo es primario, la conciencia es secundaria. En otras palabras, somos máquinas físicas que han aprendido a pensar.	4. La bioquímica del cuerpo es un producto de la conciencia. Creencias, pensamientos y emociones crean las reacciones químicas que sostienen la vida en cada célula.
5. La conciencia humana puede ser explicada por completo como producto de la bioquímica.	5. El mundo en que vives, incluida la experiencia de tu cuerpo, está comoletamente inspirado en el modo en que aprendiste a percibirlo.
6. Como individuos, somos entidades desconectadas y autosuficientes.	6. Hay impulsos de inteligencia que crean en tu cuerpo formas nuevas cada segundo. Lo que tú eres equivale a la suma total de esos impulsos.

SUPUESTOS DEL PARADIGMA ACTUAL	SUPUESTOS DEL NUEVO PARADIGMA
7. Nuestra percepción del mundo es automática y nos brinda una imagen adecuada de cómo son realmente las cosas.	7. Aunque cada persona parezca separada e independiente, todos nosotros estamos conectados a patrones de inteligencia que gobiernan el cosmos entero. Nuestros cuerpos son parte de un cuerpo universal; nuestras mentes, un aspecto de la mente universal.
8. Nuestra verdadera naturaleza queda totalmente definida por el cuerpo, el yo y la personalidad. Somos briznas de recuerdos y deseos encerrados en paquetes de carne y huesos.	8. En lo más profundo de nosotros, sin que lo sepan los cinco sentidos, existe un íntimo núcleo de ser, un campo de inmutabilidad que crea la personalidad, el yo y el cuerpo.
9. El tiempo existe como absoluto y somos cautivos de ese absoluto. Nadie escapa a los estragos del tiempo.	9. El tiempo es eternidad cuantificada, atemporalidad cortada por nosotros en fragmento. Lo que llamamos tiempo lineal es un reflejo de nuestro modo de percibir el cambio.
10. El sufrimiento es necesario; forma parte de la realidad. Somos víctimas de inevitables de la enfermedad y el sufrimiento.	10. No somos víctimas del envejecimiento, la enfermedad y lamuerte. Éstos son parte del escenario, no del espectador. Ese espectador es el espíritu, la expresión del ser eterno.

Figura 17. Comparación de Paradigmas a partir de los postulados de Chopra. Fuente: Elaboración propia

Después de revisar los anteriores postulados, es evidente que cuando se parte de la Física Cuántica, la Teoría de la Relatividad, la Teoría de Cuerdas, la Teoría de Membranas, la Teoría del Multiverso y la Teoría del Campo Unificado, se está planteado un nuevo concepto de realidad.

Igual, cuando se plantean la Teoría del Genoma Humano, las Facultades Parapsicológicas, la Hiperpercepción, la Hipercomunicación, los Biofotones, el Entrelazamiento Cuántico, ADN-Fotones, los portales interdimensionales y los chacras de la disciplina yoga, la multiplicidad de canales mentales y el lenguaje binario del ADN; se está planteando toda una gama de facultades humanas que se han de poner en juego para acceder a conocimiento de una realidad tan compleja.

El método como camino para llegar al conocimiento científico es epistemológicamente muy simple. Si se habla de una realidad multidimensional, hologramática, multifuncional y muy compleja, debe plantearse la necesidad de una metodología abierta, incluyente y holística, que más que caminos implica recoger datos de muchas dimensiones y universos a la vez. Implica saltar de un espacio a otro, de una dimensión a otra. Implica compaginar las facultades de la hiper-percepción e hipercomunicación, con técnicas e instrumentos hasta ahora excluyentes, como los modelos matemáticos, los simuladores informáticos, la lógica analógica, las estrategias multimétodos, las técnicas psicoanalíticas, la hipnosis (regresiones y progresiones), los arquetipos jungianos y los estado alterados de conciencia.

El conocimiento del nuevo paradigma es como la realidad: holográfico y fractal. Múltiple y polisémico. Es sistemático y congruente en términos de lógica analógica y perceptible por múltiples facultades cognitivas.

Concepto de ciencia: Deberá ser una, en términos de la Teoría General Unificada, donde las disciplinas sean vórtices generadores de conocimiento especializado. Los cronotopos interdisciplinarios son espacios de confluencias epistemológicas donde el conocimiento se construye en base a principios de lógica analógica.

Las metadisciplinas se desarrollan en torno a las disciplinas y las interdisciplinas con base a constructos gnoseo-epistemológicos.

Las transdisciplinas son enormes áreas que se entretejen con la materia y la energía oscura, donde los portales interdimensionales hacen posibles los viajes instantáneos entre los extremos de una misma galaxia o entre galaxias lejanas; o entre una galaxia y el multiverso superpuesto que hay dentro de un átomo.

Todo lo analizado y argumentado implica un claro retorno a la Gnoseología. La focalización recurrente en espacios cada vez más estrechos de la realidad, propició un auge extraordinario a la epistemología. Ahora que está resurgiendo la necesidad de estudiar los multiversos de la realidad y el cosmos en toda su complejidad, es indudable que habrá un retorno a la Gnoseología.

BIBLIOGRAFÍA

Academia de Ciencia de Cuba. (1985). *Metodología del Conocimiento Científico*. URSS: Academia de Ciencias.

Anderson, Brenda. (2007). *Conoce el poder de tu campo cuántico*. Barcelona: Ed. Urano.

Ander-Egg, E. (1995). *Técnicas de investigación social*. Argentina: Lumen.

Ander Egg, Ezequiel. (2005). *Métodos y técnicas de Investigación social*. Buenos Aires: Editorial Humanitas.

Bacon, Francis. (2011). *Novum Organum*. España: Ed. Tecnos.

Bailey, et al. (2005). *Y tú ¿qué sabes?* Estados Unidos: Lord of the winds.

Bergson, Henri. (1903). *Introducción a la Metafísica*. México: Ed. Porrúa.

Best, John (1978). *Cómo investigar en Educación*. Madrid, España: Ed. Morata.

Beuchot, Mauricio. (2004). *Perfiles esenciales de la hermenéutica*. México: UNAM.

Blalock, Hubert. (1989). *Introducción a la Investigación Social*. Buenos Aires, Argentina: Amorrortu, Editores.

Blavansky, Helena. (1975). *Doctrinas y Enseñanzas Teosofícas*. México: Ed. Distribuidora Mexicana.

Blaxter, L. et al. (2004). *Cómo se hace una investigación*. México: Ed. Gedisa.

Bohm, David. (2008). *La totalidad y el orden implicado.* Bercelona: Ed. Kairós.

Bunge, Mario. (1990). *La ciencia, su método y su filosofía.* México: Siglo XX Nueva Imagen.

Bunge, Mario. (1983). *La Investigación Científica.* Barcelona, España: Ed. Ariel.

Bunge, Mario. (1989). *Epistemología.* México: Siglo XXI Editores.

Calderón, G. Rubén. (2008). *Interpretación Hermenéutica de la Fundamentación Epistemológica de las Tesis de Doctorado.* Instituto Pedagógico de Estudios de Posgrado, Celaya, Guanajuato, México: Investigación Inédita.

Calderón, G. Rubén. (2010). *Matriz Psicopedagógica, una aproximación a la Teoría General Unificada de la Educación. Tesis Doctoral.* Instituto Pedagógico de Estudios de Posgrado, Celaya, Guanajuato, México.

Calixto, F. Raúl. (2009). *El Diagnóstico Escolar.* México: Editores Castellanos.

Carr y Kemmis.(1988). *Teoría Crítica de la Enseñanza.* Barcelona: Ed. Martínez Roca.

Carl, G. Jung. (2002). *Psicología y Alquimia.* México: Ed. Tomo.

Corbin, Henry. (2005). *El imán oculto.* Madrid: Ed. Losada.

Chalmers, Alan. (1992). *¿Qué es esa cosa llamada ciencia?* Madrid: Ed. Siglo XXI.

Chomsky, Noam et al. (1995). *La Sociedad Global.* Santiago de Chile: Ed. LOM.

Chopra, Deepak. (2006). *Jamás Moriremos.* México: Santillana Ediciones.

____________ (2007a). *Conocer a Dios.* México: Random House Mondadori, S.A.

___________ (2007b). *Cuerpos sin edad, mentes sin tiempo.* Buenos Aires: Ediciones B, S.A.

___________ (2007c). *Sincro Destino.* México, D.F : Santillana Ediciones.

Cuevas, Jorge. (2011). *Liderazgo Quántico. Cuando tú cambias, cambia todo.* México: Random House Mondadori.

Delgado, J.M. et al. (1994). *Métodos y Técnicas Cualitativas de Investigación en Ciencias Sociales.* Madrid: Editorial Síntesis.

Despeyroux, Denise. (2009). *La escuela de los filósofos.* México: SEP.

Dilthey, Wilhelm. (1986). *Crítica de la Razón Histórica.* Barcelona: Editorial Península.

Dumont, Jean-Paul. (1970). *La Filosofía Antigua.* México, D.F: Editorial Diana.

Emoto, Masaru. (2006). *El verdadero Poder del Agua.* México: Ed. Tomo.

Escobar, Cristina (1999). *Métodos y técnicas para la investigación en ciencias económico-administrativas.* México: UAM.

Feyerabend, Paul. (1981). *La ciencia en una sociedad libre.* Nueva York: Oxford University Press.

Fischl, Johann. (1977). *Manual de Historia de la Filosofía.* Barcelona, España: Editorial Herder.

Frankl, Víctor. (1999). *El hombre en busca del sentido último.* España: Ed. Paidós.

Gadamer, Hans-Georg. (2002). *Acotaciones Hermenéuticas.* Madrid: Editorial Trotta.

García, C. Leopoldo et al. (1986). *Niels Bohr: Científico, filósofo, humanista.* México: FCE.

García, F. Manuel et al. (2000). *El análisis de la realidad social. Métodos y técnicas de Investigación*. Madrid: Alianza Editorial.

Gardner, Haward. (2005). *Inteligencias Múltiples: la teoría en la práctica*. Barcelona: Ed. Paidós.

Gay, José. (2005). *Atlas Universal de Filosofía.* Madrid: Ed. Océano.

Goleman, Daniel. (2004). *Inteligencia Emocional. Barcelona:* Ed. Vergara.

Goode, William J. (1979). *Métodos de Investigación Social.* México, D.F: Ed. Trillas.

Gribbin, John. (1998). *La búsqueda de las supercuerdas, la simetría y la teoría del todo.* Inglaterra: Little Brown and Company.

Gutiérrez, S. Raúl. (2006). *Historia de las Doctrinas Filosóficas.* México: Editorial Esfinge.

Gödel, Kurt. (2006). *Sobre suposiciones formalmente indecidibles de los Principia Mathematica y Sistemas afines.* Madrid: Editorial Alianza.

Hawking, Stephen. (2007). *Breve historia del tiempo.* México, D.F: Editorial Planeta.

Heather, Couper. (2002). *El Big Bang.* México: SEP, CITEM.

Heidegger, Martín. (2003). *Ser y tiempo.* Madrid: Ed. Trotta.

Hesnard, A. (1872). *La obra de Freud.* México: Editorial FCE.

Hessen, Johannes. (2012). *Teoría del Conocimiento.* Ed. ILCA.

Hoyos, M. Carlos A. (2001). *Epistemología y Objeto Pedagógico.* México: Plaza y Valdés Editores.

Huaquín, Víctor. (2009). *Pensamiento Paradigmático.* Santiago de Chile: Ed. LOM.

Husserl, E. (1992). *Invitación a la Fenomenología.* México: Ed. Paidós.

Kelley, S. Guillermo. (1996). *Bases para dirigir el proceso educativo. Fundamentos Filosóficos. Curso Para directores y supervisores de Telesecundarias.* México, D.F: SEP.

Kemmis y McTaggart. (1992). *Cómo planificar la Investigación-Acción.* Barcelona: Ed. Laertes.

Kuhn, T. S. (1962). *La estructura de las revoluciones científicas.* México: Ed. FCE.

Laszlo, Ervin. (2009). *El Cambio Cuántico: cómo el nuevo paradigma científico puede cambiar a la sociedad.* Barcelona: Ed. Kairós.

Laszlo, Ervin. (2007). *El universo in-formado: una teoría integral del todo.* Madrid: Ed. Nowtilus

León, Luis Fernando Bravo. Hermenéutica y complejidad. Análisis, [S.l.], n. 71 (Jl-Di), p. 155-189, dic. 2007. ISSN 2145-9169. Disponible en: <http://revistas.usta.edu.co/index.php/analisis/article/view/1243/1455>. Fecha de acceso: 29 sep. 2017 doi:http://dx.doi.org/10.15332/s0120-8454.2007.0071.04.

León, Emma. (2001). *De filias y arquetipos. La vida cotidiana en el pensamiento moderno de Occidente.* Barcelona: Anthropos.

López, F. Blanca Silvia. (1999). *Pensamiento Crítico y Creativo.* México: Trillas.

Loraine, Blaxter et al. (2004). *Cómo se hace una investigación.* México, D.F: Editorial Gedisa.

Llórens, B. Luis. (2008). *Didáctica de la Investigación.* Baja California, México: Universidad Autónoma de Baja California.

Mc Guigan, F. J. (1998). *Psicología Experimental, Métodos de Investigación.* México: Prentice.

Mandalla, Marilyn et al. (2010). *Noética.* México: Ed. Planeta.

Mardones, J.M. (2003). *Filosofía de las Ciencias Humanas y Sociales.* México: Ediciones Coyoacán.

Marx, Carlos y Engels, Federico. (1958). *La Ideología Alemana.* México: Ediciones de Cultura Popular.

McMahon, Paddy. (1999). *El gran proyecto. Un viaje a la conciencia para descubrir nuestra divinidad olvidada.* México: Ed. Grijalbo.

Morín, Edgar. (2008). *Introducción al Pensamiento Complejo.* España: Ed. Gedisa.

Morín, Edgar. (1999). *Los siete saberes necesarios para la educación del futuro.* México: UNESCO.

Murphy, Joseph. (1986). *El poder de la mente subconsciente.* Cali, Colombia: Ed. Climent.

Nacache, Lionel. (2002). *Percepciones subliminales de los hombres.* Universidad de París.

Newman, James. (1979). *El mundo de las matemáticas.* México: Editorial Grijalbo.

Ortiz, Osés, et al. (1998). *Diccionario de Hermenéutica.* España: Universidad de Deusto.

Penagros, J. C. (1999). *Creatividad e Innovación.* México: ITAM.

Peña, Martín. (2007). *El libro del bioquantum.* Jalisco, México: S/ Editorial.

Pérez, Serrano Gloria. (1990). *Investigación-Acción, aplicación al campo social y educativo.* Madrid: Ed. Dykinson.

Piaget, Jean. (1992). *Tratado de lógica y conocimiento científico.* 4ª. Ed. México: Paidós.

Pichón, R. Enrique. (2002). *Teoría del Vínculo.* Argentina: Editorial Nueva Visión.

Platón. (1960). *Diálogos.* España: Ediciones Ibérica.

Popp, F. Albert. (1979). F*otones y su importancia en la Biología.* París, Francia: Universidad de París.

Rapaille, Clotaire. (2006). *El código cultural.* México: Editorial Norma.

Raynaud, de la F. Serge. (1969). *Yug Yoga y Yoguismo.* Buenos Aires: Editorial Diana.

Ricoeur, Paul. (2002). *Del Texto a la Acción.* México: Fondo de Cultura Económica.

Ritzer, George. (2001). *Teoría Sociológica Moderna.* Madrid: Mc Graw-Hill.

Roddam, John. (1973). *La Mente Cambiante.* Barcelona, España: Editorial Plaza & Janes.

Rodríguez, et al. (1996). *Metodología de la Investigación Cualitativa.* Malaga: Ed. Aljibe.

Rodríguez, G. Gregorio. (1996). *Metodología de la Investigación Cualitativa.* España: Ediciones Aljibe.

Russell, Bertrand. (1976). *La Perspectiva Científica.* Barcelona, España: Editorial Ariel.

_____________ (2006). *La conquista de la felicidad.* México, D.F: Editorial Tomo.

Sánchez, P. Ricardo. (2001). *Enseñar a Investigar.* México: Plaza y Valdés Editores.

Sánchez, S. C. (1983). *Diccionario de Ciencias de la Educación.* México: Ed. Santillana.

Schütz, Alfred. (1999). *Estudios sobre la teoría social.* Buenos Aires: Amorturru. Editores.

San Agustín. (2006). *Confesiones.* Argentina: Editorial Losada.

Tamayo, T. Mario. (2001). *El Proceso de la Investigación Científica.* México: Editorial Limusa.

Teilhard de Chardin, P. (2004). *Himno al Universo.* Madrid: Ed. Trota.

Toffler, Alvin. (1970). *El Schock del Futuro.* España: Plaza y Janes.

Vázquez, H. Evangelina. (2010). P*rograma Escuelas de Calidad.* México: SEP.

Vélez, D. (2014). *Perspectiva epistemológica para la investigación educativa: Aspectos fundamentales, teóricos y metodológicos.* México: Grupo Editorial Éxodo.

Vigotsky, L. S. (1978). *Pensamiento y lenguaje.* Madrid: Editorial Paidós.

Wahl, Jean. (1954). *Introducción a la Filosofía.* México: Breviarios FCE.

Weiss, Brian (2007a). *Muchas Vidas, Muchos Maestros.* Barcerlona, España: Ediciones B, S.A.

__________ (2004). *Lazos de Amor.* Barcelona, España: Ediciones B, S.A.

__________ (2007b). *Meditación.* Barcelona, España: Ediciones B, S.A.

__________ (2006). *Muchos cuerpos, una misma alma.* Barcelona, España: Ediciones B, S.A

__________ (2005). *Los Mensajes de los Sabios.* Barcelona, España: Ediciones B, S.A.

Wilfred, C. y Kemmis S. (1988). *Teoría Crítica de la Enseñanza.* Barcelona: 1988.

Xirau, Ramón. (1980). *Introducción a la Historia de la Filosofía.* México, D.F: UNAM.

Zemmelman, Hugo. (2000). *Conocimiento y sujetos sociales.* México: Ed. Colegio de México.

Made in the USA
Middletown, DE
07 January 2023